Der Traum vom Sehen

# Peter Paul Kubitz Der Traum vom Sehen Zeitalter der Televisionen

Mitarbeit Doris Erbacher

Herausgegeben von Peter Hoenisch und Triad Berlin

Verlag der Kunst

Deutsche Bibliothek – CIP-Einheitsaufnahme
Der Traum vom Sehen : Zeitalter der Televisionen ;
[ein kulturgeschichtlicher Spaziergang ;
eine Ausstellung zum Zeitalter der Televisionen
im Gasometer Oberhausen 30. Mai – 15. Oktober 1997]/
Peter Paul Kubitz, Mitarb. Doris Erbacher,
Hrsg. von Peter Hoenisch und Triad Berlin.
Amsterdam ; Dresden : Verl. der Kunst, 1997

ISBN 90-5705-054-4



Konzeption und Redaktion:
Peter Paul Kubitz und Doris Erbacher
Mitarbeit Recherche: Julika Tillmanns
Mitarbeit screenshots: René Michael Zulauf
Mitarbeit internet: Frank Kunkel
Lektorat: Kirsten Thietz
Gesamtgestaltung:
Kerstin Bigalke & Sonja Hennersdorf, Berlin
Gedruckt auf Gardapat 13 und Papago
Gesetzt aus Franklin Gothic
Gesamtherstellung: Steidl, Göttingen

# Der Traum vom Sehen

Eine Ausstellung
zum Zeitalter der Televisionen
im Gasometer Oberhausen
30. Mai – 15. Oktober 1997

Ausstellungsteam
»Traum vom Sehen«

Konzeption:
Joseph Hoppe
Dr. Thomas Beutelschmidt
Nik Hafermaas
Lutz Engelke

Projektleitung:
Lutz Engelke
Volker Klingenburg

Gesamtredaktion:
Dr. Thomas Beutelschmidt &
Joseph Hoppe
mit Andrea Voss

Künstlerische Leitung:
Nik Hafermaas

Architektur:
Karl Karau

Ausstellungsgestaltung:
Nik Hafermaas
Karl Karau
Peter Langer

Recherche & Redaktion:
Alexander Artopé
Marc Boettcher
Sabine Dittler
Antje Grabenhorst
Volker Gustedt
Michael Kielmann
Katharina Langhammer
Oliver Lubrich
Julia Müller-Novak
Stephanie von Oppen
Sebastian Peichl
Andreas Strecker
Julika Tillmanns
Mitarbeit:
Dr. Ansgar Diller, DRA
Tatjana Smit, GfK

Redaktion Medienkunst:
Anja Oßwald

Redaktion Bewegtbild
und Themensofas:
Gerd Fittkau
René Michael Zulauf
mit Min Ou Oh

Filmbeiträge:
Marc Boettcher
Dr. Gerd Lampe
Michi Meier
Julia Müller-Novak
Dr. Thomas Fischer (SWF)
Susanne von Ehrenstein
(SWF)
Peter Päßler (SWF)

Netzwerkgalerie:
Frank Kunkel
Andreas Broeckmann
Thomas Kaulmann
Pit Schulz
Birgit Maier

Produktion Digitale Medien:
Roland Leonhardt
René Michael Zulauf
Lars Friedrich
Kirsten Dressler
mit Min Ou Oh

Produktionsleitung:
Gabriele Herschel
Johannes Krug

Technische Leitung:
Johannes Krug
mit Ralph Schönfeld

Kommunikation
und Marketing:
Oliver Lubrich
Sebastian Peichl
Esther von Bernstorff

Realisation:
Daniel Schiel
Andreas Pinkow
Reiner Kaufmann
Hajo Gawins

Ausstellungsgrafik:
Renat-Heike Czygan
Sybille Schlaich
Udo Albrecht

Lichtgestaltung:
Olaf Brusdeylins

Kaufmännische Leitung:
Volker Klingenburg

Projektcontrolling:
Dr. Stefan Kleßmann

Projektverwaltung:
Christa Fellberg
Anja Valentin
Marion Topp

Leihverkehr:
Daniela Martinowa
Conny Hoffmann

Organisationsbüro Berlin:
Susanne Beermann
Carola Neumann
Stefanie Wildschütz

Organisationsbüro
Oberhausen:
Hajo Sommer
Sebastian Peichl
Oliver Lubrich
Claudia Mandorf
Katja Heuer

Ausstellungsbau:
Tecton GmbH, Berlin
Dietrich Display, Friolzheim

Beirat:
Heiko Bensch, Land NRW
Burkhard Drescher,
Stadt Oberhausen
Susanne Fiederer,
RWE Telliance
Prof. Günther Gottmann,
Deutsches Technikmuseum
Berlin
Peter-Christian Hall, ZDF
Helmut Hellwig, LfR NRW
Peter Hoenisch,
RTL Television
Thomas Merz, Astra SES
Ulrike Ries-Augustin, WDR

Wissenschaftliche Beratung:
Prof Dr. Horst Bredekamp
Prof. Dr. Wulf Herzogenrath
Dr. Joachim-Felix Leonhard
Prof. Otto Lührs
Dr. h.c. Heinz Ungureit
Prof. Dr. Axel Zerdick

# Die Bildmaschine Fernsehen

**Was ist Fernsehen?** Ist Fernsehen ein »Nullmedium«, wie es einst von Hans Magnus Enzensberger genannt worden ist? Hat Neil Postman recht, daß wir uns mit seiner Hilfe »zu Tode amüsieren«? Oder ist Fernsehen das Medium, das – nach Günter Gaus – »zum Ende der Aufklärung entscheidend beiträgt«? Zunächst einmal ist Fernsehen mit großem Abstand das meistgenutzte Medium. Mehr als ein Drittel der zu Hause verbrachten Freizeit entfällt heute in Deutschland auf das Fernsehen. Keiner anderen Freizeittätigkeit wird bei uns ähnlich viel Zeit gewidmet.

Robert Lembke hat in den sechziger Jahren den Satz geprägt: »Aus dem Kreis der Familie ist ein Halbkreis geworden.« Dieses Bonmot verstehe ich als Hinweis darauf, was Fernsehen in diesem Jahrhundert an sozialen, kulturellen und auch politischen Veränderungen bewirkt hat. Fernsehen beeinflußt die Wahrnehmungsmuster und Verhaltensmodelle, Menschenbilder und Kulturstandards, Werte und Konventionen, Meinungen und Soziostrukturen, die in unserer Gesellschaft von Bedeutung sind. Fernsehen ist damit auch ein politisches Medium, und zwar in all seinen Programmen. Dabei kann die Prägekraft des Fernsehens auf seine Zuschauer nicht kausal, schon gar nicht monokausal gedeutet werden. Ich denke nicht, daß das Fernsehen aus sich heraus soziale Trends und gesellschaftliche Entwicklung erzeugen kann. Dies hieße, es je nach Blickwinkel zu überfordern oder zu dämonisieren; Fernsehen kann gleichwohl Trends verstärken und Entwicklungen beeinflussen.

Vor allem verändert es ständig sich selbst und seine Funktion. Gerade das deutsche Fernsehsystem hat sich mit dem Aufkommen privater Veranstalter seit Mitte der achtziger Jahre gewissermaßen im Zeitraffer gewandelt. Mit der Vielzahl neuer Programmangebote kam auch eine neue Kulturtechnik auf: das »Zapping«. Der Zuschauer nimmt dabei das Fernsehprogramm als ein Kaleidoskop von Mosaikteilen wahr, die keine geschlossenen Sinneinheiten mehr ergeben. Damit wurde das Fernsehen immer mehr auch zu einem beiläufig konsumierten Nebenbeimedium.

In Zukunft bahnt sich eine weitere Vervielfachung der audiovisuellen Medienangebote an. Im Zeitalter der digitalen Kompression zeichnet sich eine Inflation neuer Fernsehprogramme und neuartiger interaktiver Multimedia-Angebote ab. Gerade letztere führen aus meiner Sicht zu einer weiteren Beschleunigung des Funktionswandels der audiovisuellen Medien, der in seinen Wirkungen weit in unsere Gesellschaft – und insbesondere in unser Wirtschaftsgeschehen – hin-

einreicht. Die Bildmaschine Fernsehen ist vor diesem Hintergrund heute längst auch zu einem Industriefaktor geworden.
»Der Traum vom Sehen« ist der erste Rekonstruktionsversuch eines großen Teils der Wahrnehmungsgeschichte des Fernsehens, ein in jedem Augenblick riskantes und zugleich faszinierendes Unterfangen. Riskant, weil die Bilder zum großen Teil verloren sind, weil das Fernsehen sich jeden Tag neu erfindet und auslöscht, also wenig davon bleibt – außer Erinnerung. So gesehen ist das Potential der Ausstellung die Erinnerung. Fernsehen ist biographisch – war das Ereignis auch noch so global – zumeist mit ganz privaten Erlebnissen verknüpft. Wir alle waren mit dem Fernsehen auf dem Mond, viele von uns haben den Mord an John F. Kennedy im Fernsehen gesehen. Wir erleben im Fernsehen bizarre Fiktionen und brisante Dokumentationen. Der Traum vom Sehen hat unser Jahrhundert maßgeblich geprägt.
In Oberhausen ist erstmals zu erleben, welche Gestalten dieser Traum in den vergangenen Jahren und Jahrzehnten angenommen hat, wie er verwirklicht wurde. Ich wünsche allen Besuchern dieser Ausstellung eindrucksstarke Stunden in der Traumfabrik unserer audiovisuellen Medien.

*Wolfgang Clement, Minister für Wirtschaft und Mittelstand, Technologie und Verkehr des Landes Nordrhein-Westfalen*

# Geschichte, Gegenwart und Zukunft des Mediums Fernsehen

**Drei Stunden** verbringt der »Durchschnittsdeutsche« tagtäglich vor dem Bildschirm, 30 Programme und mehr stehen ihm dabei zur Verfügung. Es gibt keinen Zweifel: Fernsehen hat sich zu dem zentralen Medium in unserer Gesellschaft entwickelt und dennoch viel von seiner früher schon fast autoritären Kraft verloren. Heute greift jedermann geradezu selbstverständlich auf das Fernsehen zurück, um sich seine »tägliche Dosis« Unterhaltung und Information zu besorgen. Und die rasante Entwicklung dürfte noch längst nicht an ihrem Ende angekommen sein: Das Programmangebot wird rein numerisch weiter wachsen – und auch die Bedeutung des Fernsehens für die Menschen könnte nochmals ansteigen.

Doch kaum jemand fragt angesichts der schnellen Veränderungen, die dieses Medium gerade im letzten Jahrzehnt erlebt hat, noch nach den Anfängen und der frühen Entwicklung des Fernsehens. Und dies, obwohl die technischen Grundlagen inzwischen über ein Jahrhundert alt sind und auch schon viele Jahrzehnte der Programmgeschichte hinter uns liegen. Da klingt es fast grotesk, daß mit RTL ausgerechnet der Vorreiter des noch jungen Privatfernsehens eine Ausstellung initiiert hat, die sich von den ersten Versuchen des TV bis zum Ausblick in die Zukunft der elektronischen Medienwelt mit quasi allem beschäftigt, was dieses Medium Fernsehen seinen Zuschauern zu bieten hat.

Der Titel »Der Traum vom Sehen« kommt nicht von ungefähr: Das Fernsehen kann ähnlich dem Traum vom Fliegen oder dem Traum von der Raumfahrt als eine der modernen »Visionen« der Menschheit gelten. Daß sich Bilder nicht nur statisch festhalten lassen wie beim Foto, sondern auch wie im Film bewegt werden können und schließlich beim Fernsehen noch zeitgleich und dann sogar farbig übertragen wurden, gehört immer noch zu den jüngeren Errungenschaften in der Menschheitsgeschichte. Und im Prinzip gilt diese Regel auch heute noch: Bunte und bewegte Bilder machen die ganze Faszination dieses Mediums für seine Zuschauer aus. Fernsehen ist jeden Tag von neuem so spannend wie das Leben.

Eine solche umfassende Ausstellung bedurfte einer langen und intensiven Vorbereitung. Mein besonderer Dank gilt dem jungen Team von TRIAD, das diese Präsentation der Vielfalt des Mediums Fernsehen in jahrelanger Recherche und Arbeit vorbereitet hat. Hervorheben möchte ich aber auch unsere gelungene

Kooperation mit den öffentlich-rechtlichen Kollegen von ARD und ZDF, die mir ohnehin immer die liebsten Konkurrenten waren. WDR-Intendant Fritz Pleitgen und sein ZDF-Kollege Dieter Stolte haben für diese Ausstellung ihre großen Archive geöffnet und so ein weites Stück Fernsehgeschichte offengelegt, das wiederum beim Publikum viele noch wache TV-Erinnerungen auffrischen dürfte.

Das tägliche Programm – Nachrichten, Magazine, Sport, Serien, Spielfilme oder Shows – mag vor allem aus der Zuschauersicht der vorrangige Aspekt des Fernsehens sein, der alleinige ist er bei einem so technikorientierten Medium natürlich nicht. So wird auch diese Ausstellung in großem Maße von der Unterstützung der Sponsoren Astra/SES, RWE Telliance als Mitbegründer von o.tel.o, Sony, Siemens Nixdorf und Silicon Graphics getragen. Sie haben vor allem die technische Ausstattung für diese sehr aufwendige Präsentation ermöglicht. Nicht vergessen möchte ich in diesem Zusammenhang auch die fachliche und künstlerische Hilfe des Deutschen Technikmuseums in Berlin sowie die wertvolle Erfahrung von Professor Gottmann.

Alle Bemühungen der Initiatoren und Sponsoren hätten jedoch nur schwerlich zu dieser großen Ausstellung geführt, wenn nicht NRW-Wirtschaftsminister Wolfgang Clement neben der finanziellen auch ein gehöriges Maß an politischer Unterstützung beigesteuert hätte. Damit beweist er zweifelsohne, daß ein Medienstandort nicht nur von seiner Wirtschaftskraft, sondern auch von der Fähigkeit zur Reflexion und zum gesellschaftlichen Dialog lebt. Hierzu trägt auch die Beteiligung der Landesanstalt für Rundfunk und ihres Direktors Norbert Schneider bei. Last but not least möchte ich allen Besuchern die Besonderheit des Ausstellungsortes ans Herz legen. Eine Fernsehausstellung im ehemaligen Gasometer Oberhausen – vermittelt durch den Oberstadtdirektor Burkhard Drescher – demonstriert anschaulich den Wandel von der alten Industrie- zur modernen Mediengesellschaft. Doch bei alledem darf niemand vergessen: Im Mittelpunkt aller Entwicklungen des Mediums Fernsehens steht immer einzig und allein eine Person – der Zuschauer ...

*RTL-Geschäftsführer*
*Prof. Dr. Helmut Thoma*

Inhalt

## Vom Subjekt zum Objekt

I am not a camera

To call our sight Vision
implies that, to us,
all objects are subjects.

What we have not named
or beheld as a symbol
escapes our notice.

We never look at two people
or one person twice
in the same way.
...

Wystan Hugh Auden

Ich bin keine Kamera

Nennen wir unser Sehen Vision,
dann heißt das: für uns
sind alle Objekte Subjekte.

Was wir nicht benannt
oder als Zeichen erkannt haben,
entgeht unserer Wahrnehmung.

Niemals schauen wir zwei Leute
oder eine Person zweimal
auf dieselbe Weise an.
...

**1884 gibt in Leipzig** ein Optiker eine Zeitungsanzeige auf, mit der er für seine Produkte wirbt. Zu sehen ist auf der Anzeige ein Mann, der einen Stab in die Luft hält, auf dem zwei Linsen befestigt sind. Wie durch ein Fernglas schaut er durch sie hindurch. »Der Fernseher« steht darunter und daneben ein üblicher Werbetext für die Waren des Geschäftsmannes.

Ebenfalls im Jahre 1884 läßt sich der 24jährige Student Paul Nipkow beim kaiserlichen Patentamt in Berlin unter dem Titel »Elektronisches Teleskop« einen Apparat patentieren, dessen Zweck es ist, »ein am Orte A befindliches Objekt an einem beliebigen Orte B sichtbar zu machen«.

1929: 30zeiliges Fernsehbild

1931: 48zeiliges Fernsehbild

1932: 60zeiliges Fernsehbild

1932: 90zeiliges Fernsehbild

1934: 180zeiliges Fernsehbild

Wer oder was ist der Fernseher? Das Subjekt, das mit Hilfe einer Apparatur in die Ferne sieht? Ein Gerät, im weitesten Sinne vergleichbar dem Fernrohr Galileo Galileis? Oder am Ende doch nur ein Medium, das Geschäftsleute nutzen, um ihre Waren unters Volk zu bringen?

1928 ist das Publikum in den Kinosälen aus dem Staunen weitgehend herausgekommen. Niemand fürchtet mehr, von einer auf der Leinwand heranrasenden Dampflokomotive überrollt zu werden. Da tauchen auf einem gerade einmal 4 x 4 cm großen Bildschirm zwei kaum identifizierbare weibliche Gestalten auf.

Die beiden jungen Frauen gehören zu einem Fernseh-Versuchsprogramm der Deutschen Reichspost. Sie sind Objekte, an denen in den nächsten Jahren die technischen Verfeinerungen der Erfindung von Herrn Nipkow studiert werden können. Zu diesem Zeitpunkt beträgt die maximale Bildauflösung seines »Elektronischen Teleskops« 30 Zeilen. Fast noch zuwenig, um tatsächlich ein am Ort A befindliches Objekt am Ort B zu erkennen. Gerade noch genug, um über das Abbild ins Träumen zu geraten. Solche Fernseh-Bilder betrachtet das Publikum auf der ersten Präsentation von Fernsehversuchssendungen während der »Großen Deutschen Rundfunk-Ausstellung« in Berlin noch mit der Lupe! Fernsehen mit dem Vergrößerungsglas.

Die Männer der Reichspost haben den Fortschritt ihres technischen Versuchsprogramms fotografisch dokumentiert und, parallel zu den Aufnahmen mit den beiden Damen, in einem weiteren Motiv festgehalten: der Kanaldurchquerung eines Kriegsschiffes.

»Horch, was kommt von draußen rein«, singen die beiden jungen Frauen, während diese Fernseh-Aufnahmen gemacht werden. Sie heißen Schura von Finkelstein und Imogen Orkutt, verdienen sich mit dem Testprogramm der Reichspost gerade ein paar Mark nebenbei und sehen aus, als wären sie soeben einer Badeszene aus Billy Wilders Film »Menschen am Sonntag« entsprungen.

1934 besteht die deutsche »Fernseh-Norm« bereits aus einem 180zeiligen Fernsehbild. Die Fernsehgeräte sind nun mit der Braunschen Vakuum-Röhre ausgestattet, das Bildformat beträgt inzwischen 23 x 26 cm. Ist der Traum vom Fernsehen Wirklichkeit geworden, ausgeträumt, wenn man den Gegenstand, der sich am Ort A befindet, am Ort B scharf sieht? Was ist fern? Der Horizont oder das, was dahinter liegt? Was will man sehen?

1953 startet der Nordwestdeutsche Rundfunk eine Umfrage, um die Gründe für die Anschaffung eines Fernsehapparates bei seinem Publikum in Erfahrung zu bringen. »Ja wissen Sie«, antwortet einer der Befragten, »ich hab' immer so vor meinem Radio gesessen und konnte all die Leute nie sehen, und da hab' ich mir gedacht, wenn du die doch sehen könntest!«
Im gleichen Jahr macht der damalige Bundespräsident Theodor Heuss seine ersten Erfahrungen im und mit dem Fernsehen. Nach seiner Neujahrsansprache sieht er sich selbst zum ersten Mal auf einem Bildschirm und notiert: »Ich habe die Gelegenheit wahrgenommen, eine Begegnung mit mir selber zu vollziehen. Ich habe das ganz kritisch getan und dabei festgestellt, daß ich bei der Neujahrsansprache zuviel auf das Papier geguckt habe.«

In der Renaissance will der Mensch sich den Traum vom Sehen erfüllen, indem er – ähnlich den Motiven, die den Traum vom Fliegen speisen – versucht, den Raum zu erfassen, in dem er lebt. Das Sehen ist eine Frage des Standpunktes geworden, Erkenntnis eine Frage der Perspektive. Die Zeit und den Raum zu erfassen heißt nunmehr, den Augen-Blick verlängern zu können.

Und wie wird es sein im Cyberspace? Ist dann und dort jede Vision gegenstandslos geworden? Sind dann alle Fakten nichts anderes als Datenmengen, fiktiv? Die Trennung von Raum und Zeit so relativ, daß es ein Dasein und ein Dortsein, ein Fern und ein Nah nahezu nicht mehr gibt? Und sich die Frage von Subjekt und Objekt der Betrachtung gar nicht mehr stellt? Ist dann unser Traum vom Sehen definitiv eine Fiktion?

Als die Soldaten der Sowjetunion Anfang der 90er Jahre ihre Kasernen in der DDR räumten, ließen sie auf den Dächern ihrer Unterkünfte und auf denen der Offiziersgebäude handgemachte Funk- und Fernsehantennen zurück. Geräte, die in den Dörfern der GUS auch heute noch gebräuchlich sind. Wie weit die Soldaten mit ihnen in die Ferne sehen konnten, ist nicht bekannt. Den Satellitenhimmel erreichten sie damit nicht.

So archaisch wie dieses technische Hilfswerkzeug könnte in naher Zukunft auch das bisherige TV-Programm auf uns wirken: archäologische Fundstücke, ausgegraben und ausgestellt, um Erinnerungen daran wachzurufen, wie Fernsehen einmal war, oder, wer weiß, Spekulationen darüber anzustellen, wie wir früher einmal in die Ferne gesehen haben könnten.

Wahrscheinlich ist der Traum vom Sehen im Traum vom Wiedersehen ebenso aufgehoben wie in den Utopien, die wir heute mit den neuen Medien verbinden. Die Ferne ist überall, und so kennt das Fernsehen, wie der Traum, keine Richtung und keine Zeit (es sei denn, als Zeitvertreib). Sein Gegenstand ist alltäglich und in der Regel banal, eben ein Massenprogramm.

Dieses Buch reagiert darauf. Es lädt zu einem Spaziergang ein, zum Flanieren durch die Fernsehgeschichte, in der, auch weil Fernsehen nun einmal ein auf Massenproduktion angelegtes Massenmedium ist, vieles von gestern für immer unbesehen bleiben wird. Es bietet die Gelegenheit zu einer subjektiven Reise in die eigene Geschichte: Im Fernsehen sehen wir uns wieder.

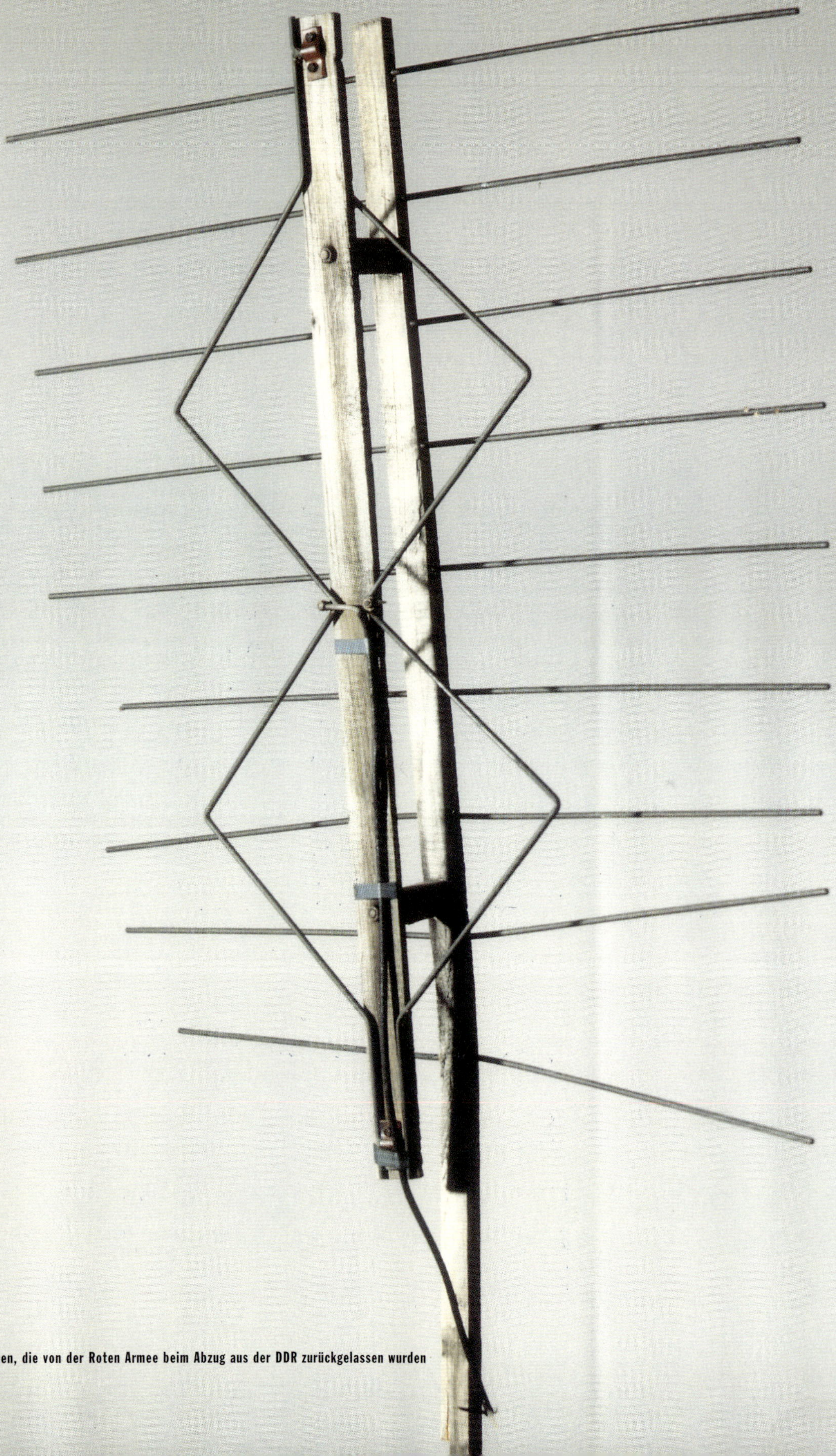

Fundstücke: Fernseh- und Funkantennen, die von der Roten Armee beim Abzug aus der DDR zurückgelassen wurden

# Fernsehstuben und Fernsehbomben

## Das Fernsehen der 30er und 40er Jahre

**Mit der Gleitbombe wollten sich die Nazis eine Wunderwaffe schaffen: Von einem Flugzeug abgeworfen, sollte die Bombe ferngesteuert ihr Ziel erreichen, während der Pilot bereits wieder abdrehte. Die Steuerung sollte mit Hilfe der Fernsehtechnik erfolgen. Dazu erhielt die Gleitbombe einen Fernsehkopf und am Heck des Flugkörpers Antennen zur Ausstrahlung des Fernsehbildes in das Cockpit des Piloten.**

**oben: Ein simulierter Gleitbomben-Angriff auf ein Schiff. Die Bilder vom Anflug sind von einem Fernsehbildschirm aufgenommen. So sollte der Pilot den Flug der Gleitbombe im Cockpit verfolgen und präziser steuern können.**

»**Wir senden Frohsinn – wir spenden Freude**« hieß das Motto des Fernsehprogramms für verwundete Soldaten, das seit 1941 aus dem Berliner Kuppelsaal in die Lazarette des Großraums Berlin übertragen wurde. Schlanke, nackte Frauenbeine für verwundete Männer, kopflose Helden.

Das für die Nazis wirklich wichtige Fernsehprogramm lief 1942 aber in Peenemünde ab. Dort testeten sie eine ihrer »Wunderwaffen«, eine Gleitbombe, die mit Hilfe der Fernsehtechnik ferngesteuert ins feindliche Ziel gelenkt werden sollte. Eine in die Bombe eingebaute Kamera übertrug die Bilder vom Anflug, der Pilot konnte sie im Cockpit auf dem Bildschirm verfolgen und sollte die Waffe dann präzise plazieren. Es war die Gleitbombe, die damals noch nicht funktionierte, nicht die Fernsehtechnik. Den eigenen Radius erweitern, den anderen sehen und zuschlagen, ohne selbst gesehen zu werden: der alte Tarnkappen-Traum der Militärs hat sich inzwischen erfüllt.

1935, ein Jahr vor den Olympischen Spielen in Berlin, hatten die Nazis ihre zivilen Fernsehversuchsprogramme für beendet und den ersten Fernsehprogrammbetrieb der Welt für eröffnet erklärt. Man wollte Erster in der Welt sein, den Briten, den Amerikanern, den Japanern voraus, auch wenn noch für wenige wenig zu sehen war: Nur im Raum Berlin konnten in gerade einmal 28 öffentlichen Fernsehstuben dreimal in der Woche bis zu tausend Personen zwei bis drei Stunden Programm betrachten. Zuerst die Nachrichten, dann den bunten Abend, zum Schluß den sogenannten Kultfilm, dazu vielleicht den einen oder anderen Ausschnitt aus einem Spielfilm. Auch ein Muster, das sich bis heute bewährt hat.

»Nichts bleibt dem Auge des Fernsehens verborgen! Das Fernsehen ist das Auge der Welt!« tönte es aus dem Munde der Ansagerin in die Fernsehstuben einer schon für den Frontblick ausgerichteten Fernsehgemeinde.

Am 1. August 1936 verkündete Hitler vor den Augen der Welt die Eröffnung der »XI. Olympischen Spiele neuer Zeitrechnung«. 16 Tage lang sahen nun immer-

»Hiermit beendet der Fernsehprogrammbetrieb der Reichssendeleitung sein heutiges Bildprogramm.

Waren Sie zufrieden? Wenn ja, sagen Sie es bitte allen Ihren Bekannten weiter. Gefiel es Ihnen nicht, sagen Sie es bitte uns. Schreiben Sie an den Fernsehbetrieb der Reichssendeleitung, Berlin, Haus des Rundfunks.

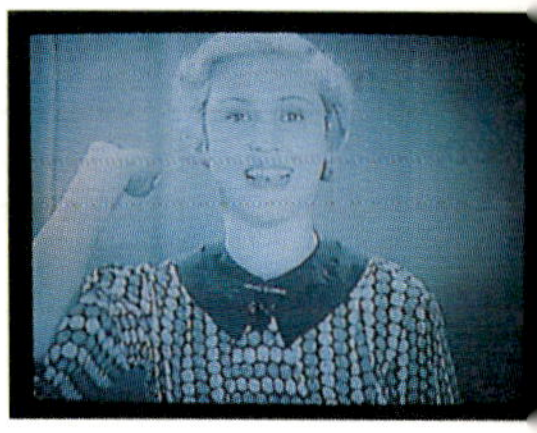

Zum Ausklang des Abends: Marschmusik! Auf Wiedersehen bei der nächsten Sendung, Heil Hitler!«

hin schon 162 228 Besucher der Fernsehstuben und Fernsehtheater 96 Stunden Sportprogramm. Keine Zahlen für Goebbels, den Reichsminister für Volksaufklärung und Propaganda. Noch war das Radio, der Volksempfänger, das Propagandamittel der Politik. Was die Zuschauer nicht wissen konnten: Goebbels hatte sich dennoch mit dem Reichsluftfahrtminister Göring bereits ein Jahr zuvor heftig um das neue Medium gestritten.
Für den Ärger hatte der Führer gesorgt. Per Erlaß hatte er Göring die televisionäre Lufthoheit zugesprochen, »mit Rücksicht auf die besondere Bedeutung des Fernsehens für die Flugsicherung und den nationalen Luftschutz«. Diese Art von Vorausschau ging Goebbels selbstredend zu weit. Ein halbes Jahr dauerte es, dann waren die wegweisenden Fernsehrichtlinien des Dritten Reiches unter Einbeziehung der Reichspost neu formuliert:

**I. Der Reichsminister der Luftfahrt ist zuständig für alle zur Sicherung der Luftfahrt, des Luftschutzes und der Landesverteidigung erforderlichen Maßnahmen auf dem Gebiete des Fernsehwesens ...**
**II. Dem Reichspostminister ist die technische Entwicklung auf dem Gebiete des Fernsehwesens und die Regelung aller technischen Angelegenheiten des zivilen Bedarfs allein vorbehalten ...**
**III. Dem Reichsminister für Volksaufklärung und Propaganda obliegt die darstellerische Gestaltung von Fernsehübertragungen ... Er hat in Fragen, die die Landesverteidigung betreffen, das Einvernehmen mit dem Reichsminister für Luftfahrt herbeizuführen.**
***Der Führer und Reichskanzler am 11. Dezember 1935***

»Fernsehkanonen« nannten die Fernsehtechniker stolz die großen Geräte, mit denen sie im Sommer 1936 den friedlichen Wettkampf der Nationen verfolgten.

Der Fernseh-Einheitsempfänger E 1, 1939

Das Fernsehtheater mit Großbildprojektion auf 100 x 120 cm. An solchen Vorführungen konnten – wie hier während der Olympiade – bis zu 700 Personen teilnehmen.

Der Ablaufplan für die Fernsehübertragung der olympischen Eröffnungsfeier 1936

## Sendung nach Protokoll

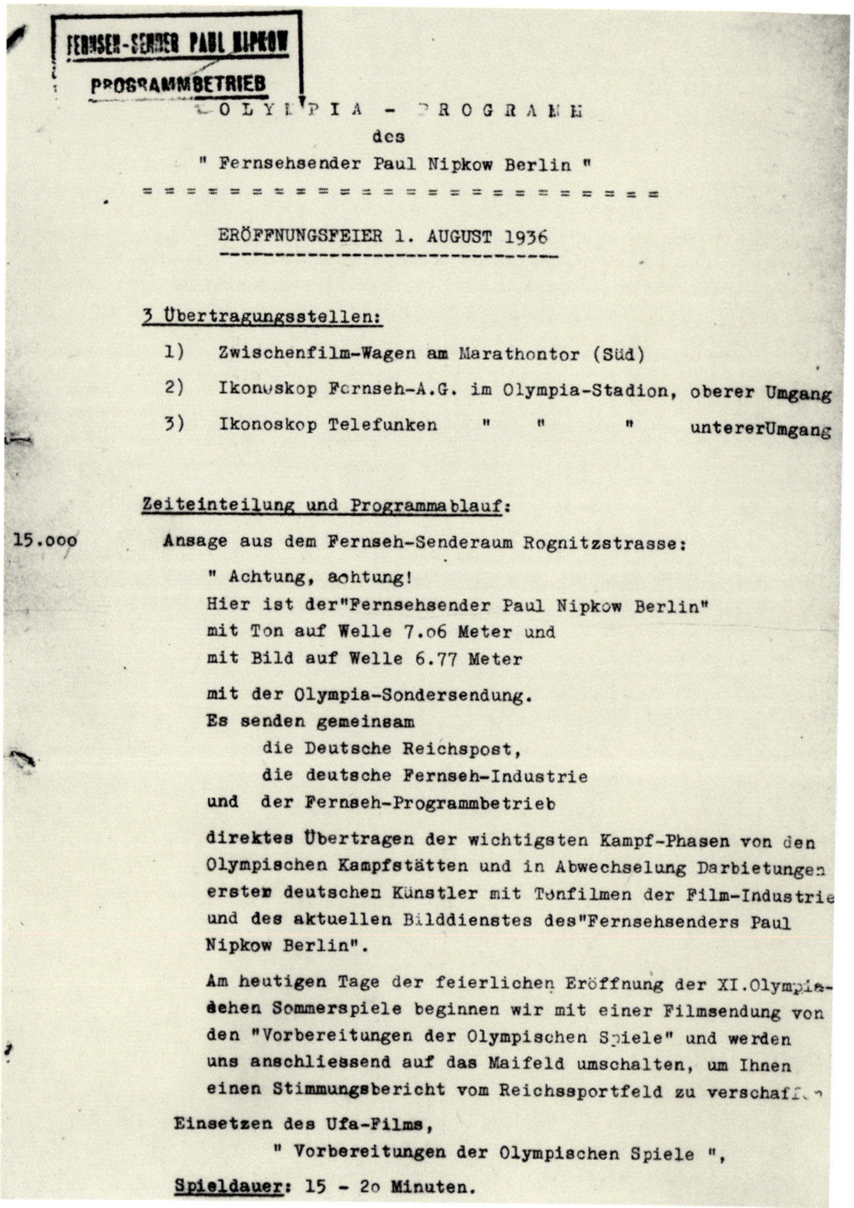
FERNSEH-SENDER PAUL NIPKOW

PROGRAMMBETRIEB

OLYMPIA - PROGRAMM

des

" Fernsehsender Paul Nipkow Berlin "

= = = = = = = = = = = = = = = = = = = = = = = = = =

ERÖFFNUNGSFEIER 1. AUGUST 1936

3 Übertragungsstellen:

1) Zwischenfilm-Wagen am Marathontor (Süd)
2) Ikonoskop Fernseh-A.G. im Olympia-Stadion, oberer Umgang
3) Ikonoskop Telefunken " " " untererUmgang

Zeiteinteilung und Programmablauf:

15.000 Ansage aus dem Fernseh-Senderaum Rognitzstrasse:

" Achtung, achtung!
Hier ist der"Fernsehsender Paul Nipkow Berlin"
mit Ton auf Welle 7.06 Meter und
mit Bild auf Welle 6.77 Meter
mit der Olympia-Sondersendung.
Es senden gemeinsam
die Deutsche Reichspost,
die deutsche Fernseh-Industrie
und der Fernseh-Programmbetrieb
direktes Übertragen der wichtigsten Kampf-Phasen von den Olympischen Kampfstätten und in Abwechselung Darbietungen erster deutschen Künstler mit Tonfilmen der Film-Industrie und des aktuellen Bilddienstes des"Fernsehsenders Paul Nipkow Berlin".

Am heutigen Tage der feierlichen Eröffnung der XI.Olympischen Sommerspiele beginnen wir mit einer Filmsendung von den "Vorbereitungen der Olympischen Spiele" und werden uns anschliessend auf das Maifeld umschalten, um Ihnen einen Stimmungsbericht vom Reichssportfeld zu verschaff..

Einsetzen des Ufa-Films,
" Vorbereitungen der Olympischen Spiele ",
Spieldauer: 15 - 2o Minuten.

Die sogenannte Fernsehkanone, die Telefunken-Kamera mit einem 160 cm-Objektiv, während der XI. Olympischen Spiele erstmals für Fernsehübertragungen eingesetzt, sorgte für großes Aufsehen, irritierte aber auch manche Sportler, die sich von dem Monstrum bedroht fühlten. An der Kamera Walter Bruch, der später das PAL-Farbfernsehen entwickelte.

\- 2 -

ca. 15.2o Uhr Ansage aus dem F rnseh-Senderaum Rognitzstrasse:

" Achtung, achtung!
Der"Fernsehsender Paul Nipkow Berlin" zeigte in seiner Sonder-Sendung den Sportfilm der Ufa,"Vorbereitungen der Olympischen Spiele".
Wir schalten nunmehr auf das Reichssportfeld um. Sie werden in direktem Fe nsehen in Ton und Bild die Erwartung des Führers und der Ehrengäste erleben."

Es meldet sich auf 1.Ü-Stelle, auf dem Z ischenfilm-Wagen, der Ansager Graebke:

" Achtung, achtung!
Hier ist der "Fernsehsender Paul Nipkow Berlin" mit dem Beginn der direkten Übertragung von den Olympischen Kampfstätten."

Danach Einschaltung des Bildes und Bildbericht des Sprechers Graebke in Übereinstimmung mit der Fernseh-Technik.

Programmliche Leitung: B a i

(Ausschnitt aus dem Progr...

\- 3 -

Programmablauf

Ab 13.30 Uhr sind die Aktiven vom Olympischen Dorf in ca.170 Wehrmacht-Transport-Omnibussen am Glockenturm eingetroffen und haben Aufstellung genommen auf dem Maifeld. Ferner sind tausend Angehörige des Internationalen Sportstudentenlagers Eichk mp und ca.280 Angehörige des Internationalen Jugendlage s im Lager an der Heerstrasse, sowie in zwei Sonderzügen 1730 Angehörige der Vorführungsmannschaften aus den Lagern Döberitz und Elsgrund eingetroffen. Alles wartet auf den Führer. Ca.15 Uhr trifft das Ehrenbataillon der Wehrmacht, bestehend aus zwei Kompagnien Heer, einer Kompagnie Luftwaffe und einer Kompagnie Marine, ein. Ca. 15.15 Uhr hat der Führer die Reichskanzlei verlassen und die Triumphfahrt mit dem J.O.K. und dem O.K. und den Ehrengästen angetreten.

Ca. 15.50 Uhr Eintreffen des Führers am Glockenturm.
Der Führer schreitet die Front des Ehrenbataillons ab.
Der Führer geht durch den Glockenturm und wird dort durch Präsidenten des J.O.K.und O.K.begrüsst.
Fanfaren auf den Türmen des Marathon-Tores blasen.

Ca. 15.56 Uhr geht der Führer, gefolgt vom J.O.K. und O.K., durch das Spalier der Aktiven der Völker auf dem Maifeld zum Stadion.

Ca. 16.00 Uhr betritt der Führer das Stadion

Ü-Stelle II, oberer Umgang im Stadion:
In dem Moment, wo die Spitze mit dem Führer erscheint, sofort Aufnahmen mit der Farnworth-Kamera.Danach Ü-Stelle III im unteren Umgang die Aufnahmen abnehmen und kurz ein Gesamtbild bringen, mit dem Fünfhunderter-Objektiv. Danach zurück auf Ü-Stelle II: Die Farnworth-Kamera übernimmt das Herabgehen des Führers, Betreten der Kampfbahn und das Beschreiten bis zu des Führers Loge.

Am Ü-Stelle II, Farnworth-Kamera, oberer Umgang, steht der Sprecher Marek und schildert diesen Weg des Führers und die daran sich ergebenden Bilder. Marek muss sich bei Müller oder Boese genaue Orientierung über

**Die Ikonoskop-Kamera von Telefunken, ohne das 160 cm-Objektiv**

- 4 -

Persönlichkeiten des Gefolges etc. verschaffen. Die Schilderung des Gefolges hat demnach nicht durch den Sprecher Graebke auf dem Zwischenfilmwagen der Ü-Stelle I zu erfolgen.

Leitung auf Ü-Stelle II oberer Umgang im Stadion hat Marek.

Ca.16.05 Uhr betritt der Führer seine Loge. Wenn er Platz genommen hat, wird das Deutschland- und Horst Wessel-Lied gespielt, je eine Strophe.

Ca.16.09 spielt die Musik die "Olympia-Fanfare" von Herbert Windt.

16.12 erfolgt das Kommando: "Heisst Flagge!" Eine Abteilung der Kriegsmarine hisst auf sämtlichen Masten des Stadions die Flaggen der beteiligten Nationen.

Die Olympia-Glocke läutet.

All dies wird von der Ü-Stelle II, der Farnworth-Kamera, mit Sprecher erfasst und gesendet.

Umschalten auf

Ü-Stelle I, Zwischenfilmwagen:

Beim Ausklingen der Olympia-Glocke beginnt der Einmarsch der Aktiven: Zuerst Griechenland, zuletzt Deutschland, begleitet von Militärmärschen. Dauer des Einmarsches bis .

Ca.16.55 Uhr.

Dazu folgende Musikstücke:

Yorckscher Marsch,
Königgrätzer Marsch,
Regimentsmarsch,
Kaiser Friedrich-Marsch,
Alexander-Marsch,
Hellenen-Marsch, Fridericus Rex-Marsch.

Der Einmarsch der Nationen wird in Ablösung von der Zwischenfilm-Ü-Stelle wechselseitig von Ü-Stelle oberer Umgang und Ü-Stelle unterer Umgang erfasst.

Hierfür sorgt das Reichspost-Zentralamt im Einvernehmen mit Oberingenieur Beckmann von der Reichs-Rundfunk-Gesellschaft. Mikrofonanschliessung zur Erfassung der Musik unter gleichzeitiger Anschaltung eines Mikrofons zur Erfassung der Vorgänge am Rednerpult, der Ansprachen und der Eidesleistung.

Ca.16.55 Uhr Rede Coubertins,

Ansprache des Präsidenten des O.K., Exzellenz Lewald.

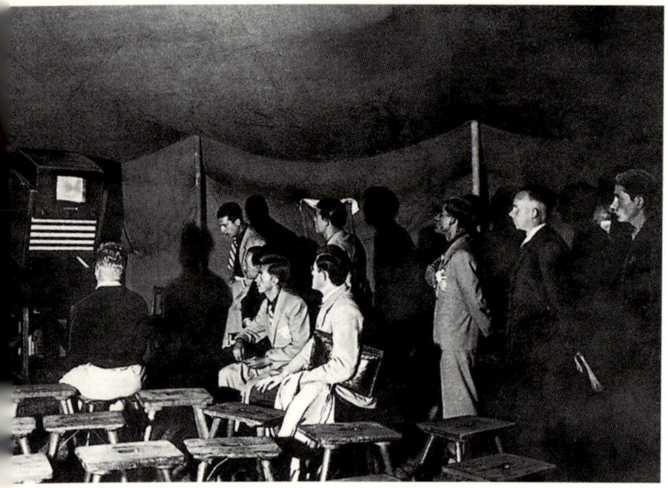

Ein Fernsehzelt im olympischen Dorf, 1936. Außen- und Innenansicht. Es diente auch zur Demonstration des fernsehtechnischen Standards, mit dem sich die Nazis bereits 1935, bei der Eröffnung des Fernsehprogrammbetriebes, gebrüstet hatten.

- 5 -

17.03 Uhr Der Führer erklärt von der Loge aus die Spiele mit folgenden Worten für eröffnet:
"Ich verkünde die Eröffnung der Spiele von Berlin zur Feier der XI.Olympischen Spiele neuer Zeitrechnung".

17.04 Uhr Anschliessend wird die O ympische Flagge gehisst.
Achtung, dies erfasst di. Ü-Stelle III, die Farnworth-Kamera mit Erklärung des Sprechers Marek.
Die Artillerieabteilung schiesst Salut.
Tausende von Brieftauben werden abgelassen.

17.05 Uhr Olympische Hymne von Richard Strauss. Bitte an Postrat Harder, Mikrofon an den Rundfunk anzuschliessen, damit das Fernsehen die Tonführung erhält.

17.11 Uhr wichtig für die Sprecher:
Eintreffen des Fackelläufers am Osttor.

17.11 Uhr Erfassung durch Ü-Stelle III im unteren Umgang:
Der Fackelläufer läuft über die südliche Aschenbahn zum Westtor.
Achtung, Erfassung durch Ü-Stelle II, Kamera im oberen Umgang:
Der Fackelläufer erscheint an der Olympia-Feuersäule und entfacht das Feuer.

17.15 Uhr Der Marathon-Sieger Olympia 1896, Louis, überreicht dem Führer einen Ölzweig von Olympia. Ü-Stelle II muss versuchen, das zu erfassen.

17.20 Uhr Ü-Stelle III im unteren Umgang hat 500-oder 900-Objektiv auf die Rednerkanzel gerichtet, die nunmehr Ismayer als Eidessprecher betritt.
Ismayer spricht den Eid. Die Mannschaften leisten den Eid.

17.21 Uhr Musik spielt das Halleluja von Haendel.
Anschliessend beginnt Ausmarsch der Teilnehmer durch den Marathon-Tunnel.
Achtung:

18.00 Uhr Ü-Stelle II im oberen Umgang:
Der Führer verlässt seine Loge und das Stadion.
Fanfaren.
Sprecher erklären die Vorgänge.
Umschalten auf Zwischenfilmwagen Ü-Stelle I.

Sprecher Graebke schildert das Bild, das Zurückfluten der Mannschaften, die Auflösung und sagt abschliessend:
"Achtung, Achtung! Der Fernsehsender Paul Nipkow-Berlin brachte versuchsweise zum ersten Mal in Deutschland und als gewaltigstes Ereignis in der Welt die d i r e k t e Fernsehübertragung der feierlichen Eröffnung der XI.Olympischen Sommerspiele durch den Führer und Reichskanzler Adolf Hitler. Wir beenden nunmehr die heutige direkte Übertragung von den Olympischen Kampfstätten und schalten in die Fernsehsenderäume um. Sie hören und sehen in Wechselfolge künstlerische Darbietungen und Tonfilme."
Danach Umschalten auf Rognitzstrasse. In Rognitzstrasse meldet sich der Ansager Bublitz:
"Der Fernsehsender Paul Nipkow-Berlin setzt das Sonderprogramm Olympia durch direktes Senden von Künstlern fort. Sie sehen und hören den griechischen Tenor Lysandro Joannides. Er singt............"

Boese.

Carl-Heinz Boese, Stellvertretender Reichssendeleiter und Unterzeichner des TV-Programmablaufs für die Eröffnungsfeierlichkeiten zur Olympiade, bei einer Direktübertragung aus dem Schwimmstadion

**Im August 1939 ließ Goebbels dem staunenden Publikum auf der 16. Großen Deutschen Rundfunk- und Fernsehrundfunk-Ausstellung den Fernseh-Einheitsempfänger E 1 vorführen. 650 Reichsmark – den doppelten Monatslohn eines Arbeiters – sollte der neue »Volksempfänger« kosten. Mit Kriegsbeginn wurde die Serienproduktion gestoppt. Die potentiellen Kunden marschierten an die Front.**

ZEISS IKON

RADIO A.G. D.S. LOEWE

TELE FUN KEN

SIEMENS

AEG

**Trotz des olympischen Massenspektakels:** ein Massenmedium wurde das Fernsehen in den 30er Jahren nicht. 1800 Reichsmark kostete das 180 Zeilen schwache Sehvergnügen im Einführungsjahr, immerhin noch 650 Reichsmark der erste seriell gebaute Einheitsempfänger FE 1 mit 20 x 23 cm großem Bildschirm im Jahre 1939. Die Produktion von zehntausend FE 1-Modellen war geplant, gerade mal fünfzig liefen vom Band. Dann rollten die Panzer.
Firmen, die sich in den 30er Jahren mit der technischen Entwicklung von TV-Geräten befaßten, mußten kapitalkräftig sein oder staatlich subventioniert. Zu den Großen der Zukunftsbranche gehörten Telefunken, eine Tochterfirma von AEG und Siemens, und die Fernseh A.G. mit ihren vier Teilhabern Bosch (Stuttgart), Zeiss Ikon (Dresden), Loewe (Berlin) und Baird Television (London).
Als die Reichspost 1935 Telefunken vor der Fernseh A.G. den Vorzug bei der Auftragsverteilung gab, lief für Baird und Loewe die Zeit ab. Der Reichspostminister Ohnesorge ließ Bosch und Zeiss wissen, daß man eine militärisch so bedeutsame technologische Entwicklung nicht in den Händen von Ausländern und Juden lassen dürfe und daß Bosch und Zeiss bei einer neuen Zusammensetzung der Fernseh A.G. auch mit einer stärkeren Unterstützung rechnen dürften. Noch im gleichen Jahr teilten sich Bosch und Zeiss die Aktien der Baird Television Ltd.; Loewe erklärte sich erst 1938 bereit, seine Anteile an die Mehrheitseigner abzutreten – und verließ Deutschland.

Fernsehbild vom 25. Juli 1935,
20.30 – 22.00 Uhr:
Spielfilm mit Hans Albers
und Käthe von Nagy

# HÖR ZU!

*Im Banne des Wunders*

Der Zauberspiegel unserer Tage wird nun endlich Wirklichkeit. Schon im August werden die Fernseh-Sender Berlin, Hamburg und Langenberg — wie versprochen — startbereit sein. Die viel zu lange Zeit des ›Versuchens‹ ist überstanden!

Foto: Hanno Wohlfarth

NUMMER 22 1952

DIE ILLUSTRIERTE RUNDFUNKZEITUNG
NORDDEUTSCHE AUSGABE
EUROPA-PROGRAMME VOM 25. BIS 31. MAI

40 + 5 = 45
Papierzuschlag
PREIS 45 PFENNIG

**»Über alles siegt die Liebe – zum Zauberspiegel«**, »Lockruf des Wunders«, »Fernsehen in Sicht«: mit solchen Überschriften begleitete die Rundfunkzeitschrift »Hör Zu« die Entwicklung des Fernsehens in den Nachkriegsjahren. Schon in der ersten Ausgabe von »Hör Zu« am 15. Dezember 1946 hatte Chefredakteur Eduard Rhein seinen Einsatz für den zukünftigen »farbigen, plastischen Fernsehrundfunk« als Ablösung des »blinden Rundfunks« angekündigt. Rhein hatte das Fernsehen bereits in den 30er Jahren als technischer Fachredakteur der Rundfunkzeitschriften des Ullstein-Verlags publizistisch begleitet. In zahlreichen Artikeln beschrieb er dort für jedermann verständlich das »Wunder des Fernsehens«. Mit seiner populären Berichterstattung war Rhein denn auch an dem nationalen Technikmythos um das Fernsehen beteiligt. Das neue Medium galt den Nationalsozialisten ja als propagandistischer Beleg ihrer wissenschaftlich-technischen Leistungsfähigkeit.

In den unmittelbaren Nachkriegsjahren war die Entwicklung des Fernsehens unterbrochen worden. Die Alliierten hatten den deutschen Fachleuten 1945 jede Beschäftigung mit der Fernsehtechnik untersagt, die im Zweiten Weltkrieg vor allem militärischen Zwecken diente. Damit das Fernsehen in Deutschland dennoch nicht in Vergessenheit geriet, berichtete »Hör Zu« in den Jahren 1947/48 immer wieder über seine Bedeutung und Verbreitung in den USA und in England. Dort verlief der Programmbetrieb bereits routinemäßig und der Absatz von Fernsehgeräten rasant. So konnte Eduard Rhein nicht nur den aktuellen Stand des Fernsehens beschreiben, der Blick nach Übersee bot gleichzeitig die Möglichkeit, auf die »herausragende« Fernsehtradition im eigenen Land hinzuweisen.

Dementsprechend interpretierte Eduard Rhein den im August 1948 mit den Alliierten abgestimmten Beschluß des Verwaltungsrates des Nordwestdeutschen Rundfunks (NWDR), einen neuen Fernseh-Versuchssender aufzubauen, weniger als Zeichen des Neubeginns, sondern als ein Anknüpfen an die »erfolgreiche« Fernseharbeit der 30er Jahre, die bedauerlicherweise durch den Krieg unterbrochen worden war. Ihre Weiterführung sollte nun den raschen Anschluß an das Ausland ermöglichen. Die technische Ausstattung und die Facetten des Programmbetriebs in der NS-Zeit beschrieb Eduard Rhein 1948 in einer geradezu euphorischen Retrospektive: »Denkt an unsere großzügige Vorkriegsentwicklung auf dem Fernseh-Gebiet, an die wohlgelungenen Fernseh-Übertragungen von der Berliner Olympiade 1936, an die Großbild-Fernseher der Reichspost, an ihre vorbildlichen Fernsehkabel, die sich quer durch Deutschland zogen, an die regelmäßigen Fernsehsendungen, die auch während des Krieges weiterliefen, bis Ende 1943 eine Bombe den Sender zerstörte.«

Solche Rückblicke ignorierten Fragen nach der Funktion des Fernsehens innerhalb des nationalsozialistischen Medienverbunds und der ideologischen Aufbereitung der Programminhalte. Ähnlich wie Programmacher und Techniker, die sich in Hamburg vor dem Aufbau des Versuchssenders zusammengefunden hatten, konstruierte Eduard Rhein das Fernsehen im nachhinein als »unpolitisches« Medium, an dessen Tradition in programmlicher wie in personeller Hinsicht unbekümmert angeknüpft werden konnte.

*Lu Seegers*

**»Hör Zu«-Titelseite Nr. 19 von 1959**

**links: »Hör Zu«-Titelseite Nr. 22 von 1952**

# Und morgen die ganze Welt

## Das Fernsehen der 50er Jahre

Fernsehen de luxe: Der »Lohengrin« aus der »Tonmöbelfabrik« Kuba, Baujahr 1954, mit eingebautem Radio, Messingleiste und einer Cognac-Bar: Einschalten um abzuschalten.

oben: Szenenfotos aus der Zeit des Kalten Krieges. Der deutsche Schäferhund spielt einen russischen Wolf in »Soweit die Füße tragen«, 1959.

**Die Lage**, in der sich der Großteil der Deutschen zu Beginn der 50er Jahre befand, war paradox: einerseits waren die Menschen mit dem Wiederaufbau, also vor allem mit sich selbst beschäftigt, andererseits blieben sie mit den Katastrophen konfrontiert, die der Nationalsozialismus verursacht hatte. Das Bedürfnis nach einem Rückzug aus der »Niederlage« kollidierte mit der Notwendigkeit, sich nach der Befreiung vom Faschismus der Welt wieder zu öffnen, jener Welt, die doch vor kurzem noch ganz Deutschland hatte gehören sollen und von der sich die Deutschen durch Faschismus und Krieg völlig isoliert hatten.

In diese Situation paßte wie maßgeschneidert das Motto, mit dem die Industrie 1953 auf der »Großen Deutschen Rundfunk-, Phono- und Fernsehausstellung« die ersten Käufer lockte.

Der Slogan »Die Welt in Deinem Heim!« versprach den risikofreien Blick auf den Bildschirm. Es waren also nicht sosehr die Reedukationsabsichten der Alliierten, die das fernsehgesteuerte Weltbild des (west)deutschen Publikums bestimmten, sondern die auf Harmonie angelegten Unterhaltungsprogramme der 50er Jahre. Außerdem bot der »Kalte Krieg« genügend Motivation, es sich vor dem Fernsehapparat bequem zu machen und alte Ressentiments und Vorurteile zu pflegen. Dennoch: Die Alliierten hatten mit dem föderalen Rundfunk den Westdeutschen ein Massenmedium beschert, das ungemein frei und politisch weitgehend unabhängig war.

Zahlen: 1952 hatte die Industrie gerade einmal 4000 TV-Apparate produziert, 1957 waren es bereits 783 000. Im gleichen Jahr ermittelte die ARD den Millionsten Zuschauer. Die Sendezeiten hielten mit dem Aufbau des TV-Marktes Schritt: War das Programm zunächst nur auf eine Stunde am Nachmittag und zwei Stunden am Abend ausgelegt, bot die ARD Ende der 50er Jahre bereits fünf Stunden Programm an.

Mit dem Aufstieg des Fernsehens ging der Abstieg des Radios einher, und je

Pause

bedeutender der »Zauberspiegel« wurde, desto begehrlicher betrachtete ihn die Politik. Nachdem sich Mitte der 50er Jahre die einzelnen Sender zur ARD zusammengeschlossen hatten und die CDU/CSU-Regierung in der Bundestagswahl 1957 die absolute Mehrheit errungen hatte, versuchte Konrad Adenauer, neben dem öffentlich-rechtlichen Rundfunk eine regierungsnahe Fernsehanstalt einzurichten. Am Ende scheiterte der Versuch am Bundesverfassungsgericht, das 1961 die Kompetenzen für den Rundfunk bei den Ländern sah und ein staatliches Fernsehen prinzipiell ausschloß.

Der Hochbunker auf dem Heiligengeistfeld in Hamburg. Im fünften Stock dieses Bauwerkes hatte der erste deutsche Fernsehbetrieb im Auftrag des NWDR begonnen.

Das erste deutsche Fernsehbild der Nachkriegszeit kam 1950 aus einem Luftschutz-Hochbunker in Hamburg. Mit dem Nordwestdeutschen Rundfunk (NWDR) hatten die Briten und ihr Radio-Beauftragter Sir Hugh Charlton Greene versucht, ihre Vorstellungen von einem öffentlich-rechtlichen Rundfunk nach dem Vorbild der BBC zu verwirklichen. Mit der Trennung von NDR und WDR Mitte der 50er Jahre hatte sich dieses Konzept erledigt. Der Parteien-Proporz zog in die Sender ein.

In den ersten Nachkriegsjahren produzierten hier engagierte Journalisten wie Axel Eggebrecht, Peter von Zahn und der spätere TV-Propagandist der SED, Karl-Eduard von Schnitzler, weitgehend zensurfrei ihr Programm. Als der NWDR Weihnachten 1952 ganz offiziell den Fernsehbetrieb aufnahm, schwang in der Rede seines Intendanten Werner Pleister noch der ganze Enthusiasmus und Idealismus der Pioniere des öffentlich-rechtlichen Rundfunks mit.

»Wir versprechen Ihnen«, so Pleister, »uns zu bemühen, das neue geheimnisvolle Fenster in Ihrer Wohnung, das Fenster in die Welt, Ihren Fernsehempfänger, mit dem zu erfüllen, was Sie interessiert, Sie erfreut und Ihr Leben schöner macht ... Es kommt auf uns an, ob dieses technische Mittel schadet oder nützt. Ich meine, wir könnten mit ihm die Ausdrucksmöglichkeiten des Menschen vermehren, und wir sollten es dazu benutzen, das große Wunder des Lebens im Reichtum seiner Formen und Inhalte anzuschauen und zu erkennen ... Das Fernsehen schlägt Brücken von Mensch zu Mensch, von Völkern zu Völkern. So ist es wohl wirklich das richtige Geschenk, gerade zu Weihnachten ...«

Der erste Übertragungswagen auf großer Fahrt

## Neujahrsnacht 1952/1953

**_O-Ton Tagesschau, Jahresrückblick_**

*In dieser Nacht der überschäumenden Lebensfreude, in dieser Nacht, in der die Berliner sechs Millionen Pfannkuchen aßen und New York das lauteste Silvester seit Kriegsende feierte, in dieser letzten Nacht des alten Jahres trieb ein halb gesunkenes Schiff auf dem Atlantik.*

*An Bord ein einziger Mann: Kapitän Curt Carlson. Seit vier einsamen Tagen und Nächten schon tut er unpathetisch, was er für seine Pflicht hält: Sein Schiff, die »Flying Enterprise«, dem Meere zu entreißen. Er verliert dieses Schiff. Aber gab uns dieser Mann nicht ein ermutigendes Beispiel, das das Schicksal symbolhaft an den Anfang des Jahres stellte? Und während seine Heldentat noch in aller Munde ist …*

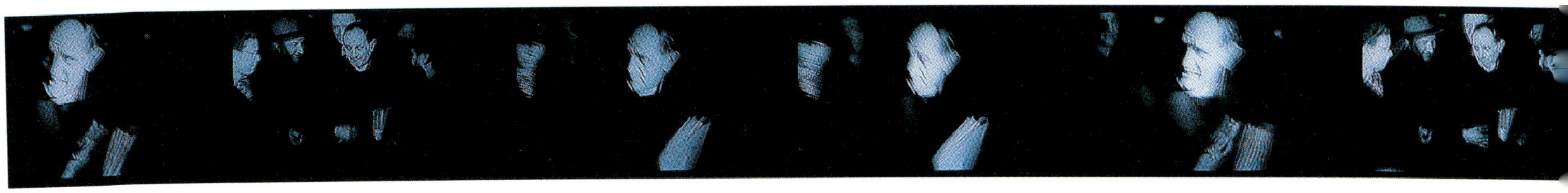

*… kehrt ein anderer früherer Seeoffizier, der ehemalige U-Boot-Kapitän und jetzige Kirchenpräsident, Pfarrer Niemöller, von einer umstrittenen Reise nach Moskau zurück. Zur gleichen Stunde übrigens, als im Deutschen Bundestag um eine europäische Montan-Union aus Stahl und Eisen gerungen wurde …*

**Martin Niemöller, 1937 bis 1945 wegen seiner Opposition gegen die NS-Kirchenpolitik im Konzentrationslager, führte 1952 in Moskau Gespräche, um die Lage der deutschen Kriegsgefangenen in der Sowjetunion zu erleichtern. Wegen seiner politischen Aktivitäten – er hatte sich auch gegen die Westintegration der Bundesrepublik ausgesprochen – wurde Martin Niemöller der Kommunistenfreundlichkeit verdächtigt.**

Irene Koss

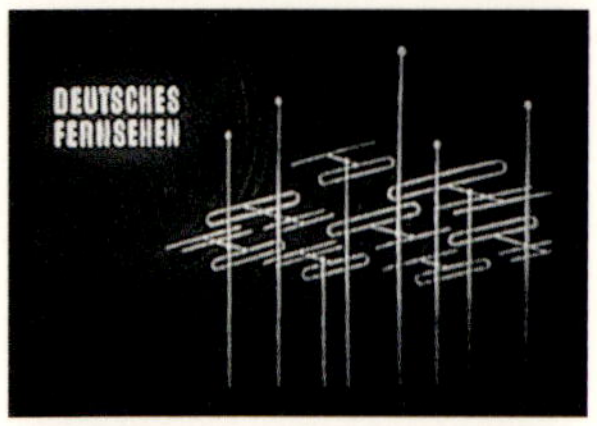

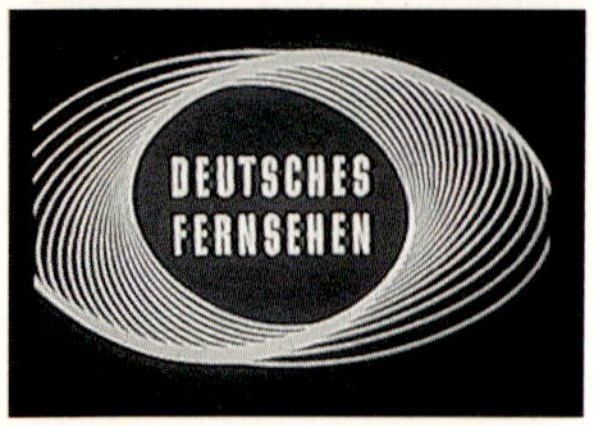


Karl Heinz Köpcke

## Tagesschau von 1952

**Weihnachten 1952** eröffnete der Nordwestdeutsche Rundfunk (NWDR) in Hamburg seinen regelmäßigen Programmbetrieb. Erste Fernsehansagerin wurde Irene Koss.
Von Anfang an dabei: die »Tagesschau«. Damals wurde zunächst nur dreimal wöchentlich aus dem politischen Leben und dem Alltag der jungen Bundesrepublik und der ganzen Welt berichtet – noch ganz im Stil der Wochenschauen, die das Publikum aus den Kinos kannte. Erst 1959 endete die Zeit der bloßen Kommentierung von Filmausschnitten: Karl Heinz Köpcke sprach sich von nun an in die Herzen und Köpfe der Zuschauer und wurde in der Folgezeit als »Mr. Tagesschau« zum größten Serienstar der ARD-Geschichte.
Am Rande: Nicht nur in den Nachrichten der »Tagesschau« war damals das kalte West-Ost-Klima ein Dauer-Thema, auch die »Wetterkarte« wurde in den politischen Streit der Weltanschauungen einbezogen. So protestierten ab 1959 immer wieder konservative Kreise, allen voran die Vertriebenenverbände und das »Kuratorium Unteilbares Deutschland«, gegen die »Wetterkarte«, weil sie angeblich nicht deutlich genug die territorialen Ansprüche auf ein Deutschland in den Grenzen von 1937 sichtbar werden ließ.

Dagmar Berghoff, Jo Brauner, Hanns-Joachim Friedrichs

Werner Höfer

Foto: Wolfgang Maria Weber

Eine republikanische Institution, das war Werner Höfer mit seiner sonntäglichen Journalisten-Diskussion, dem »Internationalen Frühschoppen« – 35 Jahre lang. Am 30. August 1953 ging die Sendung, die bereits ein Jahr zuvor im Radio Premiere hatte, erstmals über den Bildschirm. In der Regel debattierte Höfer »mit sechs Journalisten aus fünf Ländern« (so die zum Ritual gewordene Ansage seines Sprechers Egon Hoegen) alle Themen, die die Welt bewegten. Vor allem die Männerwelt, die Hausfrauen waren zur sonntäglichen Mittagsstunde mit der Essenszubereitung beschäftigt.

1987 fand der gehobene Journalisten-Stammtisch – ein Gläschen Wein war immer dabei – sein Ende. Höfer, der sich in den 70er Jahren als liberaler, experimentierfreudiger Fernsehdirektor im WDR einen Namen gemacht hatte, trat ab. Unfreiwillig. Zum Verhängnis war ihm ein Artikel aus seiner NS-Zeit geworden, in dem er sich im Nazi-Jargon über die Hinrichtung eines »ehrvergessenen« Künstlers ausließ, der es 1943 gewagt hatte, in privatem Kreis den Krieg, Deutschland und seine Kultur verloren zu geben.

Schon im März 1962 hatte der SED-Propaganda-Chef Albert Norden auf diesen Höfer-Artikel aufmerksam gemacht. Vergeblich. Was aus der kommunistischen DDR kam, galt im Westen nicht viel. 25 Jahre später griff der »Spiegel« die Geschichte noch einmal auf. Höfer verfing sich in Ausreden und nahm schließlich verbittert seinen Abschied. Der »Frühschoppen«, bis dahin zusammen mit der »Tagesschau« das älteste Markenzeichen der ARD, wurde durch den »Presseclub« ersetzt.

»Internationaler Frühschoppen«, 1958

Den Standfernseher FE 12/43 St von 1956 zeichneten nicht nur die typischen 50er Jahre-Beinchen und verdeckte Regler aus. Charakteristisch war vor allem der sogenannte »Rucksack« auf der Rückwand des Apparates: Ein Topf zum Schutz des empfindlichen Bildröhrenhalses. Telefunken bedruckte den Rucksack vorsorglich mit der Aufschrift: »Hier nicht anheben«.

## Krönung und Fußball-WM

Fußball-WM 1954, TV-Kommentar: »Und nun eine kleine Kahnpartie. Alle seh ich da, nur einer fehlt mir. Hallo, Herr Herrberger, ja, Grüß Gott, Grüß Gott. Zeichen der Kameradschaft: Alle Mann in einem Boot.«

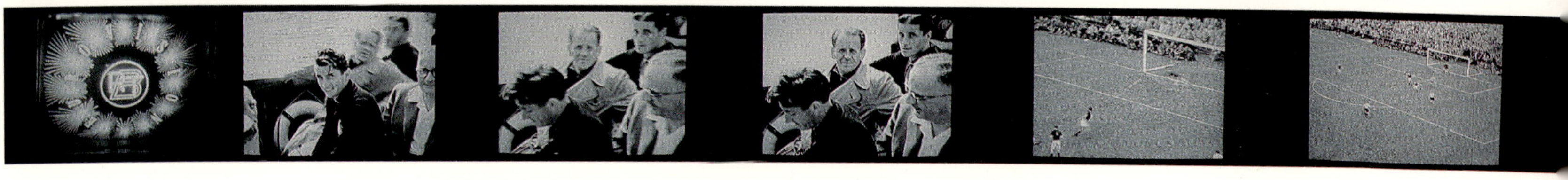

Technischer Aufbau für die erste Eurovisionssendung des NWDR: Die Krönung Elizabeths von England

**Am 2. Juni 1953** übertrugen Großbritannien, Frankreich, die Bundesrepublik und die Niederlande gleichzeitig die Krönung Elizabeths II. zur Königin von England. Vielen Bundesrepublikanern erfüllte die TV-Übertragung für einen kurzen kostbaren Augenblick einen Traum von Glanz und Gloria inmitten der Not der Nachkriegszeit. Auch noch 40 Jahre später entwickelt sich eine ARD-Reihe über das private Leben der europäischen Königshäuser zu einem Hit des öffentlich-rechtlichen Fernsehens.

Ihren wirklichen Durchbruch erlebte die »Eurovision« ein Jahr später, bei der Fußballweltmeisterschaft in Bern: In acht europäischen Ländern verfolgten Millionen Zuschauer das sportliche Ereignis am Bildschirm. In der Bundesrepublik erhöhte sich die Zahl der TV-Geräte-Besitzer in diesem Jahr von rund 12 000 (1. 1. 1954) auf 85 000 (31. 12. 1954). Man war wieder wer! Endspielsieger! Der finale Weltmeisterschuß auf neutralem Schweizer Boden offenbarte aber nicht nur die wahren Befreiungssehnsüchte im Nachkriegsdeutschland/West. Er signalisierte auch, wo die großen TV-Schlachten um die Gunst des Publikums in Zukunft geschlagen werden würden: im Sport.

Die Mehrheit der Fernsehgeräte stand Mitte der 50er Jahre freilich noch in Kinos (wo gegen Eintrittsgeld Großbildprojektionen vorgeführt wurden), in Kneipen und in Elektroläden, an deren Schaufenstern sich der Zuschauer mitunter die Nase plattdrückte. Die wenigen, die es sich leisten konnten, kauften sich ab 1955 ein TV-Tischgerät (700 bis 800 DM) oder die gewaltig teurere Fernsehtruhe (um 1 700 DM). Auf Raten, versteht sich. Die monatliche Rundfunkgebühr betrug damals 5,00 DM.

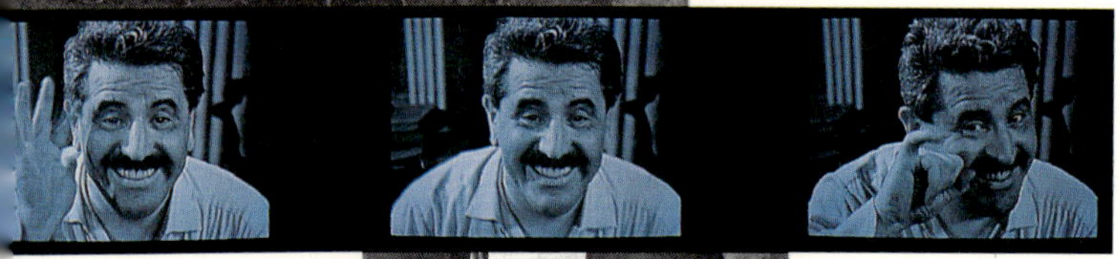

## »Der Etappenhase« mit Willy Millowitsch

**»Wie es wirklich war«**, Walter Pindter, Erster Chef-Kameramann beim NWDR in Köln, erinnert sich:

Am 27. Oktober 1953 übertrugen wir in einer Direktsendung aus dem Millowitsch-Theater das unverwüstliche Erfolgsstück »Der Etappenhase« von Karl Bunje. In den Hauptrollen: Willy und Lucy Millowitsch. Vor der Bühne war eine breite Lauffläche für die Rollstative aufgebaut, die einen Teil der Sitzplätze wegnahm. Den Saal besetzten geladene Gäste, geladen deshalb, weil man mit zahlenden in Hamburg schlechte Erfahrungen gemacht hatte. Dort gab es nämlich während einer Aufführung wegen der störenden, im Blickfeld der Zuschauer umherfahrenden Kameras so starke Proteste, daß die Sendung abgebrochen werden mußte. In den kurzen Aktpausen blendeten wir Bilder aus dem applaudierenden Publikum ein. Nebenbei wurde damit auch die Bedeutung des Millowitsch-Theaters gewürdigt.
Es war ein großer Erfolg. Die Kosten für die zweistündige Sendung einschließlich Theatermiete und Gagen für die Schauspieler betrugen knapp 1000 DM. Dessen ungeachtet rief am nächsten Tag Werner Pleister (NWDR-Intendant) an, um mir mitzuteilen, daß NWDR-Generaldirektor Grimme für ein derartiges Programm kein Verständnis habe, da das Fernsehen eine kulturelle Institution sei. So ungefähr, vielleicht noch etwas deutlicher, lautete sein Urteil. Aber die Aufführungen des Millowitsch-Theaters wurden in den nächsten Jahren ein fester Bestandteil des Kölner Programms. Allein 1959 gab es fünf solcher Übertragungen.

Die Standardfragen aus dem »heiteren Beruferaten« klangen seit den ersten Sendungen 1955 so: »Sind Sie mit der Herstellung oder der Verteilung einer Ware beschäftigt?«, »Bin ich auf dem richtigen Weg, wenn ich sage, daß ...?«,

## »Was bin ich?« mit Robert Lembke

Für den prominenten Ehrengast (hier Ruth Leuwerik) gab es Blumen statt der Geldstücke, und das Rateteam mußte sich mit verschlossenen Augen an seine Identität herantasten.

**Maximal zehn 5-Mark-Stücke** konnte ein Gast in Robert Lembkes Unterhaltungssendung »Was bin ich?« mit nach Hause nehmen, vorausgesetzt sein Beruf war so ausgefallen, daß der Gast auf die Fragen des routinierten Rateteams zehnmal mit »Nein« antworten konnte.
Die Fragen hielten sich, wie das Rateteam, die Porzellanschweinchen und der Gong (am Anfang noch ein Glöckchen). Mit ihm wurde den Fernsehzuschauern, die mitraten wollten, der akustische Hinweis gegeben, daß nun die (möglichst entlegene) Berufsbezeichnung des Gastes auf dem Bildschirm eingeblendet würde. Für Hund Struppi und seinen Nachfolger Jackie gab's immer ein Stück Wurst (danach, versteht sich). »Das psychologische Extemporale«, so der Untertitel der Sendung in den 50er Jahren, starb mit seinem ersten und letzten Repräsentanten Robert Lembke 1989.

Das Rateteam:
Guido Baumann, Annette von Aretin, Hans Sachs und Anneliese Fleyenschmidt

»Brauchen Sie für Ihre Tätigkeit eine besondere Ausbildung?« und »Haben Sie es vielleicht auch nur mit den Ausgangsprodukten von ... zu tun?«.

Locker, unkonventionell und verständlich sollte sie sein, die Amerikaberichterstattung des Peter von Zahn. Dazu gehörte auch der Einsatz aller Familienmitglieder. Der erste Auslandskorrespondent des NWDR fesselte ab Oktober 1955 mit seinen »Bildern aus der Neuen Welt« ein Publikum, das ebenso gebannt auf den seltsamen Hausbriefkasten der von-Zahn-Familie blickte wie auf den geradezu futuristisch anmutenden »Geschirrwascher«. Etwa zur gleichen Zeit berichteten Hanns Joachim Friedrichs aus Ägypten und Gerd Ruge aus Moskau.

Foto: Wolfgang Maria Weber

Peter von Zahn: »Amerika ist ja ziemlich groß. Ich habe mir hier ein kleines, maßstabgerechtes Modell der Bundesrepublik ausgeschnitten. Wenn Sie das auf die amerikanische Landkarte legen, dann sehen Sie selber, was alles für Platz ist für Exkursionen.«

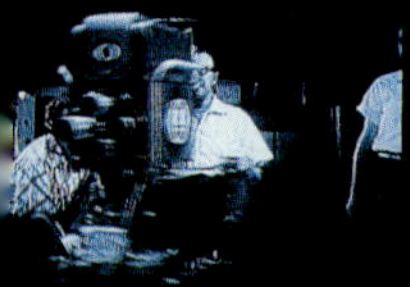

Peter von Zahn: »Manches von dem, was wir unterwegs erlebten, haben wir im Bilde festgehalten. Es ist nichts Abenteuerliches dabei. Es ist Alltagsamerika.«

Tochter: »Ich heiße Dominica von Zahn. Hier, das ist mein Vater (weist auf die Aufschrift vom Briefkasten), und hier, das ist ein Briefkasten.«

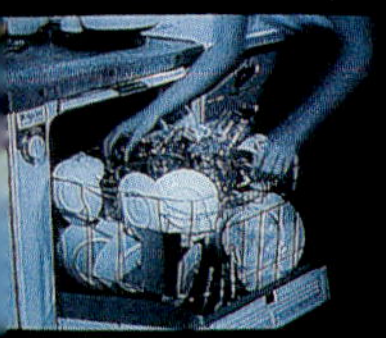

Frau Zahn: »Und hier, das ist das beste in Mrs. Harrisons Küche: der Geschirrwascher.«

Peter von Zahn: »Wer nach Amerika kommt, der macht sich ja darauf gefaßt, daß alles ein bißchen anders ist als zu Haus.«

Peter von Zahn

»Verehrte Zuschauer. Sie wissen, wir suchen den Millionsten Fernsehteilnehmer. Geh, sind'S so nett und melden'S Ihr Gerät an. Schaun'S, Ihnen tun die fünf Mark nicht weh ...«

## Der 1 000 000ste Zuschauer

Die 50er Jahre waren über mehr als die Hälfte medial vor allem die Domäne des Hörfunks, der sich zu dem Zeitpunkt, als die TV-Apparate-Besitzer die erste Million überschritten, mit circa 15 Millionen schon allmählich der Sättigungsgrenze des Marktes entgegenbewegte. Ein Umstand, der die Programmacher des Radios von heute immer noch zu tränenreichen Blicken in die Vergangenheit veranlaßt.
In den darauffolgenden Jahren nahmen die sozial immer noch privilegierten Truhen- und Tisch-Geräte-Besitzer noch einmal jeweils um circa eine Million zu, so daß der Stand am Ende des Jahrzehnts 3 201 808 ist. 1960 liegt der Sättigungsgrad des Fernseh-Marktes erst bei einem Viertel der bundesdeutschen Haushalte. Aus dieser Zeit liegen mir leider keine Zahlen zur sozialen Zusammensetzung des Publikums vor. Allerdings erinnere ich mich noch genau, welch hohe Achtung all jene Freunde genossen, bei denen man »Lassie«, »Fury«, die »Texas-Rangers«, »Am Fuß der blauen Berge« oder – wenn die Alten abends mal nicht zu Hause waren – auch »Stahlnetz« gucken konnte.

*Siegfried Zielinski*

Mit der Verbreitung des Fernsehens nahm auch die Reihen- und Serienproduktion ihren Anfang. Das regelmäßige Fernsehen in den eigenen vier Wänden wurde zur Gewohnheit. Noch vor den populären »Schölermanns« hatte Jürgen Roland die Serie »Der Polizeibericht meldet« 1953 ins Programm gebracht. Sie wurde 1958 von der Kriminalserie »Stahlnetz« abgelöst, Regie wieder Jürgen Roland. Das Buch für die erste »Stahlnetz«-Folge »Nachtrag« schrieb Wolfgang Menge, der dann in den 70er Jahren mit politisch brisanten Themen die TV-Nation in Aufregung versetzte. »Stahlnetz« war nach amerikanischem Muster gestrickt (Vorbild war die US-Serie »Dragnet«) und wurde erst 1968 eingestellt.

Mein Name ist Matern. Ich bin Kommissar bei der Kriminalpolizei Karlsruhe, Leiter der Mordkommission.
Mein Auftrag: Klärung eines Mordes am Stadtrand von Karlsruhe. Ich leite die Zeugenvernehmung:

Also, Sie haben natürlich auch nichts gesehen!

Gesehen direkt nichts.

Aber Sie wissen, wer die Schüsse abgegeben hat!

Ein Mann, der stand in der Tür und schoß plötzlich.

Sie kennen den Mann aber auch nicht, sie haben ihn noch nie vorher gesehen!

Nein, nie!

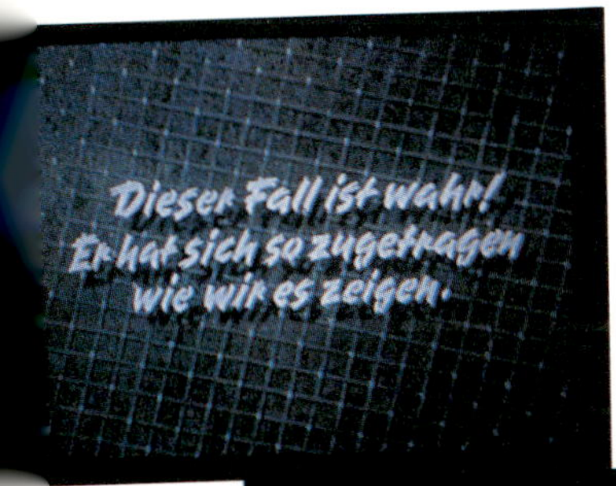

*Als erster Sender beschloß der Bayerische Rundfunk im August 1956 die Einführung des Werbefernsehens. Das erste Produkt, für das im bundesdeutschen Fernsehen geworben wurde, war Persil, das Waschmittel, das alles reinwaschen sollte. Der Reinerlös sollte, so hieß es damals noch, »kulturellen Zwecken« zugeführt werden. »Mahlzeit!« – Mit Liesl Karlstadt und Beppo Brem.*

**Karlstadt: »Saubär, da schau her, was du wieder g'macht hast! Du bist a' richtiger Dreck ...!«**

**Brem: »Sprich dich nur aus, wir sind ja schließlich nicht daheim!«**

**Karlstadt: »Aber du benimmst dich so, als wie wenn du daheim wärst! Ich wenn Wirt wär' ..., mein Lieber!«**

**Brem: »Was wäre dann, wenn du Wirt wärst?«**

**Karlstadt: »Rausschmeißen tät' ich dich!«**

## Die erste Werbung im Fernsehen

**Wirt:** »Mahlzeit die Herrschaften! ... Oh, ein kleines Malheur, Gisela, die Serviette!«

**Brem:** »Entschuldigens' bittschön!«

**Wirt:** »Aber ich bitte Sie, das kann doch vorkommen, dafür gibt es doch Gott sei Dank ›Persil‹, nicht wahr, gnädige Frau?«

**Brem:** »Siehst du, Lieserl, das ist der Unterschied zwischen dir und einem gebildeten Menschen!«

**Karlstadt:** »Was?«

**Brem:** »Na ja, du machst allerweil so ein Theater, wenn a' bisserl was auf die Tischdecke kommt, der gebildete Mensch sagt bloß ›Persil‹.«

»Persil und nichts anderes!«

***Clemens Wilmenrod, Fernsehkoch***

*Vielleicht kochte er, der Versorgungslage entsprechend, doch nicht immer so bemerkenswerte Gerichte. Aber mit seinen Anekdoten und Kommentaren, mit denen er selbst den kargsten Kücheneinfall zu würzen wußte, begeisterte Clemens Wilmenrod, der erste Fernsehkoch (Markenzeichen: gepflegter schmaler Lippenbart), ab 1953 sein Publikum wie nach ihm keiner mehr.*

**Rezept für die »Gefüllte Erdbeere« aus der Sendung vom 2. Mai 1956:**

**»Ich saß an einem Frühlingsnachmittag, es war vor dem Krieg, in Rom in einem Café. Da kam eine Bäuerin vorbei und bot Erdbeeren an. Ich nahm ein paar, und während ich nun so den Stiel herausdrehte, sah ich, daß ja da ein Hohlraum entstand. Wenn man nun Koch aus Passion ist, wissen Sie, dann denkt man über solche Dinge nach, besser gesagt, man träumt davon.**
**Also, ich ging wochenlang mit der gefüllten Erdbeere sozusagen schwanger und träumte von ihr und wußte nicht, womit ich sie füllen sollte.**
**Aber ich sagte mir, Hölderlin hat geschrieben: ›Ein Gott ist der Mensch, wenn er träumt, ein Bettler, wenn er nachdenkt.‹ Verzeihen Sie bitte, wenn ich dieses hohe Wort in Beziehung mit einer Erdbeere bringe. Aber eines Tages fiel es mir ein. Ich lag morgens noch im Bett, meistens die beste Stunde, da wußte ich, womit sie zu füllen sei – mit einer Mandel.**
**Wenn die Kirsche einen Kern hat, den wir wegwerfen müssen, und die Pflaume auch, warum soll nicht die Erdbeere einen Kern von uns mal erhalten?**
**Es ist eine zauberhafte Überraschung, wenn Sie Freunde zu Gast haben und setzen ihnen zum ersten Mal gefüllte Erdbeeren vor – gibt natürlich erst einen heillosen Schreck, wenn sie in die Erdbeere beißen, und da ist etwas drin, aber um so größer ist nachher – klarerweise – die Überraschung.**
**Sie können dazu selbstverständlich auch eingemachte Erdbeeren nehmen. Hauptsache ist nur, daß die Früchte ganz sind. Sie dürfen nicht zerschnitten sein, das ist klar.**
**Ich setze mir dieses scharf geschliffene Messer an die Brust, denn ich behaupte, die gefüllte Erdbeere ist ein Rezept von mir! Sollte jemand sonst auf der Kruste dieses Planeten schon mal eine gefüllte Erdbeere gesehen oder gegessen haben, melde er sich sofort! In diesem Augenblick wird dieses blitzende Ding in mein armes Herz hineinfahren. Los! Es meldet sich niemand? Können wir ja weitermachen!«**

## Heim ins Heim

**Adolf Grimme**, erster Generaldirektor des Nordwestdeutschen Rundfunks (der nach dem Vorbild der BBC aufgebaut worden war) proklamierte 1953: »Das Fernsehen vermag den Menschen besser zu machen. Es ist sogar sein Soll, daß die Kraft von Bild und Wort das Gute wirke ...« Hehre Zielvorstellungen, die der nach ihm benannte Grimme-Preis bis auf den heutigen Tag zu befördern versucht. Gleichwohl verkannte Grimme nicht, daß das neue Massenmedium »auch Freude schenken« mußte, wenn es bei den Leuten ankommen sollte. Und sich freuen, das hieß bis zum Ende der 50er Jahre: die Weltpolitik Werner Höfer und seinen Sonntagsgästen überlassen, sich, nach dem Motto »Heim ins Heim«, der Sorgen der Nachkriegsjahre entledigen: mit Robert Lembkes heiterem Beruferaten »Was bin ich?«, mit den frühen Spielen von Peter Frankenfeld (»1:0 für Sie«) und Hans Joachim Kulenkampff (»Wer gegen wen?«), mit den Schlagern von Caterina Valente, Vico Torriani oder Peter Alexander.

Und dann waren da noch die »Schölermanns«, Deutschlands erste TV-Familie, sehr gemütlich. Von 1954 bis 1958 präsentierten sich die »Schölermanns« 111mal als die westdeutsche Durchschnittsfamilie schlechthin. Mit drei Kindern, mittlerem Einkommen und einer Etagenwohnung, die, zumal anfangs auch noch ein Untermieter mit von der Partie war, die beengten Wohnverhältnisse vieler Zuschauer spiegelte. Wenn die Schölermanns in Streit gerieten, dann ging es um so wesentliche Fragen wie den Stand der Haushaltskasse, Schul- und Erziehungsprobleme oder den ersten Camping-Urlaub. 17 Drehbuchautoren werkelten an dieser ersten Familienserie mit, das Publikum fand sich wieder und war begeistert.

Aber dann, Ende der 50er Jahre, hörte der Spaß mit einem Mal auf. Plötzlich war die Vergangenheit wieder da. Als die westliche Republik schon aus dem Gröbsten heraus zu sein schien, flimmerten 1959 mit der ersten Folge des Mehrteilers »Soweit die Füße tragen« (Regie: Fritz Umgelter) die verdrängten Tage und Jahre von Faschismus und Krieg in die Wohnstuben, und die halbe Nation (West) saß gebannt und zu Tränen gerührt vor dem Bildschirm. Nicht wegen Auschwitz, sondern aus Selbstmitleid.

»Soweit die Füße tragen« erzählte die Geschichte eines deutschen Kriegsgefangenen in der Sowjetunion, der endlich nach Hause will, flieht und sich auf abenteuerlichen Wegen durchschlägt, bis er schließlich wieder daheim ist. Die Flucht aus Stalins Lager in die Adenauer-Republik führt ihn durch halb Asien, durch Tschetschenien, durch den Iran. Und immer ist es kalt, immer ist es Winter. Und immer trifft der heimatlose deutsche Soldat jemanden, der ihm wei-

terhilft. Zum Schluß ist es gar ein jüdischer Großbauer, der selbst unter der Verfolgung der Kommunisten zu leiden hat. In der Hauptrolle des deutschen Oberleutnants Clemens Forell agierte Heinz Weiss, dem Regisseur Fritz Umgelter zwanzig Jahre später noch einmal zum Einsatz in Uniform verhalf: als »Traumschiff«-Kapitän beim ZDF.

»Soweit die Füße tragen« war ein Produkt des Kalten Krieges. Bereits zwei Jahre später präsentierte Regisseur Fritz Umgelter mit seinem nächsten Mehrteiler »Am grünen Strand der Spree« ein völlig anderes Geschichtsbild, in dem auch der Holocaust zur Sprache kam. 1959 aber wollten die Schölermanns und ihre Freunde davon nichts wissen. »Soweit die Füße tragen« wurde – obwohl ein großer Teil der Presse negativ auf die platte Abenteuerdramaturgie Umgelters reagierte – ein Straßenfeger. Die Zuschauer stießen sich nur an der Länge des Heimkehrer-Dramas und daran, daß die sechs Folgen über drei Monate verteilt worden waren.

**Sie war die erste Fernseh-Mutti der Nation: Lotte Rausch als Trudchen Schölermann. Den Biedermann an ihrer Seite mimte Willy Krüger, der sich auf dem Bildschirm vom Buchhalter zum Prokuristen hocharbeitete. Der Jüngste, Jockeli (Harald Martens), störte den Familienfrieden, indem er in der Schule sitzenblieb; mit Evchen (Margit Cargill) durchlitt die zunächst noch kleine Fernsehgemeinde alle Stadien der Pubertät, und bei Charles Brauer alias Heinz Schölermann standen die Backfische der Aufbaujahre Schlange für ein Autogramm. Die »Schölermanns«, eine ordentliche deutsche Familie, alle 14 Tage, 30 Minuten, live.**

**»Schölermann«-Sohn Heinz alias Charles Brauer, 1994 als Moderator der RTL-Reihe »Spurlos«**

Die »Schölermanns« wurden live gesendet. Erst Ende der 50er Jahre konnten mit dem amerikanischen »Ampex«-Verfahren massenhaft Fernsehkonserven für zeitversetzte Sendungen hergestellt werden.
Aus den Erinnerungen des Schölermann-Regisseurs Rupprecht Essberger, aufgezeichnet 1960:

Namen zu und allenfalls bitten Backfische um ein Autogramm. Bei den Schölermanns kommt man ohne viel Umschweife auf sie zu und schüttelt ihnen die Hand, wie einem alten Bekannten. Man fragt Vater Schölermann, was das Geschäft macht, bittet Mutter um das Schnittmuster von ihrem neuen Kleid und warnt Evchen mütterlich, sich doch bloß nicht mit ihrem Freund Micha zu verloben. Man redet Heinz vertraut mit seinem Vornamen an und ist erstaunt, wenn er nicht entsprechend antworten kann. Das alles geschieht nicht nur in Deutschland, sondern auch im Ausland, wo immer Deutsche herumreisen.
Es ist nicht ganz leicht für die Fünf, immer das freundliche Gesicht zu machen, was man bei einem Treffen mit guten Bekannten erwartet. Es ist auch nicht leicht, sich höflich aus der Affäre zu ziehen, wenn man unversehens auf der Straße eingeladen wird, mal schnell zu einer Tasse Kaffee mit raufzukommen. Es gibt allerdings auch Ausnahmen, wo man sich diskret zurückhält. Z. B., als Lotte Rausch einmal mit ihrem „richtigen" Mann in ein Lokal ging. Die Wirtin, die sie als Mutter Schölermann erkannte, sagte nur leise zu ihrem Kellner: „Wir haben nichts gesehen".

## Wie aus dem Wasser gezogen

Schölermanns ging es indessen immer besser, und Vater konnte seiner Frau — laut Beschluß der Autoren — zur silbernen Hochzeit einen Pelzmantel schenken. In dieser Sendung passierte etwas, was als Beispiel dafür gelten kann, warum Fernseh-Originalsendungen — und das sind die Schölermann-Sendungen — so nervenaufreibend sind. Alles, was in einer Original-Fernsehsendung an Fehlern oder Mißgeschicken passiert, kann nicht mehr repariert werden und erscheint auf den Bildschirmen der Millionen Fernsehzuschauer. Der Alptraum des Regisseurs z. B. ist, daß sich in der Schölermann-Wohnung eine Tür öffnet und statt eines Schauspielers eine der drei Kameras erscheint, die zu früh in ihre neue Position gehen will. Doch die größten Nervenanspannungen haben zweifellos die Schauspieler auszuhalten. Neben ihren langen Texten, die sie auswendig können müssen — eine Souffleuse kann bei einer Fernsehsendung nicht helfen — müssen sie auf den Zentimeter genau stehen oder sitzen. Wenn dann zu allem Überfluß noch plötzliche Überraschungen auftreten, dann zittern den Armen noch nach der Sendung sämtliche Glieder, oder wie Evchen sagen würde: „Wir sind wie aus dem Wasser gezogen".

## Der neue Pelzmantel

So war es auch in der Sendung mit dem neuen Pelzmantel für Mutter. Ein junges Mädchen sollte an der Haustür einen ihrer beiden Kartons, die sie austragen sollte, abgeben. Evchen sollte dann zusammen mit Heinz heimlich den Karton öffnen und den Pelzmantel anprobieren. In der Sendung klingelte es, und Evchen nahm einen Karton in Empfang. Aber leider war es der Falsche, der nur mit einer alten Wolldecke gefüllt war. Evchen ging nichtsahnend, denn die Kartons glichen sich völlig, in ihr Zimmer und begann auszupacken. Das einzige, was ihr auffiel, war, daß dieser Karton mit schrecklich vielen Knoten verschnürt war. Sie begann bereits zu schwitzen, Heinz merkte das und machte ein paar improvisierte Bemerkungen, um die Zeit auszufüllen. Da ging plötzlich dem Requisiteur ein Licht auf, denn er hatte ja extra einen leicht lösbaren Knoten gemacht. Irgendwo hinter den Kulissen war der richtige Karton abgestellt worden, blitzschnell holte er ihn und stand dann hilfesuchend neben der Kamera, er konnte doch nicht ins Bild laufen. Das nun wieder sah ich durch das große Glasfenster des Regieraums und wußte sofort, was passiert war. Während Evchen noch immer mit dem Knoten kämpfte, rief ich dem Kameramann durch seinen Kopfhörer zu: „Vorfahren! Groß auf den Kopf von Heinz gehen!" Der Zuschauer zu Hause sah nun nur noch Heinz, wie er amüsiert zu seiner Schwester herunter sah. In diesem Augenblick riß der Requisiteur Evchen den verkehrten Karton aus der Hand und schob ihr den richtigen zu. Jetzt wußte sie, was beinahe passiert wäre, daß sie um ein Haar aus dem Karton eine Wolldecke gezogen hätte und dazu hätte sagen müssen: „Hübsch, nicht Heinz, ob ich ihn mal anprobiere?" Wie wäre es dann weitergegangen?? Darüber nachzudenken kam sie nicht mehr. Heinz weckte sie aus ihrer Schrecksekunde auf: „Sag mal, soll ich die Schnur nicht mal mit meinem Taschenmesser aufschneiden?" „Danke, es geht schon." Leicht ließ sich der präparierte Knoten öffnen, und alles ging weiter, wie geprobt.

Aber fragen Sie mich nicht, was hinterher los war. Wir waren alle „wie aus dem Wasser gezogen". Nach jeder Sendung sind wir heilfroh, wenn alles gut über die Runden gegangen ist. Bei einem Glas Bier sitzt dann noch alles zusammen und spricht über die großen und kleinen Abenteuer der Sendung, denn jede Fernseh-Originalsendung ist ein Abenteuer.

Der Fernsehregisseur Ruprecht Essberger mit seiner Fernsehfamilie. Aufmerksam verfolgen die Schölermanns die Anweisungen ihres Regisseurs.

»Soweit die Füße tragen«

»Aus Köln die letzte Folge der Fernseh-Verfilmung von Josef Martin Bauers Tatsachenroman ›Soweit die Füße tragen‹. Damit ist die bisher größte und vermutlich auch teuerste Produktion des deutschen Fernsehens vor dem Zuschauer abgespult worden«, schrieb der Kritiker der ›Welt‹ im April 1959. »Die Flucht eines Kriegsgefangenen durch Rußlands Weiten ist für Millionen von deutschen Zuschauern eine Art von Monument.«

Und in der »Westfälischen Allgemeinen« rekapitulierte Michael Lentz: »In dem kleinen Café, das den Vorzug hat, erst in den späten Abendstunden geschlossen zu werden, steht ein Fernsehapparat. Er wird jeden Abend um 19 Uhr angeknipst, dann läuft das Programm ab, und die Gäste schauen zu oder weg. An zwei Dienstagen im Monat aber blickte niemand gelangweilt zur Seite. Dann war das kleine Café überfüllt. Dann saßen die Gäste ›wie gebannt‹ vor dem Bildschirm. Kein Wort fiel. Kein Glas klirrte. Selbst die Kellnerin servierte leiser als sonst.

An diesen Dienstagabenden wurden die einzelnen Folgen des Fernsehfilms ›Soweit die Füße tragen‹ gezeigt. An diesen Dienstagen – so sagte mir ein Kinobesitzer bekümmert – wurde die Abendvorstellung in seinem Theater bis zu 40 v.H. weniger besucht als an anderen Tagen ...

Umgelter ›verkaufte‹ – wie es im Branchenjargon heißt – seine Sendung glänzend. Er baute in fast jede Fortsetzung gängige Knalleffekte ein. Mal war es ein Rudel Wölfe, das dem Flüchtling nach dem Leben trachtete, mal eine russische Streife, mal ein mordlüsterner Goldsucher. Und immer war die Aktion vorzüglich ins Bild gesetzt. Die Kameraleute bevorzugten die kontrastreiche Großaufnahme, den ›sprechenden‹ Bildausschnitt oder die von allem unwesentlichen Zubehör gereinigte Totale. Weitere Pluspunkte: Das Milieu erschien echt, der Kulissenzauber geschah unauffällig, die Darsteller (vor allem der Nebenrollen) waren durchweg gut, wenn man von einer gewissen Theatralik absieht, der Hauptdarsteller Heinz Weiss zuweilen verfiel.«

Heinz Weiss, Star von »Soweit die Füße tragen«, 1981 als Kapitän auf dem ZDF-»Traumschiff«, Regie: Fritz Umgelter

Szenenfotos zu »Soweit die Füße tragen«

## Soweit die Füße tragen

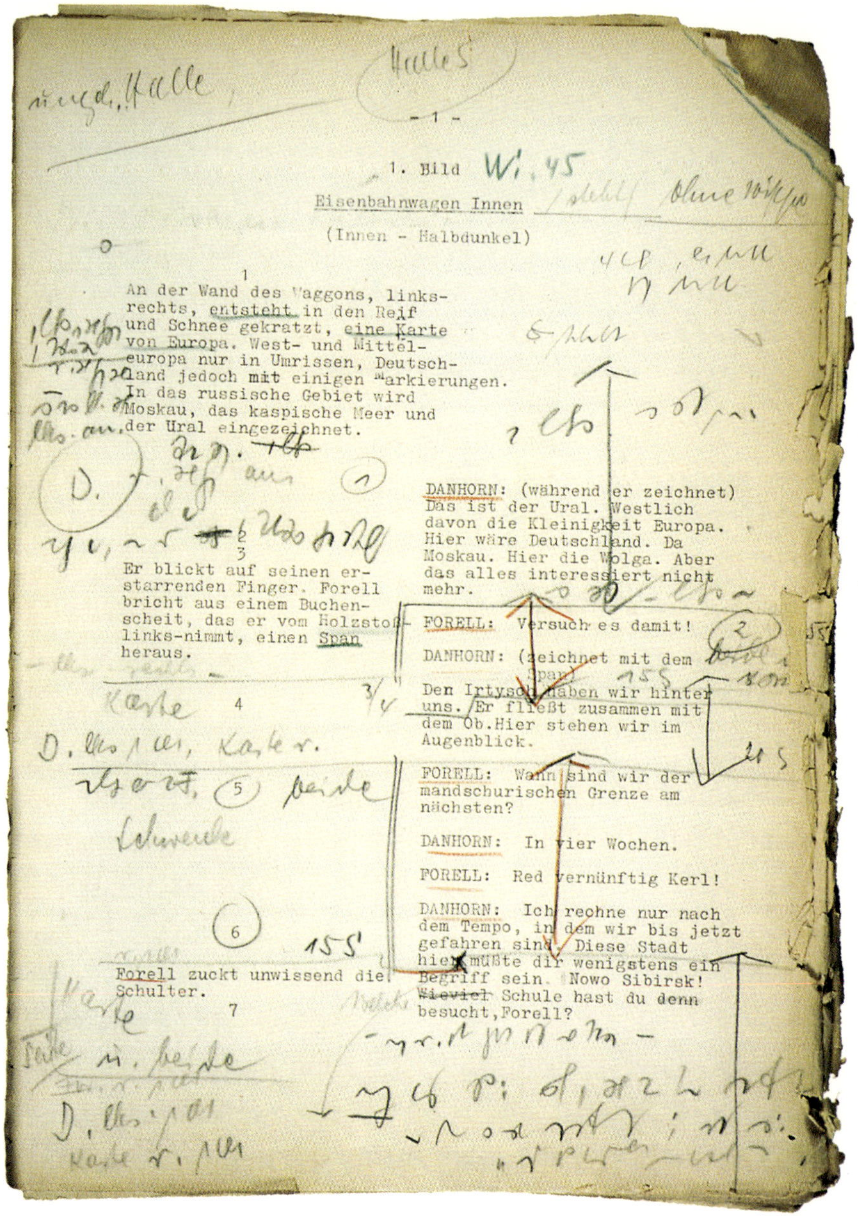

- 1 -

1. Bild

Eisenbahnwagen Innen

(Innen - Halbdunkel)

1
An der Wand des Waggons, links-rechts, entsteht in den Reif und Schnee gekratzt, eine Karte von Europa. West- und Mitteleuropa nur in Umrissen, Deutschland jedoch mit einigen Markierungen. In das russische Gebiet wird Moskau, das kaspische Meer und der Ural eingezeichnet.

DANHORN: (während er zeichnet) Das ist der Ural. Westlich davon die Kleinigkeit Europa. Hier wäre Deutschland. Da Moskau. Hier die Wolga. Aber das alles interessiert nicht mehr.

3
Er blickt auf seinen erstarrenden Finger. Forell bricht aus einem Buchenscheit, das er vom Holzstoß links-nimmt, einen Span heraus.

FORELL: Versuch es damit!

DANHORN: (zeichnet mit dem Span)

4
Den Irtysch haben wir hinter uns. Er fließt zusammen mit dem Ob. Hier stehen wir im Augenblick.

5
FORELL: Wann sind wir der mandschurischen Grenze am nächsten?

DANHORN: In vier Wochen.

FORELL: Red vernünftig Kerl!

6
DANHORN: Ich rechne nur nach dem Tempo, in dem wir bis jetzt gefahren sind. Diese Stadt hier müßte dir wenigstens ein Begriff sein. Nowo Sibirsk! ~~Wieviel~~ Schule hast du denn besucht, Forell?

Forell zuckt unwissend die Schulter.

7

Das Drehbuch Seite 1 und Seite 2

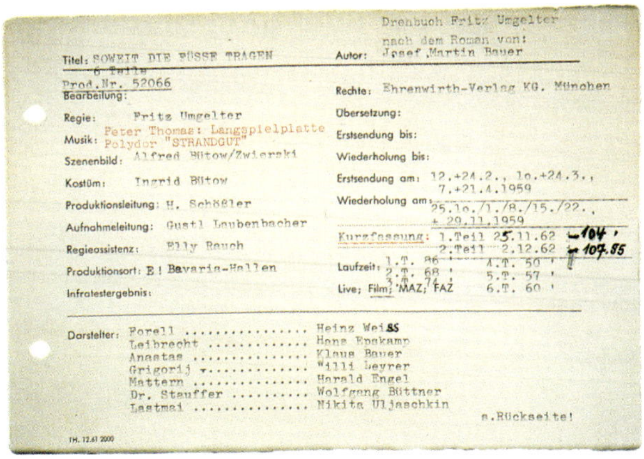

Titel: SOWEIT DIE FÜSSE TRAGEN
6 Teile
Prod.Nr. 52066
Bearbeitung:
Regie: Fritz Umgelter
Musik: Peter Thomas: Langspielplatte Polydor "STRANDGUT"
Szenenbild: Alfred Bütow/Zwierski
Kostüm: Ingrid Bütow
Produktionsleitung: H. Schößler
Aufnahmeleitung: Gustl Laubenbacher
Regieassistenz: Elly Rauch
Produktionsort: E! Bavaria-Hallen
Infratestergebnis:

Drehbuch Fritz Umgelter
nach dem Roman von:
Autor: Josef Martin Bauer
Rechte: Ehrenwirth-Verlag KG. München
Übersetzung:
Erstsendung bis:
Wiederholung bis:
Erstsendung am: 12.+24.2., 1o.+24.3., 7.+21.4.1959
Wiederholung am: 25.1o./1./8./15./22., + 29.11.1959
Kurzfassung: 1.Teil 25.11.62 – 104'
2.Teil 2.12.62 – 107.85
Laufzeit: 1.T. 86' 4.T. 50'
2.T. 68' 5.T. 57'
3.T. 74' 6.T. 60'
Live; Film; MAZ; FAZ

Darsteller: Forell ................ Heinz Weiss
Leibrecht ............ Hans Epskamp
Anastas .............. Klaus Bauer
Grigorij .............. Willi Leyrer
Mattern .............. Harald Engel
Dr. Stauffer .......... Wolfgang Büttner
Lastmai .............. Nikita Uljaschkin

s.Rückseite!

TH. 12.61 2000

**Archivmaterial zu Teil 6 von »Soweit die Füße tragen«: Persische Polizeibeamte halten den deutschen Flüchtling für einen Spion und nehmen ihn fest.**

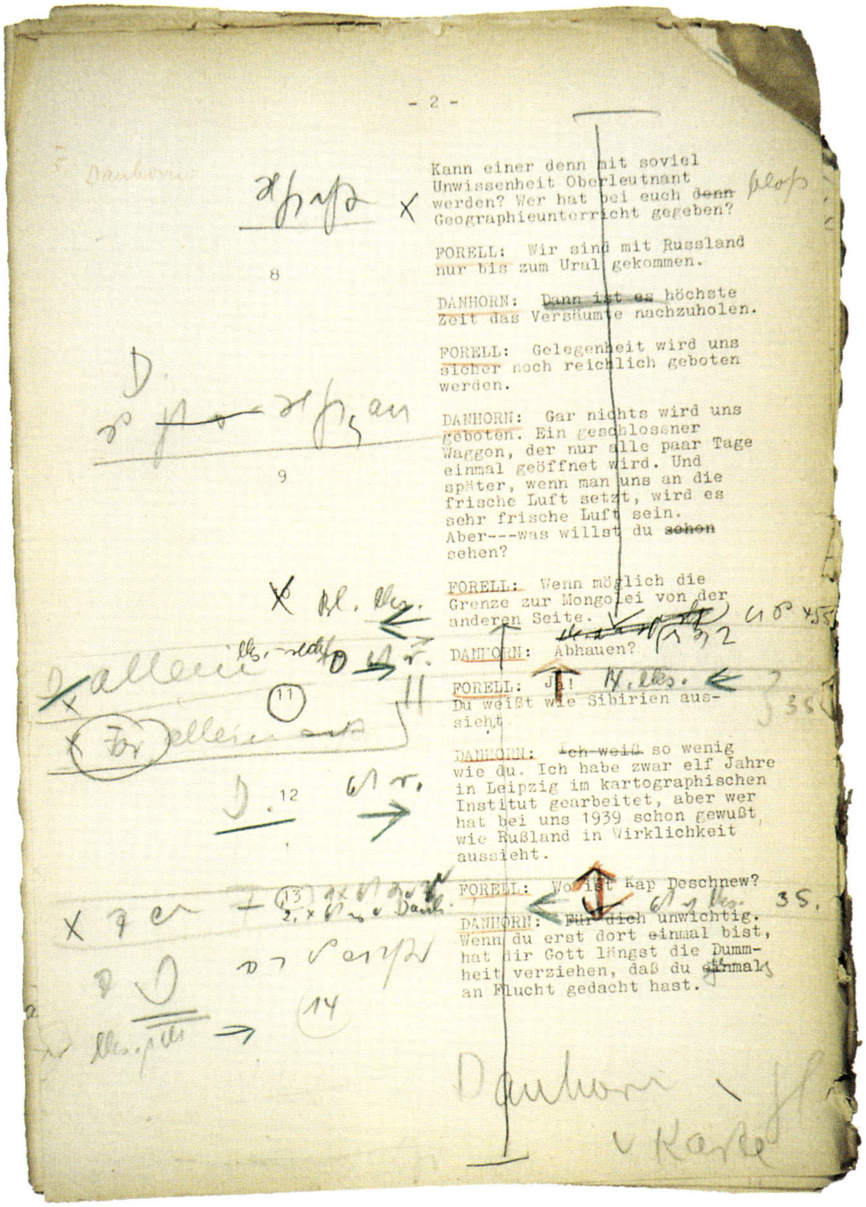

- 2 -

Kann einer denn mit soviel Unwissenheit Oberleutnant werden? Wer hat bei euch ~~denn~~ Geographieunterricht gegeben?

FORELL: Wir sind mit Russland nur bis zum Ural gekommen.

DANHORN: ~~Dann ist es~~ höchste Zeit das Versäumte nachzuholen.

FORELL: Gelegenheit wird uns sicher noch reichlich geboten werden.

DANHORN: Gar nichts wird uns geboten. Ein geschlossener Waggon, der nur alle paar Tage einmal geöffnet wird. Und später, wenn man uns an die frische Luft setzt, wird es sehr frische Luft sein. Aber---was willst du ~~sehen~~ sehen?

FORELL: Wenn möglich die Grenze zur Mongolei von der anderen Seite.

DANHORN: Abhauen?

FORELL: Ja! Du weißt wie Sibirien aussieht.

DANHORN: ~~Ich weiß~~ so wenig wie du. Ich habe zwar elf Jahre in Leipzig im kartographischen Institut gearbeitet, aber wer hat bei uns 1939 schon gewußt, wie Rußland in Wirklichkeit aussieht.

FORELL: Wo ist Kap Deschnew?

DANHORN: ~~Für dich~~ unwichtig. Wenn du erst dort ~~einmal~~ bist, hat dir Gott längst die Dummheit verziehen, daß du ~~einmal~~ an Flucht gedacht hast.

*Szenenfotos aus dem Aktenarchiv des Westdeutschen Rundfunks: die Aufnahmen werden inzwischen digitalisiert gespeichert, die Kontaktbögen wandern in den Reißwolf. Damit verschwindet ein Teil der Fernsehgeschichte, ein Teil ihrer materiellen Gestalt. Doch die Erinnerung, ihrem Wesen nach ein immaterieller Akt, zehrt auch von der Stofflichkeit ihres Gegenstandes, zum Beispiel von der Qualität und der Farbe des Papiers, die sich mit der Zeit verändern. Der Erinnerung aber einen Teil der Zeit zu nehmen, heißt, sie in ihren Möglichkeiten zu begrenzen.*

Ursula von Manescul, SWF

Claudia Doren, WDR

Angelika Feldmann, NDR

Hilde Nocker, HR

Dagmar Bergmeister, SDR

Mady Manstein, WDR

Foto: Wolfgang Maria Weber

**Irene Koss**

**Die erste Fernsehansagerin der Bundesrepublik**

# MONTAG

**9. NOVEMBER**

**17.00** Kinderstunde: **Der Vertrag mit dem Wassermann**
Es spielt die Marionettenbühne Fritz Fey, Mölln

**17.25** Jugendstunde. Bedeutende Grafiker: **Albrecht Dürer**
Übertragung aus der Hamburger Kunsthalle mit Dr. Hans Platte

Erst in der Einfachheit der Natur sei ihm die Idee der wahren Schönheit gekommen, und er fühle sich außerstande, deren hohes Vorbild zu erreichen, klagte der Maler Albrecht Dürer. Aus diesen Worten klingt eine große Demut, denn die Nachwelt ist sich einig, daß nur wenige Künstler dem Ideal so nahe gekommen sind wie gerade Dürer. Seine schönsten Bilder, das ›Rosenkranzfest‹ zum Beispiel oder die sogenannten ›Vier Temperamente‹ (die Apostel Petrus und Paulus, die Evangelisten Markus und Johannes) legen Zeugnis ab dafür. Die ganze Fülle seiner künstlerischen und handwerklichen Begabung wird offenbar in Hunderten von Kupferstichen und Holzschnitten, die heute zum kostbarsten Besitz der Museen in der ganzen Welt gehören. — Albrecht Dürer war ein unruhiger Wanderer, stets auf der Suche nach Vollendung. Er hat die bedeutendsten Kunststätten Deutschlands besucht, war in Italien und in den Niederlanden. 1528 ist er in seiner Vaterstadt Nürnberg gestorben.

**17.50—18.00 Vom Umgang mit Hunden.** Ulrich Klever stellt uns den Pudel vor

---

**19.00** Berliner Abendschau

**19.15** Werbefernsehen. Tony

---

DF **20.00 Nachrichten, Tagesschau und Wetterkarte** mit persönlichem Auftreten von Sehbinchen und Sehbastian
Leitung: Martin S. Svoboda

**20.25 Senkrecht starten und landen**
Ein aktuelles Problem der Luftfahrt
Filmbericht von Markus Joachim Tidick
(Schmalfilm-Aufnahme)

## 21.00 Spiel mit Vieren ..

... mit einer Dame und drei Buben

Mitwirkende:
Alice Babs
Svend Asmussen
Paul Kuhn und
Ulrik Neumann

Szenenbild: Lothar Regentrop-Boncoeur

Regie: Klaus Überall

**21.30 Der Fall Charles Darwin**
Zum 100. Jahrestag einer wissenschaftlichen Revolution
Von Herbert Wendt

---

### Sowjetzonen-Fernsehen

Kanal 5

**11.00** ›Amiga-Cocktail‹, dritte Folge. Eine beschwingte Matinee. — 16.00—16.30 Kinderfernsehen, für Kinder von acht Jahren an: ›Bei Professor Flimmrich‹. — 18.40 Notizen für den Einkauf. — 18.55 Abendgruß des Kinderfernsehens. — 19.00 ›Grippe‹. Eine jahreszeitliche Betrachtung. — 19.40 ›Kurz notiert‹. — 20.00 ›Die aktuelle Kamera‹. Berichte aus dem Zeitgeschehen. — 20.15 Politischer Spielfilm der DEFA. — 21.35 **Sport und Musik.**

**17.50** **Einen Aristokraten unter den Hunden hat Richard Wagner seinen Pudel genannt. Aristokratisch ist er auch heute noch, obwohl er seine Rokoko-Perücke mit dem schlichten, modernen Karakul-Schnitt vertauscht hat. Ein Freund des Menschen: treu, zuverlässig und vergnügt**

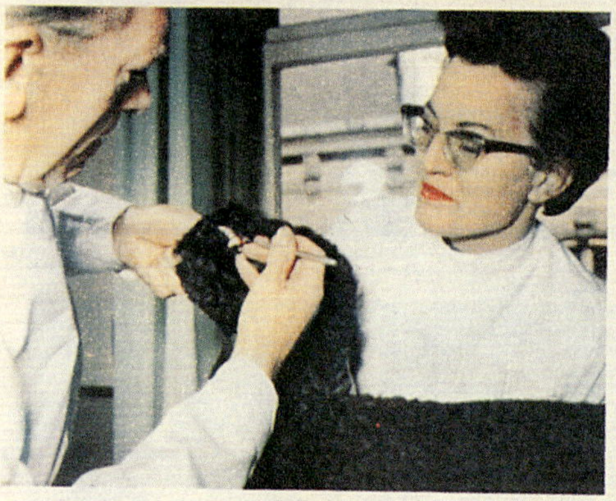

›Wenn's sein muß‹, läßt sich der Pudel auch zum Doktor bringen

Pudel halten sich sauber, doch ab und zu müssen sie in die Wanne

**21.00** Beim Skat sind die Buben Trumpf. Ein Spiel mit vieren ist kaum zu verlieren. Bei dieser heiteren musikalischen Sendung aber ist die Dame Trumpf — sie sticht immer.

**Das Idyll in der Hollywoodschaukel ist nur gestellt. Alice und Svend sind mehr für das Kesse. Genau wie Ulrik, der Gitarrenspieler im Mondschein, und ›Paulchen‹ am Klavier**

## Zu Besuch bei meinen Tanten

Arnd Bentlin

**Meine beiden Tanten** waren die ersten in unserer weitläufigen Verwandtschaft, die sich Ende der 50er Jahre so eine Flimmerkiste zulegten. Sie hatten die Überschüsse aus ihren kleinen Renten planvoll zur Seite gelegt, und nun stand er da in ihrer guten Stube, der »Grundig Zauberspiegel«. Es war ein prachtvolles Möbelstück, in dezent-vornehmem Nußbaumdekor, mit vier leicht angeschrägten Beinen, und die pummelig-runde Bildröhre verschwand hinter einer Tür, wenn nicht gerade geguckt wurde. Auf der Fernsehkommode hatten die Tanten Bilder ihrer verstorbenen Eltern und eine Kunstblume drapiert.

Ich bin den Verdacht nie losgeworden, daß die Tanten ihr ansonsten tief verwurzeltes Mißtrauen gegen neue Technologien in diesem Fall aus nicht ganz uneigennützigen Erwägungen überwunden – oder besser: verdrängt – hatten. Waren die Nichten und Neffen in den frühen 50ern immer gern und ganz freiwillig zu Vorlesestunden mit Keksen und Saft zu den beiden alten Damen gekommen, so hatte diese schöne Sitte mit zunehmendem Alter spürbar nachgelassen. Der Fernseher als Lockmittel!

Was machte es da, wenn der Neffe kategorisch erwartete, auf die Originalübertragung eines Fußballspiels zu schalten, was, wenn die Nichten unbedingt eine Schlagersendung mit Caterina Valente oder die »Schölermanns« zu sehen wünschten. Auf dem Couchtisch vorm Fernseher stand der gut gefüllte Salzstangenspender, die Tanten ermahnten uns noch mal, während die Röhre warmlief, nicht zu krümeln, nicht mit den Stühlen zu kippeln und ruhig zu sein, und dann wurde aus grau-weißem Grieseln und Flimmern ein Bild.

**Die Programmzeitschriften, an ihrer Spitze »Hör Zu«, stellten in den 50er Jahren den wirksamsten Ort der Publizistik über das Fernsehen dar. Allein der Programmteil hatte sich mit wachsender Sendezeit erheblich ausgedehnt. Von einem kleinen Kästchen 1952 (»Der Zauberspiegel«) weitete er sich bis 1957/58 auf mehr als zwei Seiten unter dem Motto »Sieh her! – Schau her! – Sieh zu! – Schau zu! – Sieh fern!« aus. 1959 umfaßte der Programmabdruck pro Wochentag schon eine Seite. Bis zum Ende des Jahrzehnts stieg die Zahl der Fernseh-Haushalte auf drei Millionen an.**

**Moderator: »Man hört verschiedentlich, daß Herr X oder Frau Y bei der Bildbetrachtung vor dem Fernsehschirm nach kurzer Zeit über Flimmern oder sogar über leichte Kopfschmerzen klagen. Was kann man dagegen tun, Herr Professor Schobert?«**

**Experte: »Es sind eigentlich nur wenige Regeln. Die erste und wichtigste ist, daß man eine krampfhafte und starre Körperhaltung vermeidet. Denn eine Fernsehsendung dauert lang, das Fernsehbild ist meistens interessant, und da muß man sich auch bequem hinsetzen.«**

**links: »Hör Zu«-Seiten vom 9. November 1959**

**Gebrauchsanweisung zum Fernsehen, Tagesschau (1958)**

# Das Leben bricht ein

## Das Fernsehen der 60er Jahre

**Das Fernsehmodell T 116 V lag mit seinem rechtwinkligen Gehäuse ganz im Trend der 60er Jahre. Sensation dieses Gerätes von 1961 war der zeilenfreie Bildschirm, für den SABA-Schauinsland mit dem Titel »SABAVISION« warb. Durch einen einfachen optischen Trick schienen die Zeilenzwischenräume zu verschwinden: Vor dem Bildschirm klebte eine Plastikfolie mit Mikrorillen.**

**oben: Afri-Cola Werbespot. Ob Flower Power, Pop ob Cola oder Stiebel Eltron: Charles Wilp versetzte die Zuschauer in den Rausch der Werbung.**

**Nachdem** es der Adenauer-Regierung Ende der 50er und Anfang der 60er Jahre nicht gelungen war, ein zweites deutsches Fernsehen als regierungsnahen Sender einzurichten, startete am 1. April 1963 mit dem ZDF eine weitere öffentlich-rechtliche Anstalt ihr Programm. Immerhin: das Ende des ARD-Monopols war damit besiegelt, die Konkurrenz eröffnet. Die ARD stellte ihr nur zwei Jahre währendes Experiment mit einem zweiten Fernsehprogramm ein und baute nach der ZDF-Gründung zügig ihre regionalen Dritten Programme auf, das Bildungsfernsehen für interessierte Minderheiten. Mit dem Vormittagsfernsehen als speziellem Angebot an die Zuschauer in der DDR weitete sich das Programm nochmals aus.

Der neue zentrale Sender in Mainz warb – wie zwanzig Jahre später die Kommerzsender – dem bereits etablierten Konkurrenten, wo es ging, die interessanten Leute ab. Als dem Süddeutschen Rundfunk in Stuttgart auf diese Weise die komplette Unterhaltungsabteilung abhanden kam, reagierte der Verbund der ARD mit einer schwarzen Liste für alle, die beim ZDF arbeiteten.

Anfangs konnen nur 43 Prozent aller Zuschauer das Mainzer Programm empfangen, drei Jahre später war das ZDF in jedem Fernsehhaushalt präsent.

Zwei weitere Ereignisse prägten die Fernsehdekade: die Einführung des Farbfernsehens, 1967 (die DDR zog 1969, zum 20. Jahrestag der Republik, nach), und die Landung auf dem Mond. In der Nacht vom 20. zum 21. Juli 1969 versammelte sich die ganze Fernsehnation vor dem Bildschirm, um live dabeizusein, als mit den Amerikanern Armstrong und Aldrin die ersten Menschen den Erdtrabanten betraten.

Die Studentenbewegung und die Wahl Willy Brandts zum ersten sozialdemokratischen Bundeskanzler kennzeichneten den politischen Aufbruch der Bundesrepublik. Sie leiteten eine Liberalisierungsphase ein, die sich auch auf das Fernsehprogramm der 70er Jahre nachhaltig auswirkte.

## Irdisch – Außerirdisch

**»Raumpatrouille. Die phantastischen Abenteuer des Raumschiffs ORION« von Rolf Honold und W. G. Larsen mit Eva Pflug, Charlotte Kerr, Wolfgang Völz und Dietmar Schönherr (Regie: Michael Braune und Theo Mezger)**

**»Was heute noch** wie ein Märchen klingt, kann morgen Wirklichkeit sein.« Mit dieser Prophezeiung begann 1966 jede der sieben Science-Fiction-Folgen, in denen der Commander McLane alias Dietmar Schönherr sein Raumschiff »Orion« ins Weltall-Abenteuer und den Kampf gegen die »Frogs«, die Außerirdischen, schickte. Im gleichen Jahr, da die Bavaria Deutschland und Europa die erste Fernseh-Fiktion dieser Art bescherte (mit 3,4 Millionen Mark die bis dahin teuerste deutsche TV-Produktion), lief in den USA »Star Trek« an. Und bereits drei Jahre später landeten die Amerikaner tatsächlich auf dem Mond.

Unvergessen bleiben einer ganzen Nachkriegsgeneration das Bügeleisen, der Salzstreuer und der Bleistiftanspitzer, die sich in den Händen der »Orion«-Crew in zauberhafte Instrumente zur Selbsterhaltung der Gattung Mensch verwandelten.

Ausgerechnet das Farbfernsehen setzte der einzigen deutschen TV-Serie, von der sich zumindest behaupten ließe, sie sei ihrer Zeit endlich einmal voraus gewesen, ein vorzeitiges Ende: die Fortsetzung in Color, mit Willy Brandts Knopfdruck ein Jahr nach dem Start von »Orion« rein technisch möglich geworden, mochte niemand mehr finanzieren. So blieb McLane nichts anderes übrig, als sich 1969 unter dem Motto »Wünsch Dir was« wieder ganz irdischen Aufgaben zu widmen. Allerdings auf einem anderen Kanal: dem Zweiten Deutschen Fernsehen.

## Die Mondlandung

***Studiogespräch während der 36-Stunden-live-Übertragung der Mondlandung am 20./21. Juli 1969***

***Günther Siefarth:*** *»Wir haben in den letzten zweieinhalb Stunden das unglaublichste technisch-wissenschaftliche Abenteuer miterlebt. Wir alle, Sie und wir, wir können sagen: Wir waren dabei.«*

***Günther Siefarth:*** *»Nicht wahr, Herr Professor, wie stellt man sich denn das überhaupt vor, eine Mondsiedlung der ersten Zeit?«*

***Experte:*** *»Ja, es gibt da schon eine ganze Reihe von Plänen. Man wird sicher die Kolonisierung mit der Urbanisierung koppeln. Aus rein mondstädtebaulichen Gründen.«*

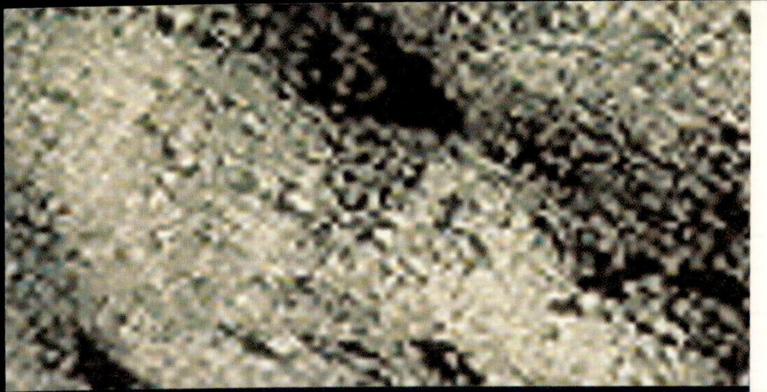

***Günter Herlt kommentiert im DDR-Fernsehen die Mondlandung:***

*»Drei mutige Männer stiegen dem Erdtrabanten auf den Buckel. Sie bewiesen Kühnheit, Können und Kaltblütigkeit. Es gab viele amerikanische Forscher, die das Risiko 4:1 geschätzt haben. Daß es nicht umgekehrt stand, mit 80 Prozent tödlicher Gefahr, das hat seinen unbestrittenen Grund darin, daß die Leiter zum Mond schon viele Sprossen hoch gebaut war. Siebzehn sowjetische Mondsonden mit einem differenzierten Stufenprogramm bereicherten den Erkenntnisschatz der Astronautik …*
*Aber eben deshalb finde ich das Gerede vom Wettlauf so unsinnig. Die Welt des Sozialismus steht historisch betrachtet längst auf dem Siegerpodest der Geschichte, weil hier das Grundproblem unserer Epoche zum Wohle des Menschen gelöst ist. Deshalb irrt Herr Springer, wenn er schreibt, in der vergangenen Nacht begann ein neues Jahrtausend. Die Mondlandung ist zwar ein Ereignis dieses Jahrhunderts, aber das neue Jahrtausend, das begann in der Nacht vom 6. zum 7. November des Jahres 1917 im damaligen Petrograd. Und nur deshalb muß heute die »Bild«-Zeitung schreiben: ›Nach einem harten Wettlauf mit den Russen brauchte der Industriegigant Amerika, geschüttelt von Vietnam und Rassenfieber, endlich diesen Sieg‹.*
*So bleibt dann aber auch, wenn der Jubel verklingt, der tiefe Riß zwischen Traum und Wirklichkeit für die Völker auf dem amerikanischen Kontinent. Und alles Gestein des Mondes kann diese Kluft der Klassenherrschaft nicht zuschütten. Ich bin überzeugt, die drei mutigen Astronauten, die uns den lieben alten Mond ein gutes Stück nähergebracht haben, werden auch darüber nachdenken müssen auf ihrem hoffentlich glücklichen Rückflug zu dem Stern, auf dem wir leben müssen, leben wollen und, wie in der sozialistischen Welt bewiesen ist, auch glücklich leben können.«*

## ZDF-Gründung

**Mit der Eröffnung** des ZDF-Programms veränderte sich die Medienlandschaft der Bundesrepublik. Der föderal aufgebauten Arbeitsgemeinschaft der Rundfunkanstalten der Bundesrepublik Deutschland (ARD) stand nun ein ebenfalls öffentlich-rechtlicher Fernsehanbieter gegenüber, der sein Programm zentral organisierte und produzierte und deshalb flexibler agieren konnte. Der Startschuß für den Wettlauf um die Einschaltquote war gefallen.
Aus der Ansprache des ersten Intendanten des ZDF, Karl Holzamer, zum Sendebeginn:

Zur Textprobe und Schminke in den Campingwagen: Victoria Voncampe und Edelgard Stössel, beide gerade 21 Jahre alt, ZDF-Ansagerinnen der ersten Stunde

Die ersten Sendegebäude des ZDF: Baracken. Sie standen in Eschborn bei Frankfurt. »Telesibirsk« nannten die Mitarbeiter des Zweiten Deutschen Fernsehens 1963 ironisch das Provisorium am Taunusrand.

Guten Abend, meine Damen und Herren! Ohne eine feierliche Eröffnung, vielmehr mitten aus dem Alltag der Arbeit, begrüße ich Sie als die Zuschauer des Zweiten Deutschen Fernsehens, dessen Zeichen mit den zwei Antennenmasten und den beiden Augen Sie schon kennen, und gebe den Bildschirm für unsere erste Sendung frei ... nicht wir sind wichtig, der Tag ist es. Er hat Bedeutung. Denn zum ersten Mal erscheint hier eine zentrale Fernseheinrichtung in Deutschland, die nun mit ihrem Programm das ablöst, was die neun Rundfunkanstalten bis zum gestrigen Tag als das zweite Programm dankenswerterweise ausstrahlten. Dankenswert deswegen, weil es eben auch im Interesse des Zuschauers gelegen war. Wir übernehmen es nun mit dem heutigen Tag in eigene Regie ...
Wir sind nun dran ... Und es geht uns allen wie dem Direktor im ›Vorspiel‹ Goethes, auf der einen Seite wünscht man sich, »der Menge zu behagen«, wie es dort heißt, und dann wieder fragt man, »wie machen wir's, daß alles frisch und neu und mit Bedeutung auch gefällig sei?«

Der erste Tag im Zweiten Deutschen Fernsehen bestand aus einem zweieinhalbstündigen Abendprogramm. Unmittelbar nach der Ansprache des Ministerpräsidenten und Präsidenten des Bundesrates Kurt Georg Kiesinger gab es exakt das gleiche Programmangebot, mit dem bereits der NWDR 1951 sein Fernsehversuchsprogramm geschmückt hatte: Goethes »Vorspiel auf dem Theater«.

Sendeablauf vom 1.April 1963.
-Montag-

| | |
|---|---|
| L.v.D.: | Kraemer |
| Ing.v.D.: | Albrecht |
| EK-Bild: | Schenk |
| EK-Ton: | Donath |
| Ampex: | Buchberger |
| Graphik: | Anthes |
| Requisite: | Knabe |
| Maske: | Hassler |

| | Studio I | Stud.II |
|---|---|---|
| Ansage: | Vonc/Stössel | |
| Aufn.-Ltg.: | Neitzert | |
| Kamera: | Mohn/Tilk | Kays/Zi/Wo/Ti |
| Bildmisch: | Grünewald | Heuser |
| Tonregie: | Knobloch | Hoffmann |
| Tonträger: | Junge | Beth |
| KK: | Götz | Bachmann |
| Filmgeber: | Thiele | G.Müller |
| Beleuchtg: | Hennrich | Weiss |

| lfd. Nr.: | Zeit: | Dauer: | Std.: | Bild: | Titel: | Deko: | Ka: | Spr.: | Ton: |
|---|---|---|---|---|---|---|---|---|---|
| 1. | 19.05 | 15' | EK | Dia: | Testbild | - | - | - | Messton |
| 2. | 19.20 | 10' | I | Dia: | Nr. 10-Senderkennzeich. | - | - | - | Ouvertüre Oberon 8'30"-Bd.Nr.63/612 |
| | | | | | Achtung Ton! Anschl. "Senderkennzeichen -m.Hall | | | | b.19.29'50") |
| 3. | 19.30 | 5' | I | Ka: | Ansprache Prof. Holzamer | Deko | 2 | Prof. Holza. | Std. |
| | | | | | (Achtung ! MAZ bereit halten !) Länge: 6'03" evtl.Umschalten zur EK -Schluss der MAZ: Prof.Holzamer senkt den Kopf- | | | | |
| | | | | | Umschaltung zur Regie II | | | | |
| 4. | 19.35 | 23'30" | II | Ka/MAZ/ Fi: | H e u t e / Wetterkarte 1.Einst: Vorspann Schluss: Wetterkarte Verabschiedung | Deko | 3 | Spr. | Std./EK/ Filmgeb. |
| | | | | | Umschaltung zur Regie I | | | | |
| 5. | 19.58'30" | 1'30" | I | Dia: | Nr. 10-Senderkennzeichen | - | - | - | m-Senderkennzeichen m.Hall |
| 6. | 20.00'00" | ca.30" | I | Ka: | Ansage | Deko | 1 | Behrens | Std. |
| 7. | 20.00'30" | 4'05" | I | 35mm-Fi: | Ansprache:Kiesinger 1.Einst: Schluss: | - | - | - | Lichtt/Cord |
| 8. | 20.04'35" | ca.2'20" | I | Dia: | Nr. 10-Senderkennzeichen | - | - | - | m.Senderkennzeichen m.Hall |
| 9. | 20.06'45" | ca.75" 2") | I | Ans.Std. | Generalansage | Deko | 1 | Vonc. | Std. |
| 10. | 20.08'10" | 6'48" | I | 35mm-Fi: | Vorspiel auf dem Theater 1.Einst: Prospekt ZDF Schluss: Scheinwerfer-Beleuchtungsbrücke | - | - | - | Lichtt/Cord |
| | | | | | Achtung Bild ! Auf Überblendung achten !! | | | | |
| | | | | | s o f o r t: | | | | |
| 11. | 20.15'00" | 88'30" | I | 35mm-Fi: | Berlin-Melodie 1.Einst: Einzug Militärkapelle Schluss: Nachspann .... Regie Paul Martin | - | - | - | Lichtt/Cord |
| 12. | 21.43'30" | ca.20" | I | Ans.Std. | Ansage | Deko | 1 | Vonc. | Std. |
| 13. | 21.43' | 1' | I | Dia: | Nr. 10-Senderkennzeichen | - | - | - | Senderkennzch. m.Hall |
| | | | | | Umschaltung zur Regie II | | | | |
| 14. | 21.44' | (bis z.vollen Minute- ca. 1'10" | II | Epi: | U h r | - | - | - | Bd. lt.Regie |
| 15. | 21.46' | ca.5' | II | Ka/Dia: | Nachrichten 1.Einst: Schluss: | Deko | 3 | Spr. | Std./KK |
| | | | | | Umschaltung zur Regie I | | | | |
| 16. | 21.51' | ca.30" | I | Ans.Std. | A b s a g e | Deko | 1 | Stöss. | Std. |
| 17. | 21.51' | 1' | I | Ka: | Progr.Tafel-2.4. ZDF- | Staff. | 1 | - | ( Bd.Nr.63/613 ( 2)Menuett 3'11" |
| 18. | 21.52' | 1' | I | Ka: | Progr.Tafel-2.4. ARD- | " | 1 | - | ( " " |
| 19. | 21.53' | 1'11" | I | Dia: | Nr. 10-Senderkennzeichen | - | - | - | ( " |
| | | 5" | | | S-Blende | | | | |
| 20. | 21.54 | 10" | I | Dia: | Nr. 12 - Sendeschluss | - | - | - | stumm ! |

Sendeleitung

Betriebsbüro

19.05'

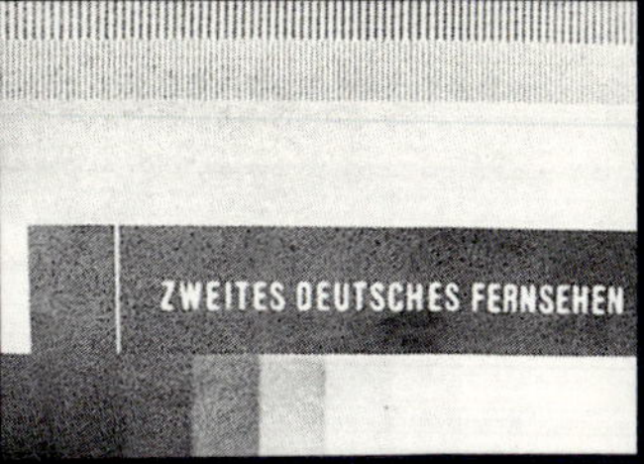


19.20'

Akustisches Senderkennzeichen aus dem Violinkonzert D-Dur Op. 61 (1. Satz, 2. Thema) von Ludwig van Beethoven

19.30'

19.35'

19.58'30''

20.00'00''

20.00'30''

20.04'35''

20.06'45''

20.08'10''

20.15'00''

21.43'30''

21.43'

21.44'

21.46'

21.51'

21.53'

21.54'

Am 25. August 1967, auf der 25. Großen Deutschen Funkausstellung in Berlin, drückte Willy Brandt, zu diesem Zeitpunkt bereits Bundesaußenminister und Vizekanzler der Großen Koalition, auf einen roten Knopf und färbte damit die ersten 5 800 Bildschirme auf das bunte Zukunftsprogramm der Republik ein.

Die erste in Farbe ausgestrahlte Sendung war am gleichen Tag die 25. Folge von »Der Goldene Schuß«, mit ihr löste Vico Torriani den skandalumwitterten Quizmaster aus den Niederlanden, Lou van Burg, ab. »Zehn Tage lang zeigt Berlin Farb-Orgien« (»Hör Zu«), danach kehrte der schwarzweiße Alltag auf den Bildschirm zurück. Farbiges gab es vorerst nur vier Stunden pro Woche zu sehen, vor allem US-Serien wie »Bonanza«, »Flipper« oder »Bezaubernde Jeannie«.

## Das Farbfernsehen

Geh'n Sie mit der Konjunktur ...

Geh'n Se mit der Konjunktur, (Geh'n Se mit, geh'n Se mit)
Geh'n Se mit auf diese Tour, (Geh'n Se mit, geh'n Se mit)
Seh'n Sie doch,
die andern steh'n schon dort
und nehmen die Creme schon fort
beim großen Festbankett.

Man ist, was man ist, nicht durch den inneren Wert,
den kriegt man gratis, wenn man Straßenkreuzer fährt.
Man tut, was man tut, nur aus dem Selbsterhaltungstrieb,
denn man hat sich nur selber lieb.

Geh'n Se mit der Konjunktur, (Geh'n Se mit, geh'n Se mit)
Geh'n Se mit auf diese Tour, (Geh'n Se mit, geh'n Se mit)
holen Sie sich Ihre Kohlen
wie der Krupp von Bohlen
aus dem großen Weltgeschäft.

Hazy-Osterwald-Sextett, 1960

## Die Hesselbachs

**Die Hesselbachs** waren die Serienfamilie der 60er Jahre. Sie kamen 1960 auf den Bildschirm, als die Schölermanns gingen, und mit den Hesselbachs meckerte, wenn auch in Maßen, erstmals der Kleinbürger gegen das Wirtschaftswunder. Die Stars der hessischen Familienserie waren Liesl Christ als »Mamma« und Wolf Schmidt (auch Autor und Co-Regisseur) als »Babba« Hesselbach. Schmidt hatte seine »Alltagschronik« in den 50er Jahren bereits im Radio bestens vermarktet, bevor er als ständiger Nörgler und Besserwisser auch im Fernsehen Karriere machte.

Sein Erfolgsrezept hatte er schon 1953 in einer Rundfunkfolge verraten: »Da irrste aber, mei lieb Annelies, wann de meinst, die Leut däte sich grad für Frage aus em Familielewe net interessiern. Im Gecheteil: Schließlich hat jeder e Familie und muß sich damit errumschlage.«

Die »Firma Hesselbach«, ein kleiner Druckerei-Betrieb, lieferte ihrem Publikum die immer aktuellen Themen: Ehekrach, Klatsch und Tratsch, Firmenintrigen, oft mit einer Prise Kritik an den bereits einsetzenden Konsumzwängen und der sich formierenden Ellenbogengesellschaft. Das alles in witzigen Dialogen, die, wenn sich wieder einmal kein Ausweg aus einem Familienkonflikt auftun wollte, in Mamma Hesselbachs sprichwörtlichem Hilferuf endeten: »Kall, mei Drobbe!«

Im Laufe der Jahre stieg Babba Hesselbach vom Prokuristen zum Firmendirektor auf und wurde dabei immer bissiger. »Das Zeitalter der Kleinbürger fängt doch erst an«, deklamierte er einmal. »Gesichertes Einkommen, gesicherter Urlaub, gesicherter Schutz gegen Feuer, Diebstahl und Krankheit, das Weltbild aus dem Fernseher, die Meinung aus der Zeitung, Motto: größte Bequemlichkeit bei kleinstem Risiko und möglichst gar keine Verantwortung ... Es beginnt das Zeitalter des Kleinbürgers, der sich einbildet, keiner zu sein.«

Als die Hesselbachs 1967 ihren Platz auf dem Bildschirm räumen mußten, hielt sich noch jahrelang das Gerücht, der Erfinder und Hauptdarsteller der Serie Wolf Schmidt habe seine TV-Familie gegen den Willen des Hessischen Rundfunks politisieren wollen, die sich anbahnende Studentenrevolte vor Augen.

Harmonie war bei den Hesselbachs ein rares Gut, in der Familie wie in der Firma.

## Die Unverbesserlichen

**Gesellschaftskritik** im Gewand der Familienserie lieferten aber bereits seit 1965 »Die Unverbesserlichen« mit Inge Meysel und Joseph Offenbach in den Hauptrollen. Kleine Leute am Rande des sozialen Abstiegs, aufgerieben von innerfamiliären Erosionen. Es waren Krisen-Botschaften aus der nicht mehr heilen Welt, aus der ersten großen Rezession der Republik unter Kanzler Ludwig Erhard, die Autor Robert Stromberger und Regisseur Claus Peter Witt vom Start weg ihren Zuschauern ins Haus lieferten: Vater Scholz gibt mehr Geld aus, als er hat, und wird dann auch noch arbeitslos, der Sohn (Gernot Endemann) ist Sportinvalide, die Tochter (Monika Peitsch) hat ein uneheliches Kind, den Namen des Vaters gibt sie nicht preis, und die schwerhörige Großmutter (Agnes Windeck), abgeschoben ins Altersheim, geht mit ihren Besuchen allen auf die Nerven.

»Die Unverbesserlichen« (in weiteren Rollen: Helga Anders und Michael Hornauf) begleiten die Zuschauer hinein in die erste große politische Wende der bundesrepublikanischen Geschichte, in die Zeit der sozialliberalen Koalition unter Kanzler Willy Brandt. Für Inge Meysel wird die Rolle der Hausmutter, die mit bebender Stimme und Tränen in den Augen für alle immer nur das Beste will, imageprägend. »Fernsehmutter der Nation« titeln die Programmzeitschriften damals. Jahre später wird sie an der Seite von Alice Schwarzer gegen den § 218 und die sexistischen Frauenbilder des »Stern« protestieren und das Bundesverdienstkreuz ablehnen. »Die Unverbesserlichen« lächeln, streiten und weinen sich in die Fernsehgeschichte, obwohl pro Jahr nur eine einzige Folge gesendet wird. Sie werden zur Legende.

**»Die Scholzens funktionieren wie viele deutsche Familien, als heimliches Matriarchat. Der Mann bezahlt in den Restaurants die Rechnung, aber die Brieftasche befindet sich in der Handtasche der Frau und wird vorm Bezahlen unter dem Tisch heimlich dem Gatten zugereicht«, schreibt »Tagesspiegel«-Redakteur Harald Martenstein über die »Unverbesserlichen«. »Die sanfte, immer ein wenig selbstmitleidige Herrschaftstechnik dieser Mütter läßt einen Aufstand und ein reinigendes Gewitter nicht zu ... An der Mutter Inge Meysel wird die Attraktivität der Opferrolle vorgeführt: Es ist schön, gut zu sein, auch und gerade für die Guten selber.«**

## ... und alle sehen zu

**Am grünen Strand der Spree.** Der Schock, den der Fernsehroman »Am grünen Strand der Spree« 1960 in der Bundesrepublik auslöste, glich durchaus dem Aufruhr, den knapp 20 Jahre später die Ausstrahlung der US-Serie »Holocaust« bewirkte. Regisseur Fritz Umgelter hatte sofort nach seinem Kriegsheimkehrer-Drama »Soweit die Füße tragen« diesen Fünfteiler (nach der Romanvorlage von Hans Scholz) gedreht: Vier Herren (Werner Lieven, Bum Krüger, Malte Jäger und Günter Pfitzmann) betreiben in der Berliner »Jockey«-Bar bei Cocktail und Sekt deutsche Vergangenheitsbewältigung. Die Bilder, die sie sich dabei in Erinnerung rufen, stören das Publikum auf: SS-Männer, die aus einer endlosen Reihe von Menschen einzelne an den Rand einer Grube winken und zum Abschuß freigeben. Polnische Kinder, die Judenerschießen spielen ...
»Wer sich in den fünfzehn Nachkriegsjahren um eine Abrechnung mit unserer jüngsten Vergangenheit hat herumdrücken können, dem wurde eines der düsteren Kapitel dieser Vergangenheit vom Fernsehen ins Haus getragen«, hieß es 1960 in der »Welt«. Und die »Süddeutsche Zeitung« notierte: »Nur wenige, die die gnadenlos realistische, jedes schaurige Detail einbeziehende Rekonstruktion des viehischen Vorgangs miterlebten, werden an diesem Abend gut und unbekümmert geschlafen haben ... Und dennoch melden sich gleichzeitig schwere – und gewiß nicht leichtfertig gefaßte – Bedenken. Sie beziehen sich einmal paradoxerweise gerade auf die musterhafte Perfektion der Ausführung. Sie ist so perfekt, so hemmungslos reich in ihren Mitteln, daß es einem fast den Atem verschlägt. Der Krieg: ein Monsterschauspiel ohnegleichen, das Grauen kommt in seiner imposantesten Form daher.«

## Das Grubenunglück von Lengede

**Die Live-Übertragung von der Bergung der Überlebenden des Grubenunglücks in Lengede hält im Oktober 1963 die ganze Bundesrepublik in Atem. Eine Woche lang bangen die Menschen um das Leben von 129 Bergleuten, von denen 100 gerettet werden können. An der Unglücksstelle herrscht ein noch nie dagewesener Medienrummel. Die TV-Bilder über das »Wunder von Lengede« gehen um die ganze Welt.**

**Der Durbridge-Krimi.** Die Einschaltquote glich den Wahlergebnissen für die SED in der DDR: 93 Prozent aller TV-Zuschauer sollen im Januar 1962 den Durbridge-Mehrteiler »Das Halstuch« verfolgt haben, eine Prozentzahl, die in der deutschen Fernsehgeschichte nie wieder erreicht worden ist. Gähnende Leere auf den Straßen, Gänsehaut hinter Deutschlands Wohnzimmergardinen und ein empörtes Publikum, als Wolfgang Neuss, Kabarettist und Enfant terrible der damaligen Medienszene, per Zeitungsanzeige vor der letzten »Halstuch«-Folge den Mörder (Dieter Borsche) preisgibt.

*Joachim Marten erlebte die Bilder von den letzten Rettungsarbeiten als Kind vor dem Bildschirm: »Ich spürte die Faszination und Erregung aller Anwesenden, als, via TV-Direktsendung ins Wohnzimmer übertragen, die elf Bergleute per Dahlbusch-Bombe aus dem ›Alten Mann‹ zurück ins Leben gezogen wurden. Die Wohnzimmerzuschauer im Ruhrgebiet waren aufgeregt, als handele es sich um die Kumpel des ›eigenen Pütts‹, um Nachbarn oder Freunde. Aber sie sahen unbekannte Männer aus dem Erzbergbau in Niedersachsen, rund 250 km entfernt, die aus dem Bohrloch gezogen wurden ...*
*Als der letzte Retter mit der 13. Fahrt zu Tage kam, applaudierten wir, meine Familie, Freunde und ich. Wir waren erleichtert; vor dem Fernseher so weit entfernt von dem Geschehen und dennoch mit dem Herzen dabei.«*

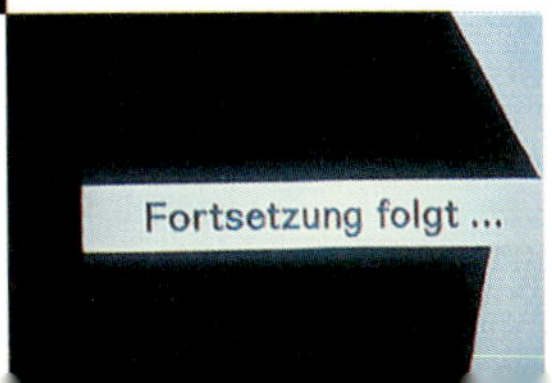

**Als das ZDF auf der Bildfläche erschien, verstärkte die ARD ihr journalistisches Engagement. Vor allem das Nachrichtenangebot und die Auslandsberichterstattung wurden ausgedehnt, um den Konkurrenten an seiner größten Schwachstelle, der Aktualität, auszuspielen. Am 5. April 1963 begann die ARD mit der Ausstrahlung des »Weltspiegels«. Prominente Korrespondenten und Moderatoren damals: Gert Ruge, Klaus Bölling, Peter Scholl-Latour und Thilo Koch.**
**oben: Gert Ruge, 1993**
**unten: Sonia Mikich, 1997**

## Sehen frißt Zeit

Sonia Mikich

**Als Jugendliche** tat ich nichts lieber, als dahin zu reisen, wo die Landkarten aufhörten, und Menschen zu finden und mit Händen und Füßen zu fragen, was sie bewegt. Ich wollte immer wissen, wie sich die Victoria-Fälle in Zimbabwe anhören und ob die Maoris auf Neuseeland es gut meinen, wenn sie die Augen im Ritual rollen und die Zunge herausstrecken. Und was war mit den wilden Männern im Kaukasus? Nähe zu erleben in der Fremde ist schön und riskant und macht einen Menschen reich. Und deswegen liebe ich heute, älter geworden, meinen Korrespondentenberuf.

In Rußland ist es besonders attraktiv, Filme zu machen, denn das Land hat noch längst nicht alle Überraschungen, Widersprüche und Geheimnisse preisgegeben. Die Drehreise ins Dorf, zu einer verarmten Kolchose, die den Sprung in die Marktwirtschaft nicht geschafft hat, wird zu einer Fahrt ins Vorgestern. Wie sehr gewinnt die Behauptung »in der Provinz hat sich die Sehnsucht nach der alten Sowjetzeit gehalten« Konturen, wenn die Rentnerin antwortet, was die Wurst früher kostete, aber auch wie sie schmeckte. Ihre Augen leuchten, und sie kneift mir in die Wangen vor lauter Freude und erzählt. Ihre unbeholfenen Worte sind meine kostbaren Rohdiamanten, die ich zu einem kleinen Filmjuwel schleifen möchte. Die Baracke aus faulendem Holz hinter ihr verwandelt sich zurück in den Kulturklub des Dorfes, wo es am Tag der Frau, am 8. März, Wodka und Wurst und Brot und Gürkchen gab. Und schmucke Komsomolzen, die die Partei links liegen ließen und lieber die Mädchen durcheinanderwirbelten. Die Rentnerin weiß kaum, wer in Moskau das Sagen hat oder was die NATO-Osterweiterung ist, und doch sind ihre privaten Geschichten der gesellschaftliche Rahmen, in dem sich die Politik der Schlagzeilen abspielt.

Alle Menschen in allen Schichten haben ein interessantes Leben und können mich etwas lehren, davon bin ich überzeugt. Unsere Zuschauer wollen am Leben dieser fremden Menschen teilhaben, wenn der Korrespondent/die Korrespondentin ihnen diese Nähe verschafft und sich nicht allzu besserwisserisch

# WELTSPIEGEL

Zu den herausragenden Sendungen der Auslandsberichterstattung gehörte seit 1962 auch die Sendung »Reporter der Windrose«, die Peter von Zahn selbst produzierte. 1963 präsentierte von Zahn unter dem Titel »Böse Menschen haben keine Lieder« singende Zeitgenossen aus aller Welt:

breitmacht. Größtmögliche Kompetenz will begleitet sein von Humanität. Ich meine, daß Auslandsberichterstattung gut ist, wenn sie Kopf und Herz gleichermaßen ins Schwingen bringt. Das gilt sogar für Berichte über Krisen, Kriege und Katastrophen.

Ein Tal des Kaukasus, in der unruhigen Region Nagorny-Karabach: Wir wissen, daß die örtliche armenische Bevölkerung ihre aserbaidschanischen Nachbarn mißtrauisch belauert. Das Mißtrauen hatte vor fünf Jahren sogar einen Krieg entfacht, der Tausende Opfer forderte und auch jetzt, während unserer Dreharbeiten, herrscht Unfrieden in Karabach. Am Rand der verschneiten Bergstraße steht, nur notdürftig mit einer Plane verhüllt, eine Boden-Luft-Abwehrrakete russischer Herkunft. Mürrische Freischärler bewachen sie. Wir gehen auf sie zu, voller Fragen. Zehn intensive Minuten lang, mehr nicht, wir streiten mit ihnen, weil sie so dümmlich nationalistisch dahertönen, und wir wünschen ihnen, daß sie überleben. Unsere Arbeit wird später beweisen: die russische Armee unterstützt armenische Separatisten. Bisher wurde dies geleugnet.

Die Nationalitätenkonflikte in den Staaten der ehemaligen Sowjetunion gehören nicht zur leichten Kost, sie sind nie flott erklärt, oder nur um den Preis der platten Vereinfachung. Unsere Filme zu diesen Themen sind der allererste Entwurf von Geschichte. Sie sind um so wahrer, je näher wir uns in die Wirklichkeit hineinwagen. Auch dort, wo die ersten Kugeln Zivilisten töten. Mit Kopf und Herz gehören wir dahin, wer sonst spräche für die Opfer in den Zeiten der Gewalt?

Wirkliches Sehen frißt Zeit, ob ich über die Rentnerin erzähle oder die Boden-Luft-Abwehrrakete oder Kriegsflüchtlinge in Tschetschenien. Kurze Bilder und schnelle Schnitte sprechen mich nicht mehr an, denn ich will das Leben in meine Augen eindringen lassen, und nicht nur Reflexe. Ich will das Verstandene und Erahnte eine Weile behalten können.

Bettler im Vorraum des Pashupathinat-Tempels in Nepal

Gesangsverein der Deutschamerikaner von Omaha in Nebraska, USA

Singende Nachrichtenagentur in Kathmandu: Straßensänger, die die jüngsten Begebenheiten verbreiten

## Das Kennedy Attentat

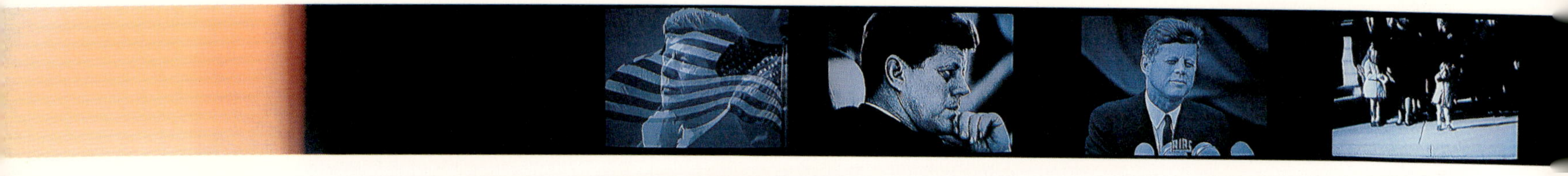

*Im Juni 1963 besucht der amerikanische Präsident John F. Kennedy die Bundesrepublik. 17 Stunden dieses Besuches überträgt die ARD live.*
*Im November fällt Kennedy in Dallas/Texas einem Attentat zum Opfer.*

*Gerd Ruge, Amerika-Korrespondent der ARD, berichtet vom Attentat auf Senator Robert Kennedy, 1968:*

*»Sie werden mir verzeihen, wenn ich das alles nicht sehr geschliffen schildern kann. Das ist alles noch wie ein Alptraum. Das weiße Kreidekreuz, das ein Polizist in der Küche auf den Boden malte, dort, wo Senator Kennedy gefallen war, das ist das erste, was man eigentlich als Realität erkannte, weil da ein Mann war, der seinen Berufspflichten nachging, nüchtern und sachlich, und auf einmal wurde klar, daß das alles kein Alptraum war …«*

## Einer wird gewinnen

Heinz Schenk

Paul Kuhn

Peter Kraus und Wencke Myhre

Dieter Thomas Heck

Peter Frankenfeld

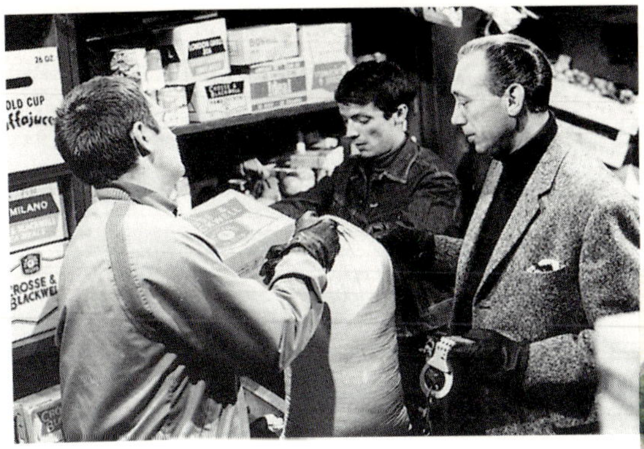

Horst Tappert 1966 und 1997

Die Ziehung der Lottozahlen

### Einer wird gewinnen

Das Glück kommt, das Glück geht, und einer wird gewinnen: Hans Joachim Kulenkampffs EWG-Quiz mit acht Kandidaten aus acht Ländern und »Butler Martin« (Jente) wird zur größten Show-Nummer in der langen Karriere des Entertainers. »Einer wird gewinnen« läuft von 1964 bis 1969. Kulenkampffs Abschiedsgeste am Ende der letzten Sendung glich beinahe der Begrüßung, mit der er sich und seine Sendung zehn Jahre später, 1979, erneut ins Spiel brachte.

### Lotto

1965 drehte sich erstmals für die Fernsehzuschauer die Lotto-Trommel im Studio 3 des Hessischen Rundfunks. Seitdem lenkt das Kamera-Objektiv allwöchentlich die Augen der Zuschauer wie in keiner anderen Sendung: mit starrem Blick auf die Glückszahlen, die – präsentiert von einer »Lottofee« (im Bild links Karin Dinslage, rechts Karin Tietze-Ludwig) – einen über Nacht zum Millionär machen können. Unter notarieller Aufsicht, versteht sich.

### Räuber und Gendarm

Bevor er zum ZDF wechselte und dort als Kommissar Derrick zum Export- und Kassenschlager des ZDF wurde, durfte Horst Tappert einmal zeigen, was er wirklich kann: 1966, als distinguierter Chef der englischen Posträuberbande. Der TV-Dreiteiler »Die Gentlemen bitten zur Kasse« (u. a. mit Günther Neutze und mit Siegfried Lowitz als Kommissar) folgte einer authentischen Vorlage. In Großbritannien hatten Banditen bei einem Überfall auf einen Postzug rund 30 Millionen Mark erbeutet. Regisseur John Olden (Ehemann von Inge Meysel) starb während der Dreharbeiten an einem Herzanfall, Claus Peter Witt (»Die Unverbesserlichen«) drehte weiter.

### *Mit 6 Journalisten aus 5 Ländern*

*Eine Zeitreise zurück in die 60er Jahre, wo das wochenendliche Fernsehprogramm noch eine feste Größe im Familienleben war. Das Wohnzimmer Dreh- und Angelpunkt für die sonntägliche Montage der Eisenbahn, die große Kiste mit den Legosteinen und dem Nachmittagskaffee. Das Fernsehgerät an strategisch gut einsehbarer Stelle. In gebührendem Abstand ein flacher langer Tisch (für Salzstangen, Partypicker und die »Hör Zu«). Daneben ein Standaschenbecher, umrahmt von drei Cocktailsesseln und einer Couch. Montag bis Freitag war dieser Bereich zur freien Verfügung, auch das Fernsehgerät war zu bestimmten Zeiten freigegeben.*

*Meine frühesten Kindheitserlebnisse vor dem Bildschirm, noch vor dem ersten Kinobesuch: Die »Perry-Como-Show«, Wilhelm Bungert spielt Tennis, die Familie Hesselbach, und ein wild gestikulierender alter Mann vor einem Kachelofen erzählt wirre Geschichten vom Bergsteigen. Alles eine große Wundertüte.*

*Aber das Wochenende. Ein genauer Zeitplan: Vor dem Mittagessen Werner Höfers »Frühschoppen« (für mich als Kind eine Tortur), die »Tagesschau«. Dazwischen Besuch bei/von Oma/Opa/Tante, neues Arrangieren der Legosteine, intensive Nachhilfe in Mathe. Kurz vor der »Tagesschau« kommt Besuch von Freunden meiner Eltern. Der gemeinsame Fernsehabend. Mittlerweile nicht mehr aus Mangel an Geräten, sondern als kommunikatives Hauptereignis des Tages. Es war die Zeit der »Straßenfeger«: »Durbridge«, »Stahlnetz« und Kulenkampff. Ich mußte ins Bett.* *Andreas Curtius*

## Der Polizeistaatsbesuch

Dokumentarfilm
von Roman Brodmann, 1967

**Alles hatte ganz anders kommen sollen, im Sommer 1967.** Mit drei beweglichen Teams hatte der Schweizer Filmemacher Roman Brodmann (1920–1990) den durch die Bundesrepublik reisenden Schah von Persien und seine Gastgeber beobachten wollen. Den Mächtigen über die Schulter schauen, ihre Rituale der Lächerlichkeit preisgeben! Katzbuckelnde Politiker sollten die kaisertrunkenen Fernsehzuschauer zu Gesicht bekommen, von der Ankunft des Schahs auf dem Kölner Flughafen bis zu seiner Stipvisite in Rothenburg ob der Tauber. Zehn Drehtage waren für diese Filmglosse aus der schon damals legendären SDR-Reihe »Zeichen der Zeit« (für die Brodmann rund die Hälfte aller Beiträge realisiert hat) vorgesehen. Am siebten Drehtag, die wichtigsten Aufnahmen schienen schon im Kasten, würde er in Berlin eigentlich nur noch die Endrunde für sein ironisches Protokoll drehen, dachte Brodmann. Den Opern-Besuch zum Beispiel, als ein süffisantes Finale.

»Und dann kam der Augenblick in Berlin«, erinnerte sich Brodmann 1990: »Es hatte schon … kleine Scharmützel gegeben …, als der Schah in München war, aber in Berlin war es erkennbar: hier wird's heiß. Und dann war ganz schnell der Beschluß gefaßt: das Protokoll interessiert mich nur noch ganz zweitrangig, jetzt muß der Film auf zwei Ebenen gestellt werden. Die eine Ebene ist der Staatsbesuch, und die andere Ebene ist der Protest dagegen.«

Noch im Smoking, ging das Team auf die Straße und drehte den Studenten-Protest und die harten Polizei-Einsätze. Der Kameramann Michel Busse befand sich circa 20 Meter entfernt von der Stelle, wo der Schuß aus der Waffe eines Polizeibeamten den Studenten Benno Ohnesorg tödlich traf. Der Toningenieur Rainer Bosch hielt den Schuß auf Band fest.

***O-Ton von Roman Brodmann, 1967:***

*»Die Polizei sammelt Studentenporträts. Dann kommt der Schah. Kaum ist der Schah im Rathaus verschwunden, gehen die Jubelperser zum Angriff über. Nachdem die Jubelperser einige Minuten lang hemmungslos in die Menge geprügelt haben, jubeln die Demonstranten. Denn nun greift endlich die Polizei ein. Es fragt sich nur, auf welcher Seite. Der Polizeistaatsbesuch erreicht seinen Höhepunkt. Gleich danach kommt ohne Vorwarnung der Generalangriff mit dem Kommando »Knüppel frei«, und es beginnt das, was der Polizeipräsident die ›Leberwurst-Taktik‹ nennt: in der Mitte hineinstechen und nach beiden Seiten hinausdrücken. Bei Einbruch der Dunkelheit fällt ein Schuß. Eine Passantin, die sich um den in den Hinterkopf geschossenen Studenten Ohnesorg kümmert, wird zuerst angeschnauzt: Was, dem wollen Sie noch helfen?!«*

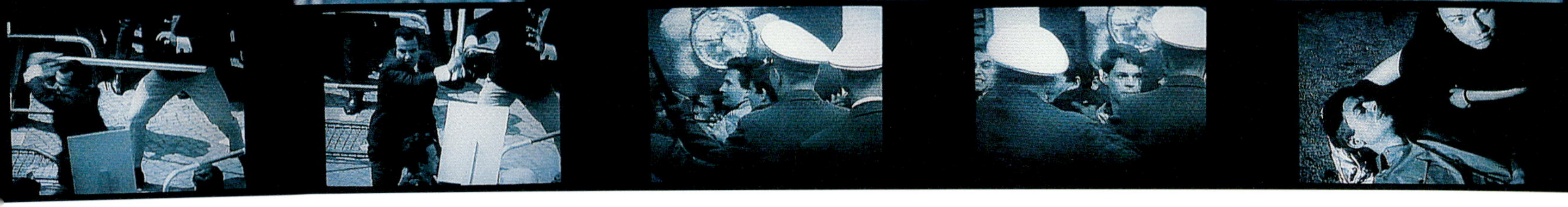

Aus dem Schreiben des Vertreters des Bundespresseamtes an den Süddeutschen Rundfunk, im Vorfeld der Sendung: »Ich weiß nicht, wie die Intentionen des Autors dieses Berichts sind, könnte mir jedoch vorstellen, daß im Rahmen einer solchen Sendung auf die eminente politische Bedeutung eines solchen Staatsbesuches für die Beziehungen zwischen den Völkern hingewiesen werden könnte. So ist keineswegs der publizistische Effekt zu unterschätzen, wenn – wie es beim Staatsbesuch der Fall war – die persische Presse über eine Woche lang regelmäßig und ausführlich über Deutschland berichtete.«
Dazu Brodmanns Kommentar im Sendemanuskript: »Ein imponierender Hinweis. Er könnte noch mehr imponieren, wenn nicht 85 Prozent der Einwohner Persiens des Lesens und Schreibens unkundig wären.«
Witz, Polemik und Zivilcourage zeichneten das Werk des Filmemachers Roman Brodmann überhaupt und den wichtigsten politischen Fernsehbeitrag der 60er Jahre im besonderen aus. Sprengstoff wollte der Filmemacher zünden in einer Welt verkrusteter Vorurteile und gemachter Meinungen.

**»Wenn ich Geld hätte, würde ich ein ganz freches, aufmüpfiges und respektloses Programm machen, das mit der Gesellschaft spielerisch, aber böse umgeht«, erklärte Roman Brodmann 1988 in der »Frankfurter Allgemeinen Zeitung«. »Ich bin überzeugt, daß ich damit in kürzester Zeit beste Einschaltquoten erreichen würde.«**

***Eduard Zimmermann, 1967:***

*»Den Bildschirm zur Verbrechensbekämpfung einzusetzen, das, meine Damen und Herren, ist der Sinn unserer neuen Sendereihe ›Aktenzeichen XY ungelöst‹, die ich Ihnen heute vorstellen möchte. Sie können uns natürlich auch hier selbst anrufen im Studio. Schließlich können Sie auch noch die Bilder der gezeigten Personen von Ihrem Bildschirm abfotografieren. Es könnte ja immerhin sein, daß Ihnen morgen der eine oder der andere der Gesuchten über den Weg läuft. Für das Fotografieren auf dem Bildschirm ist eines zu beachten. Bei einem normal ausgesteuerten Bild und einem Film von 21 DIN ergibt sich bei einem dreißigstel Blende vier und bei einem Film von 18 DIN ergibt sich Blende zwo acht. Für jeden behandelten Fall haben wir darüber hinaus einen federführenden Kriminalbeamten hier im Studio.«*

»Hör Zu«-Seiten für den
9. November 1969

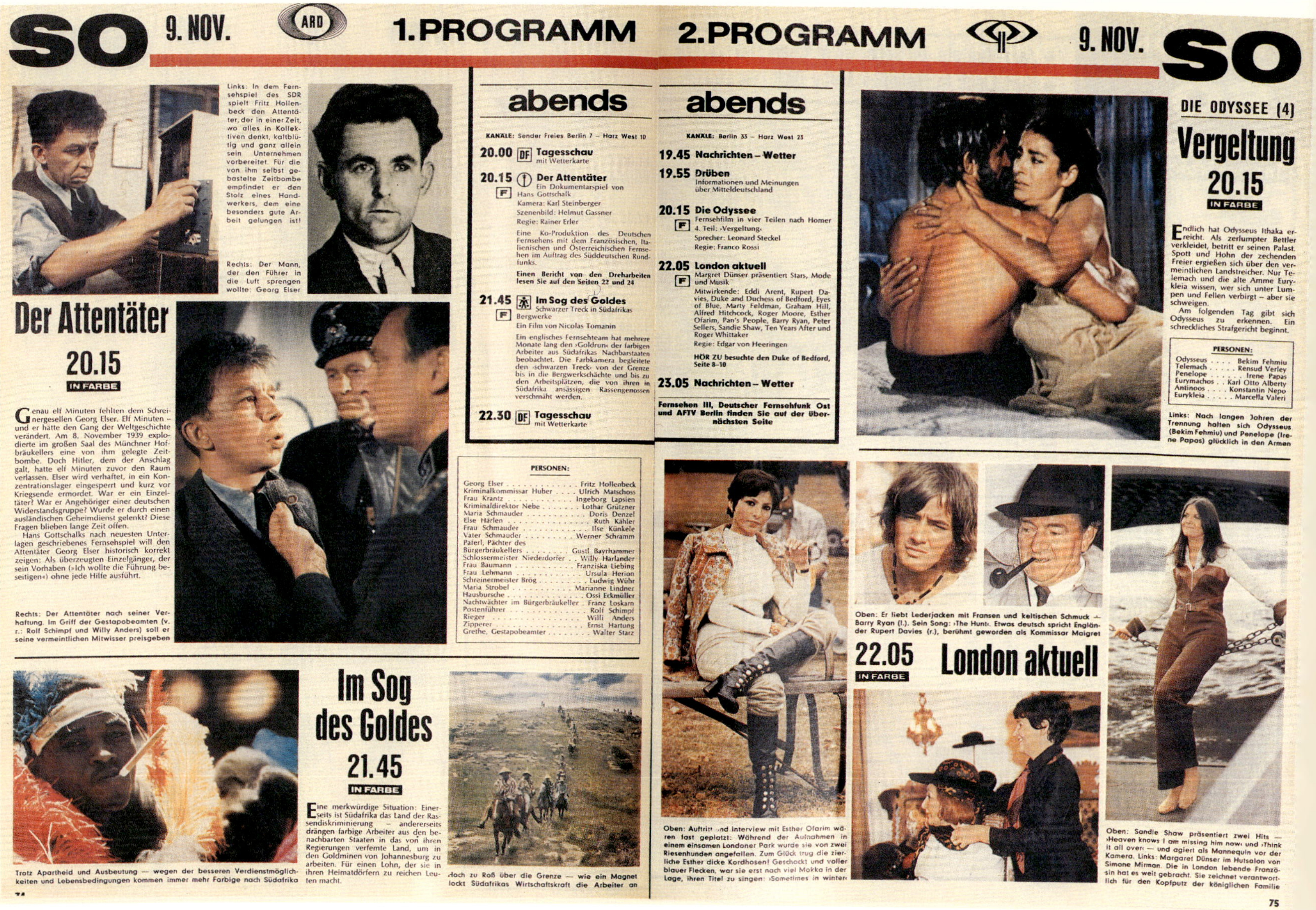

SO 9. NOV. ARD 1. PROGRAMM 2. PROGRAMM 9. NOV. SO

Links: In dem Fernsehspiel des SDR spielt Fritz Hollenbeck den Attentäter, der in einer Zeit, wo alles in Kollektiven denkt, kaltblütig und ganz allein sein Unternehmen vorbereitet. Für die von ihm selbst gebastelte Zeitbombe empfindet er den Stolz eines Handwerkers, dem eine besonders gute Arbeit gelungen ist!

Rechts: Der Mann, der den Führer in die Luft sprengen wollte: Georg Elser

# Der Attentäter

## 20.15

IN FARBE

Genau elf Minuten fehlten dem Schreinergesellen Georg Elser. Elf Minuten – und er hätte den Gang der Weltgeschichte verändert. Am 8. November 1939 explodierte im großen Saal des Münchner Hofbräukellers eine von ihm gelegte Zeitbombe. Doch Hitler, dem der Anschlag galt, hatte elf Minuten zuvor den Raum verlassen. Elser wird verhaftet, in ein Konzentrationslager eingesperrt und kurz vor Kriegsende ermordet. War er ein Einzeltäter? War er Angehöriger einer deutschen Widerstandsgruppe? Wurde er durch einen ausländischen Geheimdienst gelenkt? Diese Fragen blieben lange Zeit offen.

Hans Gottschalks nach neuesten Unterlagen geschriebenes Fernsehspiel will den Attentäter Georg Elser historisch korrekt zeigen: Als überzeugten Einzelgänger, der sein Vorhaben (»Ich wollte die Führung beseitigen«) ohne jede Hilfe ausführt.

Rechts: Der Attentäter nach seiner Verhaftung. Im Griff der Gestapobeamten (v. r.: Rolf Schimpf und Willy Anders) soll er seine vermeintlichen Mitwisser preisgeben

## abends

KANÄLE: Sender Freies Berlin 7 – Harz West 10

**20.00** DF **Tagesschau**
mit Wetterkarte

**20.15** F **Der Attentäter**
Ein Dokumentarspiel von Hans Gottschalk
Kamera: Karl Steinberger
Szenenbild: Helmut Gassner
Regie: Rainer Erler

Eine Ko-Produktion des Deutschen Fernsehens mit dem Französischen, Italienischen und Österreichischen Fernsehen im Auftrag des Süddeutschen Rundfunks.

**Einen Bericht von den Dreharbeiten lesen Sie auf den Seiten 22 und 24**

**21.45** F **Im Sog des Goldes**
Schwarzer Treck in Südafrikas Bergwerke
Ein Film von Nicolas Tomanin

Ein englisches Fernsehteam hat mehrere Monate lang den ›Goldrun‹ der farbigen Arbeiter aus Südafrikas Nachbarstaaten beobachtet. Die Farbkamera begleitete den ›schwarzen Treck‹ von der Grenze bis in die Bergwerkschächte und bis zu den Arbeitsplätzen, die von ihren in Südafrika ansässigen Rassengenossen verschmäht werden.

**22.30** DF **Tagesschau**
mit Wetterkarte

**PERSONEN:**

| | |
|---|---|
| Georg Elser | Fritz Hollenbeck |
| Kriminalkommissar Huber | Ulrich Matschoss |
| Frau Krantz | Ingeborg Lapsien |
| Kriminaldirektor Nebe | Lothar Grützner |
| Maria Schmauder | Doris Denzel |
| Else Härlen | Ruth Kähler |
| Frau Schmauder | Ilse Künkele |
| Vater Schmauder | Werner Schramm |
| Paferl, Pächter des Bürgerbräukellers | Gustl Bayrhammer |
| Schlossermeister Niederdorfer | Willy Harlander |
| Frau Baumann | Franziska Liebing |
| Frau Lehmann | Ursula Herion |
| Schreinermeister Brög | Ludwig Wühr |
| Maria Strobel | Marianne Lindner |
| Hausbursche | Ossi Eckmüller |
| Nachtwächter im Bürgerbräukeller | Franz Loskarn |
| Postenführer | Rolf Schimpf |
| Rieger | Willi Anders |
| Zipperer | Ernst Hartung |
| Grethe, Gestapobeamter | Walter Starz |

Trotz Apartheid und Ausbeutung — wegen der besseren Verdienstmöglichkeiten und Lebensbedingungen kommen immer mehr Farbige nach Südafrika

# Im Sog des Goldes

## 21.45

IN FARBE

Eine merkwürdige Situation: Einerseits ist Südafrika das Land der Rassendiskriminierung – andererseits drängen farbige Arbeiter aus den benachbarten Staaten in das von ihren Regierungen verfemte Land, um in den Goldminen von Johannesburg zu arbeiten. Für einen Lohn, der sie in ihren Heimatdörfern zu reichen Leuten macht.

Hoch zu Roß über die Grenze — wie ein Magnet lockt Südafrikas Wirtschaftskraft die Arbeiter an

74

## abends

KANÄLE: Berlin 33 – Harz West 23

**19.45** **Nachrichten – Wetter**

**19.55** **Drüben**
Informationen und Meinungen über Mitteldeutschland

**20.15** F **Die Odyssee**
Fernsehfilm in vier Teilen nach Homer
4. Teil: ›Vergeltung‹
Sprecher: Leonard Steckel
Regie: Franco Rossi

**22.05** F **London aktuell**
Margret Dünser präsentiert Stars, Mode und Musik
Mitwirkende: Eddi Arent, Rupert Davies, Duke and Duchess of Bedford, Eyes of Blue, Marty Feldman, Graham Hill, Alfred Hitchcock, Roger Moore, Esther Ofarim, Pan's People, Barry Ryan, Peter Sellers, Sandie Shaw, Ten Years After und Roger Whittaker
Regie: Edgar von Heeringen

**HÖR ZU besuchte den Duke of Bedford, Seite 8–10**

**23.05** **Nachrichten – Wetter**

**Fernsehen III, Deutscher Fernsehfunk Ost und AFTV Berlin finden Sie auf der übernächsten Seite**

DIE ODYSSEE (4)

# Vergeltung

## 20.15

IN FARBE

Endlich hat Odysseus Ithaka erreicht. Als zerlumpter Bettler verkleidet, betritt er seinen Palast. Spott und Hohn der zechenden Freier ergießen sich über den vermeintlichen Landstreicher. Nur Telemach und die alte Amme Eurykleia wissen, wer sich unter Lumpen und Fellen verbirgt – aber sie schweigen.

Am folgenden Tag gibt sich Odysseus zu erkennen. Ein schreckliches Strafgericht beginnt.

**PERSONEN:**

| | |
|---|---|
| Odysseus | Bekim Fehmiu |
| Telemach | Rensud Verley |
| Penelope | Irene Papas |
| Eurymachos | Karl Otto Alberty |
| Antinoos | Konstantin Nepo |
| Eurykleia | Marcella Valeri |

Links: Nach langen Jahren der Trennung halten sich Odysseus (Bekim Fehmiu) und Penelope (Irene Papas) glücklich in den Armen

Oben: Er liebt Lederjacken mit Fransen und keltischen Schmuck – Barry Ryan (l.). Sein Song: ›The Hunt‹. Etwas deutsch spricht Engländer Rupert Davies (r.), berühmt geworden als Kommissar Maigret

## 22.05

IN FARBE

# London aktuell

Oben: Auftritt und Interview mit Esther Ofarim wären fast geplatzt: Während der Aufnahmen in einem einsamen Londoner Park wurde sie von zwei Riesenhunden angefallen. Zum Glück trug die zierliche Esther dicke Kordhosen! Geschockt und voller blauer Flecken, war sie erst nach viel Mokka in der Lage, ihren Titel zu singen: ›Sometimes in winter‹

Oben: Sandie Shaw präsentiert zwei Hits — ›Heaven knows I am missing him now‹ und ›Think it all over‹ — und agiert als Mannequin vor der Kamera. Links: Margaret Dünser im Hutsalon von Simone Mirman. Die in London lebende Französin hat es weit gebracht. Sie zeichnet verantwortlich für den Kopfputz der königlichen Familie

75

SO 9. NOV. ARD 1. PROGRAMM

## Märchenraten auf dem Dachboden

Scherben bringen Glück

14.45 Unten: Hund Wuschel blickt recht ängstlich drein, hoffentlich haut René nicht so fest zu. Aber keine Angst, Großmutter und Kasperle passen schon auf, daß ihr kleiner Freund heil davonkommt. ›Topfschlagen‹ nennen die vier ihr Spielchen, bei dem es allerlei Scherben gibt

## 15.15 Rauchende Colts

IN FARBE

In die Enge getrieben

Der junge Mark Stonecipher sitzt in der Falle: Bei einer Auseinandersetzung mit seinem Vater stürzt er in einen frisch gegrabenen tiefen Brunnen. Marshal Matt Dillon (James Arness, Bild oben) organisiert eine Rettungsaktion. Die Männer von Dodge City graben einen Seitenschacht, um den Gefangenen herauszuholen. Der Marshal ahnt nicht, daß unter den Helfern zwei kriminelle Burschen sind, die um jeden Preis verhindern wollen, daß Mark lebend geborgen wird. Er könnte nämlich zuviel erzählen

Er erfreut sich weltweiter, unverwüstlicher Popularität: der brave Soldat Schwejk. Diese Schöpfung des tschechischen Schriftstellers Jaroslav Hasek ist längst zu einer Symbolfigur der k. u. k. Monarchie geworden. Der verschmitzte, treuherzige Prager Hundehändler gilt als Typ des klassischen Anti-Soldaten, der alle Vorgesetzten zur Verzweiflung bringt. Axel von Ambessers Film ist nur eine von vielen Schwejk-Bearbeitungen.

Oben: Schwejk (Heinz Rühmann) kann sich ein Grinsen nicht verkneifen. Trotz des Rheumaleidens hat ihn die Musterungskommission tauglich geschrieben

## 16.35 Der brave Soldat Schwejk

Rechts: Für seine hervorragende schauspielerische Leistung als Schwejk wurde Heinz Rühmann 1960 mit dem Preis der deutschen Filmkritik ausgezeichnet

Links: In der Gegenwart der schönen Gretl (Senta Berger) fühlt sich der aufgeblasene Oberst von Zillergut (Erik Frey) wohl

72

## tagsüber

KANÄLE: Sender Freies Berlin 7 – Harz West 10

**Vormittagssendungen von ARD und ZDF**

**10.00** Erste Meldungen der Tagesschau. – **10.05** bis **10.50** ›Der Sport-Spiegel‹. Berichte – Dokumente – Kommentare. Heute unter anderem: ›Der Schiedsrichter hat immer recht ...‹. Von Horst Peets / ›Die Blaue Olympiade‹. Weltmeisterschaft in der Unterwasserjagd, von Karl-Heinz Baumgärtner.

**11.00** Hinweise auf das Programm der Woche

**11.30 Lateinamerika und seine Protestanten**
Heute: Die Minderheit
Ein Film von Ralph Giordano
Kamera: Heinz Tödter
Die protestantische Minderheit in Lateinamerika wächst. Die Zahl der evangelischen Christen stieg in den vergangenen 53 Jahren von 230 000 auf über 10 Millionen. Trotzdem hat sich das Verhältnis zwischen Katholiken und Protestanten gebessert; Kulturkampf und Verfolgung der Minderheiten haben aufgehört.

**12.00 Internationaler Frühschoppen**
mit 6 Journalisten aus 5 Ländern
Gastgeber: Werner Höfer

**12.45 Wochenspiegel**
Die Tagesschau berichtet von den Ereignissen der vergangenen Woche

**13.15 Magazin der Woche**
Eine Regionalumschau

**14.45 Märchenraten auf dem Dachboden**
Heute: ›Scherben bringen Glück‹
(Kinderstunde)

**15.15 Rauchende Colts**
F Eine Westernserie
Heute: ›In die Enge getrieben‹

**16.00 Zwischen Sommer und Winter**
Eine Sportplauderei von Heinz Maegerlein
Heute unter anderem: Trampolinspringen der deutschen Weltmeister Uta Zech und Michael Budenberg / Bogenschießen / Hertha Löwenberg und ihre Kür an Stufenbarren und Schwebebalken / Regina Krause, deutsche Meisterin im Turmspringen, zeigt ihre schwierigsten Sprünge / Porträt von Wolfgang Peters, Weltmeister im Kanuslalom.

**16.35 Der brave Soldat Schwejk**
Ein deutscher Spielfilm von 1960
Personen:
Schwejk . . . . . . . . . Heinz Rühmann
Oberleutnant Lukas . . Ernst Stankovski
Kathi . . . . . . . . . . . Ursula Borsodi
Gretl . . . . . . . . . . . . Senta Berger
Baronin . . . . . . . Erika von Thellmann
Woditschka . . . . . . Franz Muxeneder
und andere
Regie: Axel von Ambesser
(**WIEDERHOLUNG** vom 13. 8. 1967)

**18.15 Die Sportschau**
Auf der Tribüne: Ereignisse des Tages

**19.00 Weltspiegel**
Auslandskorrespondenten berichten
Moderator: Winfried Scharlau

**19.30 Die Sportschau**
Berichte und Informationen zum Wochenende

2. PROGRAMM ZDF 9. NOV. SO

## tagsüber

KANÄLE: Berlin 33 – Harz West 23

**11.00** Hinweise auf das Programm der Woche

**11.30 Die Sozialwissenschaften**
Eine Einführung für Studium und Beruf
Betriebswirtschaft. 1. ›Die Lehre‹
Mit Professor Karl Alewell

**12.00 Das Sonntagskonzert**
Musikkorps der Schutzpolizei Bremen, Leitung: Heino Fleisch
Stabskapelle der Royal Engineers Aldershot
Tamboers- en Trompetterkorps ›Ahoy‹ Rotterdam, Leitung: Wim Hardenbol
Westfälische Nachtigallen, Leitung: Dietmar Hahn
Aufzeichnung aus der Bremer Stadthalle

**12.45 Fragen zur Zeit**
Wissenschaftler kommentieren

**13.00 Die Drehscheibe**
Eine Auswahl zum Sonntag
Zu Besuch in einem Puppendorf in Finnland / Die letzten Drachen / Boris Rubaschkin singt ›Odessa-Casatschok‹. Durch die Sendung führt Paolo Fischer

**13.35 Magnus und das Eichhörnchen**
Heute: ›Jacques aus Paris‹
Regie: Berndt Klyvare

**14.05 Till, der Junge von nebenan**
Heute: ›Die Musikstunde‹
Von Dieter Werner
Herr Hauser (Lutz Moik), Frau Hauser (Lucia Bays), Till, ihr Sohn (Hans-Joachim Bohm), Tills Oma (Karin Hardt) u. a.
Regie: Wolfgang Teichert
(**WIEDERHOLUNG** vom 14. 1. 1968)

**14.45** Aus Forschung und Technik:
F **Meilenstein Farbfernsehen**
Von Robert Gerwin und Horst Gotzmer
(**WIEDERHOLUNG** vom 30. 8. 1967)

**15.30 Nachrichten – Wetter**

**15.35 Auf gut deutsch gesagt**
Kurzweiliger Sprachkurs für jedermann
Heute: ›Meister und Kritiker der Sprache‹
Von Holger Sandig und Karl J. Joeressen

**16.05 Blockade in London**
Englischer Spielfilm von 1950
Arthur Pemberton . . Stanley Holloway
Connie, seine Frau . . . . . Betty Warren
Shirley, ihre Tochter . . . Barbara Murray
Herzog von Burgund . . . . Paul Dupuis
Prof. Hatton-Jones . Margaret Rutherford
Frank Huggins . . . . . . . . . John Slater
Molly . . . . . . . . . . . . . . . Jane Hylton
Mr. Wix . . . . . . . . . Raymond Huntley
Polizist Spiller . . . . . . . Philip Stainton
Eddie Randall . . . . Hermione Baddeley
Regie: Henry Cornelius

**17.25 Big Valley**
F Heute: ›Barbary Red‹
Fernsehfilm von Judith Barrows
Victoria Barkley (Barbara Stanwyck), Jarrod Barkley (Richard Long), Nick Barkley (Peter Breck), Audra Barkley (Linda Evans), Heath (Lee Majors), Barbary Red (Jill St. John), Thatcher (George Kennedy)
Regie: Michael Ritchie

**18.15 Nachrichten – Wetter – Sport**

**18.30 Familie Mack verändert sich**
3. Folge: ›Der Aufsatz‹
Frau Mack (Margot Trooger), Herr Mack (Wolfgang Preiss), Doris Mack (Ilona Grübel), Thomas Mack (Joachim Biesewig), Klaus Mack (Julian Aicher), Herr Paschke (Wolfram A. Guenther) u. a.
Regie: Peter Schubert

**19.00 Die Sport-Reportage**
Berichte – Nachrichten – Totozahlen

## Till, der Junge von nebenan

Die Musikstunde

14.05

Unten: Eine Geige spielt heute die Hauptrolle. Till hat sie von seiner Großmutter geschenkt bekommen. Mit Hilfe seines Freundes Kurt (Rolf Bogus) versucht er, sie rasch wieder loszuwerden

14.45 IN FARBE Die Produktion von Farbfernsehgeräten läuft auf Hochtouren. Zur Zeit besitzt erst eine halbe Million bundesdeutscher Familien Apparate, deren Mattscheiben auch bunt flimmern können

## Meilenstein Farbfernsehen

Dr. Walter Bruch, der Erfinder des PAL-Farbfernsehens

Morgen und am 15. Dezember berichten R. Gerwin und H. Gotzmer über Entwicklungen, die die Zukunft des Fernsehens bestimmen werden. Aus diesem Anlaß wiederholt das ZDF einen Beitrag, den diese Autoren fünf Tage nach der Einführung des Farbfernsehens in Deutschland zeigten: einen Rückblick auf 32 Jahre TV-Geschichte und zugleich eine Einführung ins Farbfernsehen.

## Blockade in London

16.05

Oben: Den Pembertons (v. lks.: Barbara Murray, Stanley Holloway, Betty Warren) stellt sich der Herzog von Burgund (Paul Dupuis) vor. Links: Der alte Pemberton und seine Tochter haben im Bombenkrater eine Urkunde gefunden

Stacheldraht und Zollschranken im Inneren einer Stadt – diese Situation bietet dem englischen Regisseur Henry Cornelius Anlaß, mit gezielten Pointen den Nationalcharakter seiner Landsleute aufs Korn zu nehmen. Seine ›Blockade in London‹ ist allerdings nicht das Ergebnis weltpolitischer Spannungen: Ein Blindgänger, Überbleibsel aus dem Krieg, explodiert und fördert ein altes Dokument zutage, das die Zugehörigkeit eines Londoner Stadtteils zu Burgund beweist. Die Folge: Unabhängigkeitserklärung der ›Neuburgunder‹, Blockade der Londoner . . .

## Familie Mack verändert sich

18.30 Der Aufsatz

Links: Unter Aufsicht seiner Mutter (Margot Trooger) schreibt Klaus (Julian Aicher), der jüngste Mack-Sohn, einen Schulaufsatz über die frühere Tätigkeit seines Vaters. Eine zuvor entstandene Geschichte aus Papas augenblicklichem Gefängnisleben hatte Frau Mack verständlicherweise sofort entsetzt zerrissen

# Die besten Jahre

## Das Fernsehen der 70er Jahre

»Imperial« FP 135 aus dem Jahre 1972, mit einer 35-cm-Bildröhre, passend zur Aufbruchstimmung in der Schockfarbe »Korall«, asymmetrisch, mit Plastikgehäuse und tragbar: das Zweitgerät für Einzelgänger

oben: »Ende offen«, die Diskussionssendung des WDR geriet öfter aus den Fugen und wurde dennoch gesendet, als »Dokument tatsächlicher Auseinandersetzung«.
1971 mit Nickel Pallat, Musiker der Gruppe »Ton Steine Scherben«

**Alles scheint möglich.** Auch im Fernsehen: Ein Mann zerhackt in einer Talk-Runde einen Tisch, die »Maus« startet im Kinderprogramm ihren erfolgreichen Kampf gegen Sendungen, die die Kleinen für dumm verkaufen, und Vivi Bach und Dietmar Schönherr versenken in ihrer Unterhaltungsshow »Wünsch Dir was« eine ganze Familie samt PKW im Swimmingpool. Dem Spießer bleibt die Luft weg. Wünsch Dir was!

Die Siebziger leben vom Angriff auf das Allerheiligste in der Gesellschaft: vom Angriff auf die Familie. Frauen emanzipieren sich nach der sexuellen Revolution der 60er Jahre und bekennen im »Stern«: »Wir haben abgetrieben.« Und die Twens tragen Hot pants. Homosexuelle geben sich selbstbewußt. Die einen Kinder der politischen Revolte verehren Willy Brandt, die anderen ermorden die Väter: Schleyer, Buback, Ponto. Ensslin, Baader, Meinhof sterben in Stammheim. Deutschland im Herbst.

Der Vietnam-Krieg geht zu Ende. Elvis stirbt, die Beatles verdienen weiter. Die Hippies sind da. Flower Power. Hare Krishna. Kriegsdienstverweigerer und Landkommunarden. Die Anti-AKW-Bewegung kommt (Whyl/Harrisburg/Gorleben). Und Peter Zadek (»Scheißdeutschland«) erprobt in der ARD (»Ich bin ein Elefant, Madame«), wie sich der Aufstand gegen das System der Alten in die Schulen tragen läßt. Die Supermächte rüsten sich zum atomaren Overkill.

Honecker löst Ulbricht ab, die Westler erhalten Ostbesuch, und die DDR-Auswahl schlägt auf dem Fußballfeld zu Hamburg die Nationalmannschaft der Bundesrepublik Deutschland. Strauß (Deutschland: »ein Saustall«) wird nicht Bundeskanzler, Wolf Biermann wird »ausgebürgert«, die Neonazis zeigen sich. Auf westdeutschen Autobahnen taucht der Geisterfahrer auf, im Fernsehen warnt vor ihm »Der 7. Sinn«. TV-Magazine wie »Panorama«, »Report«, »Monitor« und Löwenthals Schwarzer Kanal im ZDF haben Hochkonjunktur. Politiker verlangen beschwörend »Ausgewogenheit« im Programm. Alles scheint möglich!

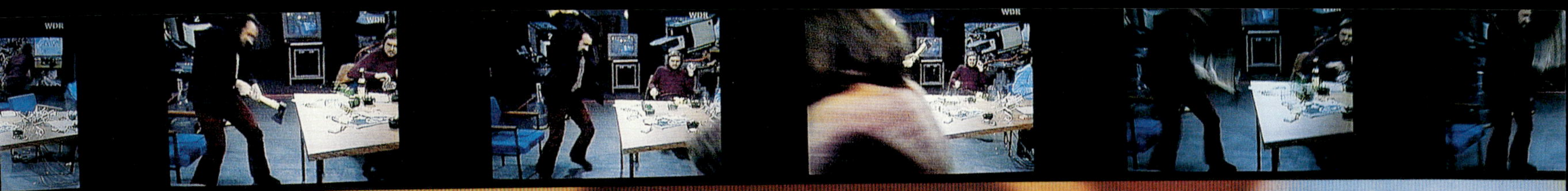

## Wünsch Dir was!

**Mit nervenaufreibenden Spielen** und einem Puls-Telemeter messen Vivi Bach und Dietmar Schönherr Anfang der 70er Jahre die Belastbarkeit deutscher Fernsehfamilien. Ein mentales Fitneß-Training für die TV-Dekade, ein Experiment mit dreijähriger Laufzeit, auch eine Pionierphase für das, was später einmal interaktives Fernsehen genannt wird: »Schalten Sie zu Hause in Ihrem Fernsehzimmer alle Lichtquellen ein, wenn Sie in dieser Spielrunde für den Sieg der Familie Hammerschick aus Österreich sind«, fordern sie zum Beispiel von den Zuschauern in Zürich, »und schalten Sie danach ihre Lichtquellen ein, wenn Sie für die Familie Wegerhoff aus Deutschland stimmen«. Die Stadtwerke in Zürich geben nach zweimal zwanzig Sekunden das Ergebnis bekannt: die Hammerschicks siegen mit 30 000 Glühlampen à 100 Watt Vorsprung.
In der ersten Sendung von »Wünsch Dir was«, kurz vor dem Dekadenwechsel 1969/70 im ZDF-Programm, stellen Vivi Bach und Dietmar Schönherr ihr Konzept vor: »Alle Aufgaben, die in unserem Spiel vorkommen, sind aus dem Bereich der Familie und also auch von einer Familie ohne allzu große Schwierigkeiten zu lösen oder zu beantworten. Die Struktur dieses Spiels wurde von Wissenschaftlern, Soziologen erarbeitet – das bedeutet nicht, daß es deswegen langweilig sein muß, im Gegenteil, wir glauben, daß es sehr lustig sein wird – und wir versprechen uns nebenbei davon, daß wir auch ein bißchen was über die Familien erfahren; daß also hinter der schönen, ausgeglichenen Fassade vielleicht ein bißchen mehr zum Vorschein kommen wird. Und wenn Sie, meine Damen und Herren, zu Hause dieses Spiel aufmerksam verfolgen, dann könnte es sein, daß Sie sogar einige neue Erkenntnisse über Ihre eigene Familie gewinnen.«
Schon die Auftaktsendung läßt erahnen, daß dieser Erkenntnisgewinn nur über familiären und gesellschaftlichen Zwist zu haben sein wird. Das heiße Spiel der ersten »Wünsch Dir was«-Ausgabe nimmt sich im Kontext des politischen Umbruchs wie eine Allegorie auf den Kapitalismus aus: Das jeweils nervenstärkste Mitglied der drei Familien aus Österreich, der Schweiz und der Bundesrepublik – »Wünsch Dir was« ist eine Dreiländer-Eurovision wie »Aktenzeichen XY« – soll innerhalb einer Minute aus einem Glasbehälter soviel Geld fischen wie irgend möglich. Einziges Hindernis auf dem Weg zum unerwarteten »Reichtum« ist eine zwei Meter lange Python, die es sich auf den Münzen bequem gemacht hat. Natürlich ist das Tier zahm, aber das wird den Kandidaten nicht

***Stimmen zum Abschied***

*»Das Flair des Frauenlieblings ist dahin, respektheischend verausgabt im Feldzug gegen die Schlafmützigkeit und Intoleranz. Wen aber die Weiber einmal zu hassen beginnen, den können noch so viele Götter lieben!« Und: »Man offenbart nicht ungestraft Mädchenliebreiz unter Transparenzblusen, solange die Moral eine Sache des Besitzvergleichs ist.« Und: »Diese oder ähnliche Fernsehdarbietungen« sind »im Interesse der Gesellschaft notwendig«, vor allem im Vergleich mit der anderen Fernsehunterhaltung, wo »›Drei mal neun‹ immer wieder nur 27« und »Dalli dalli« auch »nicht viel mehr« ergibt, und wo der »Marktschreier Dieter Thomas Heck unverdrossen die Meterware des Mittelmaßes verkauft«. Gerhard Prager, Hauptabteilungsleiter Fernsehspiel und Film beim ZDF*

*»Es ist sehr schade, daß ›Wünsch Dir was‹ nun eingestellt wird. Schönherr hat viele Themen gebracht, über die ich mit Verwandten und den Arbeitskollegen noch tagelang heftig diskutiert habe … Vielleicht war Schönherr vielen politisch zu sehr ausgerichtet, doch das störte mich nicht.« Rosemarie Wirrer, Reisebüroangestellte, 18, im Wiener »Kurier«*

*»Wir mußten ja immer damit rechnen, daß wir eingestellt werden. Aber ich finde das Ende trotzdem traurig.« Vivi Bach*

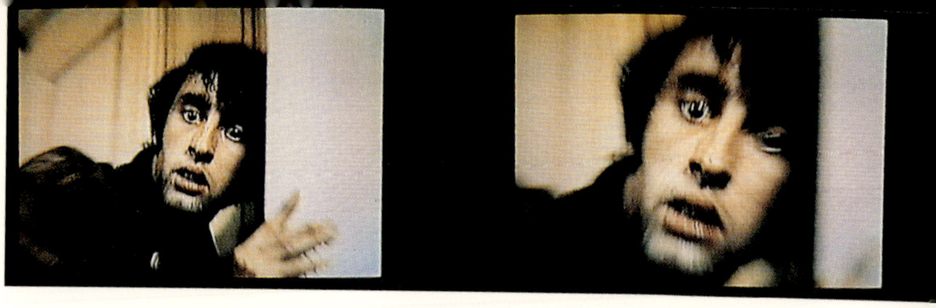

*»›Wünsch Dir was‹ war eine einzige Publikumsbeschimpfung. Da wurden die Kontestanten oft wie unmündige Idioten behandelt; da wurde für gewisse ›geistige‹ Produkte Schleichpropaganda betrieben; da glaubte man, den Zuschauer mit oberflächlich-demagogischen Mitteln gegen die ›Konsumgesellschaft‹ aufwiegeln zu können; da wurde die Menschenverachtung innerhalb einer ›Unterhaltungssendung‹ demonstriert.*
*Nicht die Weltanschauung, sondern die Unechtheit der Sendung war beleidigend. Jedes dänische Kind kann – nur ein Beispiel – in sechs Stunden lernen, daß ›Schnecke‹ nicht als ›Snecke‹ ausgesprochen wird, aber man glaubte, mit der ›herzigen‹ Aussprache der Vivi Bach Gesellschaftsfeindlichkeit subkutan verkaufen zu können.*
*Das Publikum kam Dietmar und Vivi auf die Schliche. Das aber ist es, was mir an dem Ende der Sendung so erfreulich erscheint.«*
*Hans Habe in »Kölnische Rundschau«*

*»Liebe Freunde, der Dank des Vaterlandes nach zweieinhalb Jahren hervorragender Arbeit ist Euch gewiß. Ihr habt Dinge gemacht und erfunden, die vielleicht einmal Fernsehgeschichte sein werden.« Dietmar Schönherr in einer »Solidaritätsadresse an meine Mitarbeiter«, veröffentlicht in »konkret«*

verraten. Bach und Schönherr spielen ihr Spiel nach dem alten Bankräuber-Motto »Geld oder Leben!«.
Mit der Zeit werden die Einfälle des Entertainer-Paares und seiner Hintermänner immer dreister: Als Dietmar Schönherr eine Kommune zum Interview holt, die Israelin Daliah Lavi über Flugzeugentführungen befragt, biedere Bürgerhäuser mit Hundertwasser-Malereien verschönern läßt, Esther Vilar die Möglichkeit bietet, ihre Thesen zum »dressierten Mann« vorzutragen und dem Zukunftsforscher Robert Jungk die Gelegenheit zu Politikerbeschimpfung gibt, scheint das Maß voll.
Mehr noch als all diese politischen Ausflüge aber erregt die Gemüter, daß Schönherr eine 17jährige Schülerin mit durchsichtiger Bluse auf den Laufsteg schickt. Und als auch noch bei jenem berühmt-berüchtigten Experiment, in dessen Verlauf die Bach und der Schönherr eine ganze Familie samt Auto im Wasser versenken, eine Mutter nur noch mit Hilfe eines Froschmannes aus der Klemme befreit werden kann, tobt es in den Wohn- und Intendantenstuben Deutschlands, Österreichs und der Schweiz.
Gewiß: die Quote war gegen Ende nicht mehr die beste. Nur noch 13 Prozent sahen im Sommer 1972 zu, während das »Ohnesorg«-Theater der ARD zur gleichen Sendezeit 58 Prozent verbuchen konnte. Selbst »Das Wort zum Sonntag« lag laut Infratest an diesem Sommerabend des letzten »Wünsch Dir was«-Jahres mit 24 Prozent (10 Millionen Zuschauer) weit vor der Gesellschaftskritik von Dietmar Schönherr und Vivi Bach. Das Fernsehvolk hatte sich entschieden. Doch das Ziel der außergewöhnlichen Unterhaltungsshow war erreicht und sollte die Wohnzimmer der Kleinbürger und des Mittelstandes die ganzen 70er Jahre hindurch nicht mehr verlassen: Man stritt sich fortan aufs heftigste hinter den Gardinen.

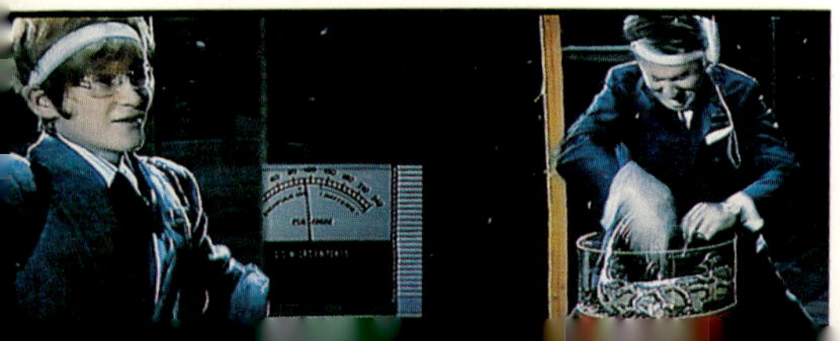

## Das Millionenspiel

Jäger und Gejagter: Bernhard Lotz (Jörg Pleva) im Glasmantel der »Todesschlange«. Im Überlebensfall winkt ihm eine Million DM in bar.

**»Das Millionenspiel«, die Jäger, in der Mitte: Didi Hallervorden**

*»Man ist von der Vorstellung ausgegangen, daß Fernsehsendungen durchgehend im Familienverband empfangen werden, und zwar nicht nur im räumlichen Sinne, sondern es lag dem auch die Vorstellung einer ›heilen‹, einer in sich integrierten Familie, deren einzelne Glieder nicht in Konflikten miteinander leben, zugrunde. Konflikte ergeben sich jedoch in der Regel aus den unterschiedlichen Interessen der Glieder einer Gesellschaft.*
*Eine solche Programmkonzeption entspricht nicht mehr der gesellschaftlichen Wirklichkeit, kann nicht mehr tragend sein für die Zukunft. Vielmehr geht es heute darum, eine Programmkonzeption zu entwickeln, die ernst mit dem Befund macht, daß wir eine Gesellschaft sind, die in Konflikten lebt; in permanenten Konflikten ...*
*Mit anderen Worten: Es lohnt sich, darüber nachzudenken, ob im Rahmen einer künftigen Programmkonzeption nicht ein stärker zielgruppenorientiertes Programm zugleich auch eine zuschauernähere Programmgestaltung bedeuten würde. Gerade darauf aber wird es ankommen, wenn Verfestigungen und Frustrationen im Verhältnis von Sender und Empfänger in Zukunft vermieden bzw. abgebaut werden sollen.«*
*Dieter Stolte, 1970 Leiter der ZDF-Hauptabteilung Programmplanung*

**18. Oktober 1970:** Die ARD zeigt »Das Millionenspiel« von Wolfgang Menge (Buch) und Tom Toelle (Regie), eine Satire auf das Fernsehen der 80er Jahre, auf die kommerziellen Sender, die dann, so nahm der Autor an, auf dem Medienmarkt das Sagen haben würden. Ähnlichkeiten mit schon bestehenden Sendungen seien beabsichtigt, verkündete der Ansager bei der Premierensendung.
Was dann über den Bildschirm flimmerte, stellte allerdings alles bisher Dagewesene in den Schatten: Menge und Toelle hatten nämlich, nach einer Kurzgeschichte des amerikanischen Schriftstellers Robert Sheckley, eine Quiz-Show konstruiert, in der drei bezahlte Killer eine Woche lang einen Kandidaten quer durch die Bundesrepublik jagen und zur Strecke zu bringen versuchen. Sieben Tage lang hetzen die gedungenen Killer den Kandidaten, der freiwillig Kopf und Kragen riskiert. Von morgens um sieben bis abends um elf. Bleibt ihr Opfer auf der Strecke, werden sie honoriert, mit je 20 000 DM für die ersten drei Spieltage. Der Betrag läßt sich auf 120 000 DM steigern, wenn der Gejagte während der letzten drei Stunden vor Spielschluß zur Strecke gebracht wird. Kommt der Todeskandidat durch, erhält er 1 Million Mark.
Den Höhepunkt seines makabren Medienspektakels verlegte Menge in die Gartlage-Halle von Osnabrück. Von dort sollten die Fernsehzuschauer in einer fiktiven Live-Übertragung die letzten dramatischen Augenblicke der Menschenjagd mitverfolgen. Dort stand die »gläserne Todesschlange«, in der der Kandidat noch im letzten Moment angeschossen wurde. Moderiert wurde der unterhaltsame Abend von Dieter Thomas Heck, dem Publikum bestens bekannt durch die ZDF-Hitparade. Ein Fernsehballett tanzte zwischendurch, und natürlich gab es, ganz nach US-Vorbild, die Werbeunterbrechungen, bei denen ein »Stabil-Elite-Konzern« für seine ausgefallenen Produkte warb: für Leichenschminke, Potenz-Tonika und Schlankmacher.
Natürlich verstand ein großer Teil der Zuschauer das Orwell-Stück auf Anhieb. »Das Millionenspiel« führte zur »größten Publikumsresonanz in der Geschichte des deutschen Fernsehspiels« (WDR-Dramaturg Peter Märthesheimer 1970). Empörung herrschte allerorten. Vor allem über die Programmacher. Nahezu 1 000 Zuschauer riefen noch am gleichen Abend im WDR an, um ihre Wut loszuwerden: Der Intendant von Sell »gehöre in eine Nervenheilanstalt«, man werde »die Programmacher mit dem Maschinengewehr jagen«, Tom Toelle »vor dem Funkhaus fertigmachen«, Menge »umlegen«, am besten »alle abknallen wie räudige Hunde«.

Moderator im »Millionenspiel«:
Dieter Thomas Heck

Wirklich beunruhigend war, daß es tatsächlich Leute gab, die die Show auf andere Weise ernst nahmen und sich erboten, bei der nächsten Ausgabe vom »Millionenspiel« als Akteur dabeizusein, vorzugsweise in der Rolle des Gejagten, wegen der Million. Prompt reagierten die TV-Kollegen von der Abteilung Kulturelle Aufklärung: »aspekte«, zum Beispiel, erbot sich, mit Zuschauern über die gesellschaftlichen Hintergründe ihrer Schießwut zu diskutieren. Und Dr. Günter Rohrbach, seinerzeit Fernsehspiel-Chef am Kölner Sender, gab im Mainzer Kulturmagazin zu Protokoll, »im Prinzip« könne aus dieser makabren Tele-Vision eines Tages Wirklichkeit werden. »Wir haben«, erklärte er 1970, »die jetzigen Verhältnisse übertrieben und in die Zukunft projiziert, um die Gegenwart erkennbar zu machen.«

Der Spießer schießt mit. 1973 legte »Millionenspiel«-Autor Menge nach: In der Serie »Ein Herz und eine Seele« präsentierte er der West-Republik (wie nach der Wende mit »Motzki« dem vereinigten Deutschland) ein weiteres Spiegelbild des reaktionären Kleinbürgers. Ganz vorn »Ekel Alfred« (Heinz Schubert), nach links zurückgesetzt seine frustrierte Gattin (Elisabeth Wiedemann), zur Rechten Tochter und Schwiegersohn (Hildegard Krekel und Diether Krebs).

# Wolfgang Menge

Foto: Wolfgang Maria Weber

Wolfgang Menge putzt den Grimme-Preis

Schon in den 60er Jahren gehörte Wolfgang Menge zu den wichtigen Stofflieferanten für das Fernsehspiel (»Stahlnetz«, »Verhör am Nachmittag«, »Dubrow-Krise«, »Begründung eines Urteils«). In den 70er Jahren aber wird er im TV-Geschäft vor allem mit zeitgenössisch-provokanten Stoffen wie »Millionenspiel«, »Ein Herz und eine Seele« oder »Smog« zum (stets heftig umstrittenen) Star in der Zunft der Drehbuchautoren.

## Der Mann an sich

»Die Konsequenz« mit Jürgen Prochnow (rechts) in der Hauptrolle

*Rosa von Praunheim, 1971*

*»Nicht die Homosexuellen sind pervers, sondern die Situation, in der sie zu leben haben. Schwule schämen sich ihrer Veranlagung, denn man hat ihnen in jahrhundertelanger christlicher Erziehung eingeprägt, was für Säue sie sind ...«*

**Der Filmemacher Rosa von Praunheim** schockt 1971/72 Deutschlands Väter und Mütter mit seinem Schwulen-Film »Nicht der Homosexuelle ist pervers, sondern die Situation, in der er lebt«. Die ARD nimmt den bereits angekündigten Film im Januar 1972 aus dem Programm, der WDR zeigt ihn daraufhin allein in seinem Sendebereich. Ein Jahr später kommt die Praunheim-Provokation doch noch ins »Erste«, gegen den Widerstand des Bayerischen Rundfunks. Der Bayerische Rundfunk hat es in den »wilden« 70er Jahren besonders schwer. Fünf Jahre nach der Aufregung um den Praunheim-Film »Nicht der Homosexuelle ist pervers ...« muß sich die Münchner Anstalt erneut der Sender-Gemeinschaft verweigern: als die ARD 1977 den Homosexuellen-Film »Die Konsequenz« (Autor: Alexander Ziegler, Regisseur: Wolfgang Petersen) präsentiert, bleibt der BR konsequent und blendet sich aus.

Der Geschlechterkampf der 70er Jahre macht selbst vor dem regulären Programm nicht halt: mit Kommissar Kressin (Sieghard Rupp) ändern sich nun auch im Standard-Krimi, dem »Tatort«, Sitten und Gebräuche. Während Erik Ode und sein Assistent Reinhard Glemnitz in der ZDF-Reihe »Der Kommissar« noch die Polizei der alten Schule vertreten, erprobt Kressin ganz neue Ermittlungsmethoden.

**»die 2«: Tony Curtis und Roger Moore in Startposition. Unkonventionell, frech und stets mit einer homoerotischen Prise zeigten sich Tony Curtis und Roger Moore in der Krimiserie »die 2«. Dem Publikum gefielen die anspielungsreichen Dialoge und das verwegene Doppelspiel der beiden Stars: bei der Wahl zum beliebtesten Krimi-Darsteller des Jahres 1972 belegten »die 2« Platz 2, gleich hinter Erik Ode, dem netten Herrn von nebenan.**

Das Aphrodisiakum für kompromißlose Intellektuelle lieferte schon 1970 der Anwalt und Autorenfilmer Alexander Kluge, der Mann, der die Position des Quotenkillers als Marktlücke entdeckt hat.

Kluge (ganz links) in einer TV-Diskussionsrunde, 1970:

Kluge: »Das ist die Methode von Fernsehen.«

Diskussionsleiter: »Nein, das ist nicht richtig.«

Kluge: »Lassen Sie's mich erklären. Sie kriegen hier 'n Zettel vorgelegt und da heißt es: Sie lassen sich leider schon seit fünfundvierzig Minuten von Kluge manipulieren. Warum laden Sie uns denn hier ein, wenn Sie gar nicht hören wollen, was wir sagen?«

Diskussionsleiter: »Weil ich selbstverständlich gewußt habe, daß die – (zu zweitem Diskussionsteilnehmer) Herr Schubert, müssen Sie?«

Dritter Diskussionsteilnehmer: »Nein, nein, der kommt wieder.«

Diskussionsleiter: »Ach so.« (Geräuschvolle Klospülung.)

Sittenlos im Einsatz für das Gesetz? Sieghard Rupp als Kommissar Kressin mit Eva Renzi und Sabine Sinjen (im Foto, rechts)

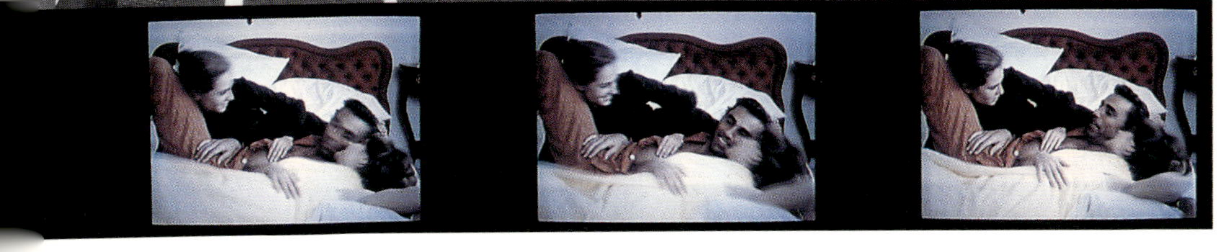

Erik Ode als Kommissar Keller, assistiert von Reinhard Glemnitz (im Foto rechts)

»Das aktuelle Sportstudio« mit Carmen Thomas. Ihr Versprecher »Schalke 05« trieb das männliche Stammpublikum an den Rand der Verzweiflung.

## Sie darf!

***Carmen Thomas, Erster Auftritt im »Aktuellen Sportstudio« am 3.2.1973***

*»Guten Abend, meine Damen und Herren. Wenn es nach mir ginge, würden wir jetzt gleich ohne Umschweife zu unserem Programm übergehen. Aber meine Kollegen haben gemeint, ich könnte mich unmöglich hier herstellen und so tun als wär' nichts. Und vielleicht haben sie sogar recht. Denn wenn ich's mir überlege, steht es eigentlich schon vor meinem ersten Start hier im Sportstudio 8 : 1 gegen mich. Bayern München hat mir zwar einen Blumenstrauß geschickt, aber acht Zuschauer haben geschrieben, daß das doch ein ziemlicher Unfug wäre, daß jetzt auch hier eine Dame aufträte. Interessanterweise sind die Absender dieser Briefe alles Geschlechtsgenossinnen. Ich weiß nicht, was man dazu sagen soll. Ich meine, daß Frauen gut genug sind, die Arbeit zu verrichten, die Männer auch tun – und das zum Teil sogar für weniger Geld. Und wenn man's sich richtig überlegt, überlassen wir ihnen doch in Schule und Elternhaus die Erziehung unserer Kinder. Und, um ein anderes Beispiel zu nennen, in Krankenhäusern und Altersheimen verrichten sie schwerste Arbeit. Und da soll die Moderation einer Sportsendung etwas so Empörendes oder gar Sensationelles sein? Also ich weiß nicht. Dabei ist doch auch von der Sache her eine Frau überhaupt kein Fremdkörper in einer solchen Sendung, denn die Frauen spielen im Leistungssport eine immer größere Rolle. Also Schwamm drüber – ich glaube, wir gehen jetzt gleich mal zu unserem Programm über …«*

Zwei Jahre nach Frau Bruhns erobert im ZDF eine weitere Frau eine Männerdomäne des Fernsehens: die Kölner Journalistin Carmen Thomas moderiert »Das aktuelle Sportstudio«.

Dieter Adler, Ernst Huberty und Adolf Furler von der ARD-»Sportschau«

Von links nach rechts die Moderatoren des »Aktuellen Sportstudios«: Harry Valérien, Wim Thoelke und Rainer Günzler

Wibke Bruhns, Journalistin aus Hamburg, tritt als erste Nachrichtensprecherin des Fernsehens in den Spätnachrichten des ZDF am 12. Mai 1971 auf; Wolf Dietrich (ZDF-Chefredakteur) gratuliert.

Von oben nach unten:
Rudi Carell
Hans Joachim Fuchsberger
Günter Schramm
Peter Frankenfeld
Wim Thoelke
Harald Juhnke
Dieter Thomas Heck
Hans Rosenthal

**Wolf Biermann während des Kölner Konzerts am 19.11.1976, kurz vor seiner »Ausbürgerung« aus der DDR**

## Ein Herz und eine Seele

Walter Jens

***Wolf Biermann, Kölner Konzert, 1976***

*»... weil viele es nicht wissen, wenigstens vorher sagen, daß die Mitglieder des Politbüros der SED nicht dort wohnen, wo die Berliner wohnen, in der Stadt, sondern in einem Ghetto, eingezäunt von Stacheldraht, Mauern, umgürtet von Kasernen, in Wandlitz. Ich glaube nicht, daß sie dort so ein Luxusleben führen, wie oft die Leute vermuten. Ich glaube, das ist auch nicht der wichtige Punkt. Ich glaube, diese Leute leben viel bescheidener, als sich manche große Kritiker der Bürokratie vorstellen. Das Schlimme ist, daß sie eben so isoliert sind. Daß die Arbeiterführer hinter Stacheldraht leben im Arbeiter- und Bauernstaat.«*

**Ich stelle mir vor,** eine Gruppe von Zwanzigjährigen, Fußballexperten aus Frankfurt/Main und Frankfurt/Oder, Bottrop und Cottbus, sähen bei Gelegenheit eines Lehrgangs zum Beispiel, zum ersten Mal die Fernsehaufzeichnung des legendären Spiels zwischen den Vertretungen des einen Germany, der Federal Republic, und des anderen, der Democratic Republic – schauten zu, die jungen Leute, und würden, ich bin dessen sicher, sprachlos werden, je länger das Spiel dauerte.

Wie, müßten sie sich spätestens bei Halbzeit fragen, diese überaus freundlichen Männer, die einander nicht weh taten, sondern sich aufhalfen, sobald jemand stürzte, seien Vertreter zweier feindlicher Mächte, deren Bewohner durch eine Mauer daran gehindert wurden, einander mit der gleichen Noblesse zu begegnen, wie es die Spieler an jenem Juni-Tag des Jahres 1974 in Hamburg taten, als, so der Reporter aus dem Ost-Land, Heinz-Florian Oertel, die Auswahlmannschaft der »BRD« gegen »unsere Nationalelf« antrat, begleitet von friedfertig gesinnten Bürgern im Zuschauerraum, den Nahen aus dem Westen und den offenbar kaum wenig weit Entfernten aus dem Osten, die sich an diesem Tag als »DDR-Touristen« gekennzeichnet sahen – gerade so, als sei es anno 74 die selbstverständlichste Sache der Welt gewesen, daß man sich auf touristische Weise annähern konnte. Und kein Hauch von Fanatismus und Animosität oberhalb der Reklameschilder Dresdner Bank, Apollinaris und Sechsämtertropfen. Kein Hooligan weit und breit, nur freundliche Fahnenschwinger, Schwarz-Rot-Gold und Hammer und Sichel, keine Reichskriegsflagge, keine »Nieder mit dem Bayernpack«-Rufe, sondern allenfalls ein paar verbale Ermunterungsklapse: »Vorwärts zu dem Eins zu Null.«

Und über allem Heinz-Florian Oertel, dessen Stimme sich selbst beim Tor aller Tore, dem einzigen Treffer des Spiels, erzielt von Sparwasser in der 78. Minute, nur unwesentlich hob. Kein Triumph-Geschrei, kein hämisches Frohlocken zum Schluß: Unsere Männer haben dem großen Favoriten gezeigt, was eine

Der Ball ist drin. Die deutsch-deutsche Fußballbegegnung in Hamburg und das legendäre Tor von Jürgen Sparwasser, 1974

Fotos: Wolfgang Maria Weber

**Am Ball:**
**Heinz-Florian Oertel,**
**Berlin-Alexanderplatz,**
**1997**

»Ein Herz und eine Seele«: Ostbesuch für »Ekel Alfred« (Heinz Schubert)

**Ekel Alfred: Wenn einer Anspruch auf die richtigen, anständigen Deutschen erheben kann, dann sind wir das – und nicht ihr.**

**Ost-Mann: Also was die Vergangenheit angeht, die gehört uns ja wohl gemeinsam.**

**Ekel Alfred: Am nächsten Sonnabend ist's mit der Vergangenheit jedenfalls Schluß – ein für allemal!**

**Frau Tetzlaff: Das ist aber schön. Und warum erst so spät? Ich meine, könnten wir nicht jetzt gleich Schluß machen – solange Michis Eltern noch da sind?**

**Ekel Alfred: Das wird auf dem Felde ausgetragen. Im ehrlichen Kampf, Mann gegen Mann.**

**Frau Tetzlaff: Du gegen Otto?**

**Ekel Alfred: Wir gegen die Ostzone in Hamburg. Und da wird sich zeigen, wer die richtigen Deutschen sind.**

**Schwiegersohn Tetzlaff: Beckenbauer oder Sparwasser.**

**Frau Tetzlaff: In Hamburg? Wie schön. Da stamme ich nun her. Da in der Nähe bin ich nämlich geboren. In Elmshorn. Und da leben nur Deutsche.**

**Ost-Frau: In Elmshorn in der Nähe von Hamburg?**

**Frau Tetzlaff: Ja.**

**Ost-Frau: Aha. Ich dachte immer, das liegt mehr bei uns in Mecklenburg.**

**Ekel Alfred: Bitte! Und mit solchen Leuten soll man friedlich zusammenleben. Kann mir jemand verraten, wie?**

Harke ist. Nein, nichts davon. Oertel wandte sich an seine Landsleute, von denen anzunehmen war, daß sie ihre Antennen westwärts gerichtet hatten: »Hoeneß, das wissen Sie ja, hat schon manches Tor gemacht.«

Kein Zweifel, daß meine imaginäre Jugendgruppe nach kurzer Zeit unisono ausrufen würde: »So einer wie Oertel, der fehlt uns heute, mein Gott, wie der 1974 in Hamburg die taktischen Finessen analysierte (»Weise deckt Müller, Vogts folgt Hoffmann über das ganze Feld«), wie er die Leute am Bildschirm einbezog (»Was meinen Sie, liebe Zuschauer?«) und wie er den Sieg unserer Mannschaft (ein Adjektiv à la bundesrepublikanisch ließ sich bekanntlich nicht bilden, in Adlershof) mit einem vom DDR-Publikum, den liebenswerten Touristen, intonierten »Hoch soll'n sie leben« begleitete – und wer hätte da nicht einstimmen mögen zwischen Zwickau und der Wikingerstadt Rostock? Ein Geburtstagsständchen, ein dreifach Hoch ziviler Sangesbrüder und Turner: So friedlich ging es offenbar einmal zu, wenn die Bilder und Worte nicht trügen, für neunzig Minuten im geteilten Land.

Wem solcher Eindruck zu verdanken sei? Der Jugendgruppe, die so fragte, könnte zugestimmt werden: Held des Tages war der Reporter, der, als ein sanfter Magister, die Zuschauer bei der Hand nahm (»So, jetzt führe ich zu Beginn der zweiten Halbzeit die Spielerkontrolle durch und nenne Ihnen vorsichtshalber noch einmal die Namen. Danach will ich nichts mehr erzählen«). Kein Besserwisser (»Der Mann hat gut gespielt – ist jedenfalls meine Meinung«), sondern ein verständnisvoller Herr, der für die ach so kurze Dauer eines Spiels den Zuschauern vorexerzierte: »Man kann auch anders übereinander reden, am Rand des Fußballfelds zwar nur für eine kurze Zeit, doch immerhin.«

Die Zwanzigjährigen aber, unterwiesen von ihren Eltern, die Fußball noch aus der Perspektive von Dynamo Dresden und Erich Mielke hatten miterleben müssen, kämen sich wie in einer Märchenwelt vor, einer weit entfernten Zeit, in der man den Ball noch nach Belieben zum Torwart zurücklenken durfte und statt des dumpfen »Hei ho ho, der Gegner ist k.o.« im Stile grenzübergreifender bürgerlicher Festivität ein »Hoch soll'n sie leben« anstimmen konnte.

Deutschland einig Vaterland. Sparwasser schoß ein Tor, und wir wurden Meister. Wir alle, in unseren Träumen, die von Jahr zu Jahr unwirklicher werden.

## aspekte

**1968 übernimmt** Reinhart Hoffmeister die Leitung des Mainzer Kulturmagazins »aspekte«. Hoffmeister öffnet das »Fernseh-Feuilleton«, er politisiert den Kulturbegriff. Im Frühjahr 1974 erhält Hoffmeister in seinem Sender Hausverbot. Eine Sendung mit Beiträgen über Solschenizyn, die Machenschaften des Verlegers John Jahr und ein Kommentar des »linken« Schriftstellers Gerhard Zwerenz, der Folterungen von Demonstranten durch die Frankfurter Polizei anprangert, sind der Auslöser für diesen spektakulären Schritt. Als Hoffmeister auch noch beurlaubt wird und ZDF-Intendant Holzamer ihm die fristlose Kündigung androht, kommt es bundesweit zu einer großen Solidaritätsbekundung für den Moderator, der sich auch der PEN-Club anschließt.

**_Fluchten um Mitternacht_**

*Mein Fernsehen war eine nächtliche Angelegenheit. Ich war 17. Die Abendunterhaltung war Entscheidungssache der Eltern. Was ich spannend fand, war für meinen Vater der Angriff auf die heiligen Werte. So war es nichts mit »Wünsch Dir was«. Statt dessen die merkwürdige ästhetische Erscheinung des Fernsehballetts.*

*Nachts sah ich, heimlich, das »Kleine Fernsehspiel«. Draußen die schlafende Kleinstadt. Die Dunkelheit verband mich mit den fernen Wellen. Ich erinnere, daß mir das »Kleine Fernsehspiel« immer etwas versprach vom eigentlich wilden Leben.*

*Und ich erinnere mich an »Five Easy Pieces«, meinen Film, mit Jack Nicholson, der seine Identität verbirgt und neu entdeckt, als er sich auf den Weg macht. Eine melancholische Reise durch Amerika: Nicholson, Sohn aus gutem Hause, schlägt die Pianistenlaufbahn aus und flieht in eine Proletenexistenz. Kollisionen zwischen Vater und Sohn. Dazu noch die mißglückte Liebe zu einer Arbeiter-Braut. Family live. Und dann die Flucht aus allem. Nach Mitternacht.*

*Julia Amann*

Reinhart Hoffmeister, 1974

Das wichtigste Westmagazin für die ostdeutsche Republik: »Kennzeichen D« vom ZDF, 1977 mit Hanns Werner Schwarze (Mitte) und seinen Mitarbeitern Martin Jauer (links) und Harald Jung

Tête-à-tête vorm Automaten: Marion (Hanna Schygulla), die Büro-Angestellte, hat sich in einen echten Arbeiter verliebt.

## Acht Stunden sind kein Tag

**Der Mensch lebt** nicht allein von seiner Arbeit, auch wenn er ein Arbeiter ist. Und so leuchtet denn auch auf dem Bildschirm über qualmenden Schloten glühend rot die Sonne, als am 29. Oktober 1973 die ARD mit der Ausstrahlung der Familienserie »Acht Stunden sind kein Tag« beginnt. Regie: Rainer Werner Fassbinder. Titel und Titelbild sind Programm. Fassbinder: »Der WDR ist 'ne ziemlich schwammige Institution. Der Intendant von Bismarck war zum Beispiel gegen die Serie. Und dann gibt es da andere Leute, die haben die gleichen Ziele wie ich. Also Sachen zu machen, die für die sogenannte herrschende Klasse gefährlich sind ...«

Nach nur fünf Folgen kommt das Aus für die televisionäre Arbeiter-Serie. Der Bilderbuch-Prolet Jochen (Gottfried John) und seine Freundin Marion (Hanna Schygulla), die trinkfeste Oma (Luise Ulrich) und ihr pensionierter Begleiter (Werner Finck) haben ausgedient. Die Mehrheit der bürgerlichen Fernsehkritiker hat – trotz beachtlicher Einschaltquoten – das klassenkämpferische Engagement als Sozialkitsch enttarnt.

Immerhin: 20 bis 25 Millionen Zuschauer hatten die Serie bis dahin verfolgt. Dennoch sahen die »Entscheidungsträger« im WDR von einer Fortsetzung ab. Programmdirektor Werner Höfer sichtete noch die Bücher für die geplanten weiteren Folgen und entschied dann: »Wir sind nach gewissenhafter Prüfung der Drehbücher und nach freimütiger Aussprache aller Beteiligten zu der Einsicht gekommen, daß es nur dann einen Sinn hätte, ›Acht Stunden sind kein Tag‹ weiterzumachen, wenn man die erkannten Unzulänglichkeiten ausmerzt. Da aber diese Gewißheit nicht besteht, haben wir uns entschlossen, es dann lieber ganz sein zu lassen.«

Auch Marion, die ihren Proleten Belmondo (Gottfried John) den »lieben, braven Jochen« nennt, ist sich nicht sicher, ob ihr Werkzeugmacher den Konflikt mit der Betriebsleitung durchstehen wird.

**Song der Gruppe »Ton, Steine, Scherben«**

*»Im Bett ist der Mensch nicht gern alleine,*
*Und in meinem Bett ist grad noch Platz für dich.*
*Doch mein Alter ist fast jeden Tag zu Hause,*
*Und ich glaub', er hat was gegen mich.*
*Für mich ist die Welt nicht mehr in Ordnung!*
*Nicht früh um sieben und auch nicht nach der ›Tagesschau‹!*
*Für mich heißt das Wort zum Sonntag ›Scheiße‹!*
*Und das Wort zum Montag: ›Mach' mal blau‹!*
*Wir müssen hier raus!*
*Das ist die Hölle!«*

Bemängelt wurde nach den ersten fünf Folgen vor allem, daß Arbeiterinstitutionen wie die Gewerkschaften oder die Betriebsräte in den Filmen kaum vorkamen. Fassbinder reagierte auf diese Kritik mit neuen Vorlagen, die angeblich bis an die Grenze der Spielbarkeit mit Gewerkschaftsdiskussionen bestückt waren. Ausgerechnet die konservative »Frankfurter Allgemeine Zeitung« schlug sich auf die Seite derer, die für einen fairen Umgang mit dem Fassbinder-Experiment plädierten:
»Wir sollten Fassbinders Film nicht nur als einen sarkastischen Kommentar zu bisherigen Serien verstehen«, hieß es da. »Der Versuch, Unterhaltung mit ein bißchen Aufklärung zu verbinden, der Versuch, Unterhaltung ein bißchen gegen den Strich zu kämmen – wie viele Beispiele dafür kennen wir denn? Im Grunde doch fast gar keine. Warum also gleich enttäuscht sein, wenn der erste handfeste Versuch nicht ganz unseren Vorstellungen entspricht? Warum nicht erst einmal abwarten, wie diese Serie weitergeht? Denn es geht doch vor allem darum, daß solche Versuche auch in Zukunft gemacht werden.«
Am offensten sprach damals wohl Hanna Schygulla aus, wo das Grundproblem lag: »Wenn so viele mitwirken, die von der Welt, die sie repräsentieren sollen, zu weit weg sind, wird diese Welt als nachempfunden auftauchen. Wenn so viele mitwirken, die zu Problemen, mit denen sie sich befassen, zuviel Abstand haben, werden diese theoretisch. Heraus kommt der Arbeiter als halbe Kunstfigur in einer nicht ganz realen Welt mit exemplarischen Verhaltensweisen.«

»Acht Stunden sind kein Tag«: Proletarischer Familientreff

**Grzimek, »Ein Platz für Tiere«, 1973**
**»Guten Abend, meine lieben Freunde. Ich hab' Ihnen heute die Gepardin Cheetah wieder mal mitgebracht. Sie gehört ja zu den schnellsten Säugetieren auf Erden. Erst vor kurzem hat man in den Vereinigten Staaten auf einer Rennbahn ausprobiert, daß ein Gepard es auf eine Geschwindigkeit von hundertvierzehn Stundenkilometern brachte, allerdings immer nur für kurze Strecken. Ich hab' Ihnen über solche Wildtiere ja für gewöhnlich immer auf – (zur Gepardin) so nu' mach mal Platz – immer auf unseren Sendungen berichtet. Wildtiere in Afrika oder in Europa oder in anderen Kontinenten. Selten von Haustieren ...«**

## Kein Platz für Tiere

***Horst Stern, »Bemerkungen über den Rothirsch«, 24.12.1971***
*»Dreißig Prozent der Bodenfläche der Bundesrepublik sind bewaldet. Wald, der mit den Wurzeln den Humusboden festhält und mit den Kronen den zerstörerischen Anprall des Regens mildert, garantiert die Gesundheit der Landschaft. Sie ist längst dahin. Der deutsche Wald ist krank auf den Tod. Die Postkartenschönheit dieser Bilder täuscht. Ein Renditedenken, das selbst das Schicksal der Nation am Börsenzettel abliest, hat aus dem Wald eine baumartenarme, naturwidrige Holzfabrik gemacht. So pervertiert ist dieser Wald, daß der Rothirsch aus Mangel an natürlichem Nahrungsangebot einerseits und ungezügelter Vermehrung andererseits zum Waldzerstörer geworden ist. Sie hören richtig, meine Damen und Herren, es ist nicht dringlich, zur Zeit den Hirsch zu schonen, es ist dringlich zur Zeit, ihn zu schießen. Der menschliche Wolf versagt. Er ernährt sich von Kalbfleisch und jagt den Hirsch als Knochenschmucklieferant für die Wand überm Sofa. Das Hirschgeweih als Aufhänger für Gamsbarthüte und schöne Erinnerungen. Ich stehe nicht im Ruf, ein Feind der Jagd zu sein, doch haben viele ausgedehnte Waldgänge im vergangenen Jahr mich skeptischer gemacht gegenüber einigen Erscheinungsformen der Rotwildjagd, an der nur eine kleine, wenn freilich auch einflußreiche Minderheit beteiligt ist. Ich meine vor allem die Überbewertung der Trophäe, des Hirschgeweihs, mit dem ein unvorstellbarer Kult getrieben wird, obwohl zu seiner Erbeutung heute nicht mehr gehört als Geld,*

**Horst Stern und Bernhard Grzimek,** zwei Männer, wie sie unterschiedlicher kaum sein konnten, verband das gleiche Anliegen: die Menschen daran zu erinnern, daß sie nur ein Teil der Schöpfung sind, aber Verantwortung für den ganzen Globus tragen.

Grzimek, Direktor des Frankfurter Zoos, startete seine Reihe »Ein Platz für Tiere« bereits in den 50er Jahren. Spektakulärer Auftakt vieler Sendungen war der Live-Auftritt eines seiner Zoo-Tiere. Mit leicht näselndem Tonfall und stets gleichbleibender Freundlichkeit warb Grzimek für rücksichtsvolles Zusammenleben mit »unseren Brüdern im Tierreich«. Die Sendung hielt sich bis in die 70er Jahre hinein. Als Grzimek 1987 starb, ließ er sich in Tansania begraben, an der Seite seines Sohnes Michael, der 1959 bei den Dreharbeiten zu dem (mit einem Oscar ausgezeichneten) Dokumentarfilm »Serengeti darf nicht sterben« tödlich verunglückt war.

Im Gegensatz zu Grzimek kannte Horst Stern kein Pardon, wenn es darum ging, Mißstände anzuprangern. Der Journalist legte sich in »Sterns Stunde« mit jedem an, der ihm bei seinem unerschrockenen Engagement für die Tierwelt in die Quere kam. Spektakulärster Fall: Seine »Bemerkungen über den Rothirsch«. Nach dieser Sendung, ausgestrahlt von der ARD am 24. Dezember 1971, war's mit dem Weihnachtsfrieden unter Deutschlands Waidmännern aus und vorbei. Die Jäger und ihr Verband protestierten aufs heftigste, und selbst der Bundestagsausschuß für Ernährung, Landwirtschaft und Forstwesen befaßte sich mit der Sendung. Stern zeichnete sich jedoch nicht nur durch gekonnte Polemik und auf Schmerzpunkte zielende Pointen aus. Seine TV-Beiträge – zum Beispiel der über das Leben der Spinnen – waren mitunter Tele-Visionen: Sie zeigten dem staunenden Publikum faszinierende Ansichten über das Leben der Tiere, Bilder aus einer anderen Welt, Bilder, die es zuvor noch nie gesehen hatte.

gute Beziehungen, Sitzfleisch und ein ruhiger Zeigefinger ... Diese prestigehaltige Knochensammelei markiert eine Spätphase der konservativen Jagd. Immer mehr Jäger, junge vor allem, wenden sich aus Einsicht in Umweltprobleme von ihr ab. Es waren Jäger, die mir dieses Foto schickten. Sie machten es zur Zeit der letzten internationalen Jagdausstellung in Budapest. Es zeigt die Souvenirs eines deutschen Waidmannes von einer Jagdreise. Acht kapitale Hirschgeweihe, das Stück zu durchschnittlich dreißigtausend Mark. Budapest im Herbst 1971 beherbergte das größte Beinhaus der Welt ...«

## Trau keinem über 30

Beat Club/Ich bin ein Elefant, Madame

1965 brachte der Ex-Trompeter Mike Leckebusch den »Beat Club« auf den Bildschirm. Die aggressive Umsetzung des Beat im Fernsehen machte die Sendung von Radio Bremen schnell über Deutschland hinaus bekannt. 1973 wurde sie durch den weniger aufregenden »Musikladen« ersetzt.

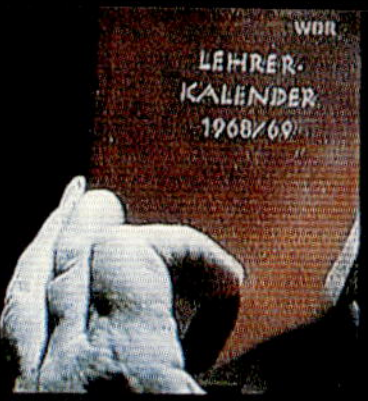

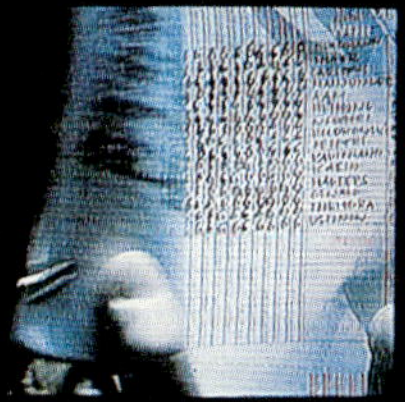

***Peter Zadek, »Ich bin ein Elefant, Madame«, 1970***

*Lehrerin: »Satemin.«*
*Schüler: »Verweigere Auskunft.«*
*Lehrer: »Was?«*
*Schüler: »Ich bin nicht damit einverstanden, daß wir unsere Berufswahl angeben.«*
*Lehrer: »Was ist?«*
*Schüler: »Man muß uns erst mal erklären, zu welchem Zweck das dienen soll.«*

Abschiedsszene aus »Holocaust«: Josef Weiss (Fritz Weaver) wird deportiert. Die Fernsehserie aus den USA erzählt die Geschichte der jüdischen Familie Weiss, die das NS-Regime nicht überlebt.

## Holocaust

**»Wir weinen hier die ganze Zeit«,** sagte ein Zuschauer den WDR-Leuten, die während und nach der Ausstrahlung der US-Serie »Holocaust« die Anrufe entgegennahmen und an die eigens eingerichteten Diskussionsrunden im Studio weiterreichten. So ging es den meisten Zuschauern im Januar 1979, als die Dritten Programme der ARD an vier Tagen die US-Serie »Holocaust« zeigten. Als hätte der Großteil des Publikums eben erst – 1979 – erfahren, wie es wirklich war, damals, als »die Juden abgeholt wurden«.

Niemals zuvor und niemals danach hat es soviel Aufregung, soviel Emotion gegeben über ein Fernsehprogramm, das, im Stil einer Soap Opera, den Holocaust zum Thema hatte. Jeder zweite Erwachsene, ermittelte die Zuschauerforschung 1979, hatte mindestens einen Teil des Fernsehfilms gesehen. Ein Drittel der TV-Bevölkerung sah die Serie an allen vier Tagen.

Die TV-Serie »Holocaust« war nicht allein und zuerst für den deutschen Markt produziert worden. Sie wurde in Japan gezeigt, in Hongkong, in Argentinien und, selbstverständlich, in den USA (April 1978, 120 Millionen Zuschauer). Dennoch proklamierte Günter Rohrbach, damals zuständiger Programmdirektor beim WDR, für die Bundesrepublik eine neue Fernsehepoche nach »Holocaust«. Fernsehen dürfe, sagte er im Februar 1979, wenige Tage nach der Sendung, nicht mehr so sein, wie es bisher war.

Was hat sich seitdem im Fernsehen geändert? Hätte sich wegen einer Fernsehserie über den Holocaust überhaupt etwas ändern sollen? Und: Wenn man sich bis heute an eine Fernsehserie erinnert, die an den Holocaust erinnert, was heißt das?

In der Hamburger Wochenzeitung »Die Zeit« trafen 1979 zwei Positionen aufeinander, die exemplarisch sind für die Kontroverse, die die US-Serie »Holocaust« damals auslöste.

Marion Gräfin Dönhoff schrieb: »Bei manchen Kritikern ist die Überschätzung und Überbewertung des Ästhetischen auf Kosten des Moralischen zuweilen wirklich erschreckend ... Solch rein ästhetischer Purismus, der keine andere Wertung neben sich duldet, ist außerordentlich gefährlich, weil er nach und nach und fast unbemerkt das Wertesystem verschiebt ... An ›Holocaust‹ zeigt sich auch, daß wissenschaftliche Forschung und intellektuelle Aufbereitung nur oberflächliche Kenntnisnahme von Tatbeständen ermöglicht haben.«

Und Fritz J. Raddatz entgegnete ihr: »CIA-Luftaufnahmen von Auschwitz gibt es, weil daneben IG-Farben-Fabriken lagen. Holocaust macht das nicht klar. Damit nicht die Verantwortlichkeit jener Millionen einzelner, vom ›kleinen PG‹ bis zu Ilse Koch. Hören wir doch endlich auf mit der augenwischenden Lügerei: Faschismus hieß nicht ›Lampenschirme aus Menschenhaut‹; das war der ›Überbau‹ – getragen wurde der von einem Heer von Mitmachern, Duckmäusern, Ja-Sagern. Auschwitz – allein Auschwitz! – war ein Riesenunternehmen, größer als Touropa und Neckermann zusammen und mit mehr ›Mitarbeitern‹. Alle nichts gewußt?«

HOLOCAUST - The high Nazi command, including Heydrich (David Warner, far left), Erik Dorf (Michael Moriarty, standing) and Eichmann (Tom Bell, third from right), meet to solve the Jewish question.
Worldvision Enterprises Inc.

**Am Beispiel des jungen Juristen Erik Dorf (Michael Moriarty), der in der SS Karriere macht und persönlicher Referent von Heydrich wird, beschreibt »Holocaust« auch die Geschichte der Mörder.**

»Hör Zu«-Seiten für den
9. November 1979

FR 9. Nov. tagsüber 1. PROGRAMM 2. PROGRAMM tagsüber 9. Nov. FR

16.20 **Ein deutsches Hobby**

**Schäferhunde und ihre Herren**

Begeisterte Hundesportler sind sie alle, die Mitglieder des Schäferhundevereins Essen-Steele: Handwerker, Geschäftsleute, Taxifahrer, Polizisten, Hausfrauen. Ihr Hobby: Züchten und Abrichten von deutschen Schäferhunden. Die Kamera beobachtete Mensch und Tier bei der Arbeit. Gefährliches und Spielerisches liegen dicht beieinander. Manchmal rettet nur der Maulkorb des Hundes die Hilfsperson vor dem Krankenhaus

**Ich krieg' ein Kind – wie weiter?** 17.05

Die 15jährige Silvia erwartet von Mario, Chef einer Mopedbande, ein Kind. Er reagiert mit Gleichgültigkeit. So glaubt Silvia, mit ihren vielen Problemen nicht mehr fertigzuwerden. Da begegnet ihr Willi, der ihr behutsam hilft. – Die Geschichte ist nicht erfunden; Silvia und Willi stellen ihr eigenes Schicksal dar

**SFB REGIONAL**

18.05 **Die Arbeitswelt (2)**

Nicke (Staffan Götestam, l.) interessiert sich mehr und mehr für die Betriebsschwester Gunilla (Gunilla O. Larson, mit Arne Källerud). Doch da er schüchtern ist, hilft Gunilla ein bißchen nach. Ein nicht vorhersehbares Ereignis – ein Kollege erleidet einen schweren Unfall – führt die beiden schließlich zueinander

Viele Gottesdienstbesucher wissen mit den modern gestalteten Fenstern in den neu erbauten Kirchen nichts anzufangen. Die oft verfremdeten Darstellungen sagen ihnen nichts (Foto: Die Gedächtniskirche). ›Parabel‹ sieht sich in Berliner Kirchen um, die Besucher werden nach ihren Eindrücken befragt – und auch Architekten kommen zu Wort

18.30 **Parabel**

**Siehste** – LIESTE ›SIEHSTE‹, SIEHSTE KLAR!!!
Junge Leute lesen SIEHSTE – das einzige Fernsehmagazin nur für junge Leute!

Empfang nur über bestimmte Sender (siehe Sonntag)

**Vormittagssendungen von ARD und ZDF**

**10.00 Tagesschau und Tagesthemen – 10.25 Walter Hasenclever** (1890–1940). Tod und Leben eines deutschen Dichters. Walter Hasenclever, der Ältere (Peter Lieck). Walter Hasenclever, der Jüngere (Helmut Stauss). Edith (Angelika Bender). Otti (Gabriele Fischer) u. a. Regie: Rolf Bursch – **12.05 Aus Forschung und Technik.** Weltverkehr in der Krise? Bestandsaufnahme und Ausblick. Leitung: Peter G. Westphal – **12.50 Presseschau – 13.00–13.10 Tagesschau**

**1. Programm**

**15.00 Programmhinweise**

**16.15 Tagesschau**

**16.20 Ein deutsches Hobby**
HR Schäferhunde und ihre Herren
Bericht von Lucas Maria Böhmer
(**Erstsendung:** 4. 2. 1979)
Der Film wurde beim Schäferhunde-Verein in Essen-Steele gedreht. Vorsitzender ist ein Gymnasiallehrer. Die Meinung seiner Klasse: »Der Schäferhund ist der ›deutscheste‹ Hund.«

**17.05 Ich krieg' ein Kind – wie weiter?**
SFB Probleme einer 15jährigen (**Wh.** v. 77)
*Lesen Sie dazu bitte Seite 22*

**17.50 Tagesschau**

**18.00 Presseschau**

**18.05 Die Arbeitswelt**

**18.30 Parabel**

**18.50 Kleine Menschen – große Menschen**
SFB Heute: ›Das Problem‹

**19.10 Sandmännchen**
SFB Cowboy Jim und der kleine Indianerjunge

**19.20 Berliner Abendschau mit Wetterbericht**
SFB

**2. Programm**

**10.30 Rappelkiste**
(**Wiederholung** vom Sonntag)

**11.00 Grundstudium Mathematik**
(**Wiederholung** vom Montag)

**11.40 Grundstudium Mathematik**
Koordinatenrechnung und allgemeiner Vektorraumbegriff – Lineare Algebra 2 (**Wh.** vom Dienstag)

**16.15 Einmaleins der Demokratie**
8. Folge: ›Entscheidet zuletzt der Richter?‹ (Wiederholung v. 3. 4. 1977)

**16.45 heute**

**16.55 Schüler-Express**
Ein Journal für Mädchen und Jungen

**17.40 Die Drehscheibe**
Zu Gast: Tony Marshall
Moderation: Sissy de Mas und Peter Nemec

**18.20 Meisterszenen**
Unvergeßliche Kostbarkeiten. Serie mit Stan Laurel und Oliver Hardy

**18.40 Männer ohne Nerven**
Heute: ›Gangster im Strampelhöschen‹. Mit Jack Duffy

**19.00 heute**
**Um 19.30 auslandsjournal.** Mit Rudolf Radke

**DRITTESPROGRAMM**

**Berlin**

**9.00 Schulferns.**
Für Grundschulen
Von Piepen, Pinke und Penunze
Wirtschaft näher betrachtet
10.00
Für Oberschulen
Analyse von Spielfilmen
›Sternsteinhof‹
›Heimatfilm‹ und ›Schnulze‹ gelten als Synonyme. Mit diesem Vorurteil hat der ›Jungfilmer‹ Hans W. Geissendörfer gründlich aufgeräumt, als er den Bauernroman ›Der Sternsteinhof‹ von Ludwig Anzengruber verfilmte, die Geschichte der armen Holzfällertochter Leni, die sich entschlossen ihren Platz an der Seite des Sternsteinhof-Erben erkämpft und kein Mittel scheut, alleinige Besitzerin des Hofes zu werden.
Nach der Erstsendung im Februar 1979 bescheinigte HÖRZU dem Regisseur und seinen Darstellern – darunter Gustl Bayrhammer, Peter Kern Agnes Fink und Hauptakteurin Katja Rupé – eine bemerkenswerte Leistung.

Jungbauer Toni (Peter Kern) hat auf die arme Leni (Katja Rupé) ein Auge geworfen und besiegelt damit sein Schicksal

**18.00 Sesamstraße**

**18.30 Adventsgestecke selbst gemacht**
Von und mit Gabriele Vocke

**19.00 Sehen statt Hören**
Wochenmagazin für Hörgeschädigte

**19.30** Glauben heute
**Gebannt und geachtet**
Katholiken in Südafrika
Die katholische Kirche gehört von ihren Grundprinzipen her – Gleichheit aller Menschen und Rassen – zu den Gegnern der südafrikanischen Apartheidpolitik. Sie will von heute auf morgen erreichen, was sich in der Republik Südafrika nur zögernd entwickelt: Gleichberechtigung und Selbstverwaltung der Schwarzen und Farbigen. So ist die Konfrontation unausweichlich. Trotz aller Widersprüche muß festgehalten werden, daß die Weißen in Südafrika überzeugt sind, einen Weg zu beschreiten, der alle die Fehler zu vermeiden sucht, die in anderen Kolonialländern gemacht worden sind.

16.55 **Schüler-Express**

**Ein 14jähriger Junge in der Krise**

Der 14jährige Uli kommt mit seinen Eltern und der Schule nicht mehr zurecht. Er schwänzt, beginnt zu trinken und sich herumzutreiben. Nach einem Streit mit seinem Vater bricht Uli nachts in der Schule ein und verbarrikadiert den Eingang (Foto). – Der Film will eine Diskussion auslösen, wer mehr für das Scheitern Ulis verantwortlich ist: Die Mitmenschen, die nicht bereit sind zu helfen, oder allein die Schule?

18.20 **Meisterszenen**

Auf einer ihrer üblichen Patrouillen als Polizisten gehen Stan und Ollie (Foto) einem verdächtigen Geräusch nach. Sie dringen in ein Haus ein, im Glauben, Einbrechern auf der Spur zu sein. Plötzlich stehen sie ihrem Vorgesetzten gegenüber: dem Polizeipräsidenten! – Zuvor erleben beide als Matrosen Abenteuer in einem Stundenhotel

**›DDR‹-Fernsehen**

**1. Programm**
7.55 Russisch
8.25 Der abenteuerliche Simplicissimus
9.20 Programmvorschau
9.25 Aktuelle Kamera
10.00 Objektiv
10.30 Spielspaß
11.15 Treffpunkt Kino
12.00 Tips aus der Fernsehküche
12.25–12.35 Nachrichten
16.25 Programmvorschau
16.30 Entdeckungen
17.00 Nachrichten
17.05 Medizin nach Noten
17.15 Wie wär's . . .
17.45 Die Wellen des Schwarzen Meeres
10. Teil: Die letzte Begegnung
18.35 Mini-Kino
18.45 Programmvorschau
18.50 Sandmännchen
19.00 Auf den Pfaden des Weidmanns
19.30 Aktuelle Kamera
20.00 Im Zeichen des Merkur
Rückkehr der Prinzessin
21.10 Verkehrskompaß
21.15 Herz, Schmerz und sonst noch was
Musik nonstop
21.45 Aktuelle Kamera
22.00 Eine moralische Nacht
Spielfilm (1977)
23.35 Nachrichten

**2. Programm**
8.00 Was sind Mutationen?
9.30 Katalyse
10.03 Die sozialistischen Produktionsverhältnisse
10.30 Wüsten und Halbwüsten
12.15 Im Feuer der Revolution geboren
16.10 Wer macht Geschichte?
16.40 Moskau
17.10 Lebensquelle Licht
17.40 Was – wann – wo?
17.45 Nachrichten
17.50 Sandmännchen
18.00 Georg Katzer – ›DDR‹-Komponist
18.25 Von Generation zu Generation
18.55 Nachrichten
19.00 Karel Gott in der Prager Lucerna
20.00 Literatur-Café
21.00 Aktuelle Kamera
21.30 Nächte und Tage
Fernsehserie. Heute: Zeit der Liebe und des Todes

**AFN**
8.55 Newsday
9.00 Cartoons
Zeichentrickfilme für jung und alt
9.45 Sesamstraße
10.45 Fantasy Island
Fernsehserie
12.00 Newsday
Nachrichten aus aller Welt
12.10 Mash. Serie
12.40 Three's Company
Fernsehserie
13.00 The Waltons. Serie
14.05 General Hospital
14.40 Muppets. Serie
15.15 Last of the Wild
16.05 Sesamstraße
17.05 Manhunter. Serie
18.00 Newsday
19.00 Welcome back, Kotter
Fernsehserie
19.25 Eight is Serie
20.20 Starsky and Hutch
Krimiserie
21.10 Dallas. Serie
22.00 Newsday
22.30 Just Friends. Serie
23.00 AFN Theatre:
Beasts are in the Street
0.40 Real People

**FRISCHES VOM BÄCKER: FÜR DIE PAUSE, FÜR ZUHAUSE.**
Ihr Bäckermeister hat für jede Mahlzeit das Richtige. Feines und Herzhaftes. Süßes und Salziges. Großes und Kleines. In unübertroffener Vielfalt. Damit Ihr Magenfahrplan keine Einbahnstraße wird.
BÄCKER-HANDWERK unentbehrlich für alle

# FR 9. Nov. abends — 1. PROGRAMM

## 20.15 Schiffbruch der Seelen

**Abenteuerfilm mit Gary Cooper**

Unten: ›Nuggin‹ Taylor (Gary Cooper, Mitte) und sein Freund Powdah (George Raft, l.) sind als Seeleute auf dieses Sklavenschiff gekommen

Rechts: Margaret (Frances Dee) ahnt nicht, daß Tarryton (Henry Wilcoxon) vom Sklavenhandel profitiert

Im Jahre 1842 macht ein Sensationsprozeß Schlagzeilen: Es geht um den Untergang der ›William Brown‹ im Atlantik. Dem Angeklagten ›Nuggin‹ Taylor, einem angeblichen Sklavenhändler, wird vorgeworfen, auf der Überfahrt von England nach Amerika 19 Menschen geopfert zu haben, um die eigene Haut zu retten. Die Geschworenen haben schon ihren Schuldspruch gefällt – da meldet sich ein neuer Zeuge. Er berichtet, was in jenen Tagen bis zum Untergang des Schiffes wirklich geschah.

## 21.45 Ich weiß nicht, ob ich töten könnte

**Erfahrungen weiblicher Soldaten in den USA**

Die Armee der USA besteht aus Freiwilligen. Auch Frauen werden aufgenommen. Es ist sogar geplant, bis zu zehn Prozent weibliche Rekruten anzuwerben. Warum gehen Frauen zum Militär? Warum unterwerfen sie sich dem Drill der Ausbildung? Welche Erfahrungen machen sie? Am Beispiel der ›Marines‹-Elitetruppe wird gezeigt, wie junge Mädchen für Gefechte ausgebildet werden, obwohl sie im Ernstfall nicht an den Kämpfen teilnehmen sollen. Foto: Gerhard Konzelmann mit ›Rekrutinnen‹

## 23.00 Ein Tag

**Bericht aus einem deutschen Konzentrationslager – Fernsehspiel**

Rechts: Der Blockführer treibt die Häftlinge an. ›Beschäftigungs-Therapie‹ nennt er die sinnlose Schufterei

Ein deutsches Konzentrationslager im Jahre 1939. Gunther R. Lys, selbst jahrelang politischer Häftling, schildert den Ablauf eines Tages: Morgenappell, Ausrücken der Arbeitskommandos. Neue Häftlinge werden eingeliefert. Im Lager zurückgebliebene Häftlinge werden ›beschäftigt‹. Sie müssen eine Grube ausheben. – Das Dokumentarspiel will an die Opfer erinnern und die Lebenden warnen.



### 1. PROGRAMM

**20.00 Tagesschau**

**20.15 Schiffbruch der Seelen** (DF)
Amerikanischer Spielfilm von 1937
›Nuggin‹ Taylor . . . . . Gary Cooper
Powdah . . . . . . . . . . George Raft
Margaret Tarryton . . . Frances Dee
Lieutenant Tarryton . . H. Wilcoxon
Woodley . . . . . . . . George Zucco
Regie: Henry Hathaway (**Wh.** v. 1977)

**21.45 Ich weiß nicht, ob ich töten könnte** (SDR)
Erfahrungen weiblicher Soldaten in den USA
Bericht von Gerhard Konzelmann
***Warum werden Frauen Soldat? S. 12***

**22.30 Tagesthemen**
mit Bericht aus Bonn

**23.00 Ein Tag** (NDR)
Bericht aus einem deutschen Konzentrationslager
Fernsehspiel von Gunther R. Lys
Darsteller: Achim Dünnwald, Harald Eggers, Eberhard Fechner, Wilhelm Fricke, Norbert Friese, Josef Fröhlich, Heinz Giese, Gerhard Hartig, Gerd Haucke, Werner J. Heyking, Ernst Jacobi, Hans Kahlert, Gottfried Kramer, Peter Lakenmacher, Günther Langer, Peter Lehmbrock, Herbert Leonhardt, Konrad Meyerhoff, Jürgen A. Meier, Günther Meisner, Egon Mohr, Hanns Reyer-Köster, Ernst Ronnecker u. a.
Regie: Egon Monk (**Wh.** v. 6. 5. 65)

**0.35 Tagesschau**

### 2. PROGRAMM

**19.00 heute**

**19.30 auslandsjournal**
ZDF-Korrespondenten berichten aus aller Welt. Moderation: Rudolf Radke

**20.15 Aktenzeichen: XY . . . ungelöst**
Die Kriminalpolizei bittet um Mithilfe

**21.15 Die Muppets in Hollywood**
Mitwirkende: die Muppet-Monsters, Rita Moreno, Dick van Dyke, Raquel Welch, Mel Brooks, Candice Bergen, Anne Bancroft, Johnny Mathis u. a.

**22.00 heute-journal**

**22.20 Aspekte**
Kulturmagazin

**22.50 Sport am Freitag**

**23.20 Aktenzeichen: XY . . .**

**23.30 Die Millionen eines Gehetzten**
Franz.-ital. Spielfilm von 1962
Michel Maudet (Jean-Paul Belmondo). Dieudonné Ferchaux (Charles Vanel). Lou (Michèle Mercier). Lina (Malvina Silberberg). Jeff (Todd Martin). Angie (Stefania Sandrelli). Suska (Eddie Somers)
Regie: Jean-Pierre Melville (**Wh.** v. 73)
**Drei weitere Melville-Filme folgen am 30. Nov., 21. Dez. und am 18. Jan.**

**1.10 heute**

### DRITTES PROGRAMM

#### Berlin

**20.00 Tagesschau**

**20.15 Is was!?**
Eine Sendung für junge Leute von jungen Leuten
Geplantes Thema: Was erwarten ›DDR‹-Flüchtlinge von und in der Bundesrepublik Deutschland? Dazu auch Gespräche mit den Familien Wetzel und Strelczyk, denen Mitte September die sensationelle Flucht mit dem Heißluft-Ballon gelang.

**21.00**
III international
**Bauern zu viel und Korn zu wenig**
Ein Bericht über die Lage der polnischen Landwirtschaft
Von Peter Gatter

**21.45**
**Zähme mich – liebe mich**
Französischer Fernsehfilm von Jean-Claude Carrière

Nach der Flucht: Doris, Andrea, (Vater) Peter und Frank Strelczyk, Petra und Andreas Wetzel

Julie (Marlène Jobert) läßt sich von Jean-Luc (Jean-Claude Brialy) nicht viel vormachen

Nach dem Roman ›Chains of Pity‹ von Peter de Bolmay
Mit Marlène Jobert, Jean-Claude Brialy, Alexandra Stewart, Alain David u. a.
Regie: Philippe de Broca

Eine freche und amüsante Kriminalkomödie: Jean-Luc, stellvertretender Direktor einer Pariser Großbank, standesgemäß verlobt und überhaupt ein glänzender Karrieretyp, gerät in Marokko in einen jähen Wirbel, der sein Leben völlig umkrempelt. Eine Mordaffäre und ein unverhofftes Liebesabenteuer lassen Jean-Luc nicht nur einen Schritt vom Wege gehen. Obwohl er glaubt, die entzückende Julie sei eine Mörderin, hilft er ihr bei der Flucht.
(Sendeschluß: 23.10)

# 2. PROGRAMM abends 9. Nov. FR

## 20.15 Aktenzeichen XY ungelöst

Eine junge Frau ist verzweifelt: Sie muß auf dem schnellsten Weg zum Zug und hält einen Autofahrer an. Am selben Abend sucht sie noch einmal eine Mitfahrgelegenheit. Manches spricht dafür, daß die zweite Fahrt als Anhalterin für sie ein verhängnisvolles Ende nimmt. – In einem weiteren Beitrag geht es um den Mord an einem 16jährigen Jungen, der zunächst – zusammen mit seiner 14jährigen Freundin – als vermißt gemeldet war. Der dritte Fall beschreibt die Taten eines ungewöhnlich dreisten Bankräubers

**Eduard Zimmermann mit ungeklärten Kriminalfällen**

## 21.15 Die Muppets in Hollywood

**Amüsantes mit ungewöhnlichen Stars**

Die arme Miss Piggy! Sie wird in Hollywood so sehr überfordert, daß sie sich mit Assistent Scooter am Swimming-pool erholen muß

Rechts: Die Schauspielerin, Tänzerin und Sängerin Rita Moreno ›assistiert‹ Miss Piggy bei ihrem Song

In einer Gala-Veranstaltung in Hollywood präsentieren Rita Moreno und Dick van Dyke die Muppets, die nach ihren Fernseherfolgen nun auch noch den Film erobern wollen. Besonders wichtig ist die Vorstellung für Miss Piggy: Heute hat sie nämlich ihren langersehnten großen Auftritt. Werden sich die Herren Statler und Waldorf mit ihrem bissig-humorvollen Kommentar zurückhalten?

## 23.30 Die Millionen eines Gehetzten

**Spielfilm mit Jean-Paul Belmondo und Michèle Mercier**

Der Boxer Michel Maudet ist gescheitert. Er schließt sich dem siebzigjährigen skrupellosen Millionär Ferchaux an, der sich wegen dunkler Geschäfte nach den USA absetzt. Als Ferchaux selbst in New York der Boden zu heiß wird, verstecken sich die beiden am Golf von Mexiko. Das anfänglich freundschaftliche Verhältnis der Männer ist hier bald gefährlichen Belastungen ausgesetzt.

Nach der dritten Niederlage gibt Boxer Michel Maudet (Jean-Paul Belmondo) auf. Er verläßt auch Lina (Malvina Silberberg)

# Kinder in der Kiste

## Ein kurzer Ausflug ins Kinderprogramm

**rechts: »Na, Fury, Wie wär's mit einem kleinen Ausritt?«**

**Keine Fernsehbilder** werden so inniglich bewahrt wie die aus der Kindheit. Rührung, wie sonst nur im Kino, kommt bei Erwachsenen auf, wenn sie ihre Fernsehlieblinge wiedersehen. All the sentimental stories. Fury: »Na, wie wär's mit einem kleinen Ausritt?« Lassie und Flipper. Die Puppen aus Augsburg. Pan Tau und Pippi Langstrumpf. Peter Lustig und Siebenstein. Die Simpsons und der Sandmann. Die Sesamstraße. Und natürlich »Die Sendung mit der Maus«.

Schon seit dem 10. März 1971 kämpft das Kölner »Maus«-Programm einmal wöchentlich mit seinen »Lach- und Sach-Geschichten« den Kampf der Aufklärung, gewinnt das vielgeschmähte Bildungsfernsehen gegen Mickey Mouse und die anderen Disney-Nachfahren nach Einschaltpunkten. Immer wieder sonntags kommt die Erinnerung daran und der Beweis, daß Fernsehen die Wirklichkeit nicht ausschließen muß, sondern daß es sie erschließen kann.

Das Fragezeichen ist der Schlüssel zum Erfolg: Wie kommen die roten Streifen in die Zahnpasta? Kann man Luft wiegen? Wie funktioniert ein Kernkraftwerk? Wie lebte ein Kind in Köln unmittelbar nach dem Zweiten Weltkrieg? Und wie ist das, wenn ein siebenjähriges Mädchen stirbt? Realität wird befragt, entzaubert. Geheimnisse bleiben. Und ein Ende ist nicht absehbar. Die Nachfrage regelt bekanntlich jedes Geschäft. Post von Sandra: »Liebe Maus! Könntest Du bitte mal eine Sendung über Würmer machen? Ich träume immer so schlecht davon.« »Liebe Maus, ich habe noch eine Frage. Wer hat die Welt gemacht?« (Bianca) Oder: »Wie spät ist es jetzt auf dem Mond?« (Peter)

Kinder stellen bei der »Sendung mit der Maus« höchstens die Hälfte des Publikums. Die anhaltende Faszination geht lange schon über die einmal angepeilte Zielgruppe (4 bis 7 Jahre) hinaus. »Drei bis 99«, das träfe es ziemlich genau, meint Armin Maiwald, Produzent und zusammen mit Christoph Biemann der Geschichtenerzähler der Sendung. Es ist wohl so: die Maus aus Köln spielt auch mit den verdrängten Sehnsüchten der Erwachsenen.

**Muppets-Show**

*Gert K. Müntefering, der »Vater der Maus«*

*»Kinderfernsehen gehört zur Biographie des Mediums – und zur kollektiven Erinnerung des Publikums.«*

*»Die angestrebte Kasernierung der Zuschauer über gestrippte Zuverlässigkeit von Serien ist ein grandioser Irrtum. Das ist Selbstauslöschung aus Angst vor dem Abschalten.«*

*»Programm muß einen Namen haben. Dieser kann nicht durch eine Sendezeit ersetzt werden. Massengeschäft als Selbstzweck beseitigt alle Chancen, magische Titel zur Erinnerung für die Erwachsenen von morgen zu schaffen.«*

*»Fernsehen ist auf seherische Mitarbeit angewiesen. Was man reinguckt, das kommt auch raus – manchmal mehr.«*

*»Jedenfalls ist das selbstreferentielle Fernsehen genauso lächerlich wie eine eigenverantwortliche Frikadelle.«*

**Käpt'n Blaubär**

Erfolgreiche Kindersendungen gleichen den Evergreens, sind wie Melodien zum Mitpfeifen. Zukunftsmusik für Archivare (und manchen cleveren Filmhändler) und als Wiederholungsprogramm bares Geld wert: Ohne die Legenden aus den vergangenen Fernsehjahren hätten ARD und ZDF 1997 ihren Kinderkanal kaum starten können. Vorrat für eine Elterngeneration (Jahrgang 1950 und folgende), die ihre Kinder mit den Fernsehbildern aus der eigenen Kindheit vertraut machen möchte, seien sie, von heute her gesehen, auch noch so bieder, spießig, schablonenhaft. Mag sein, sie behalten ihren Nimbus auch deshalb, weil es damals noch kein ausgeprägtes Merchandising gab, nicht die totale kommerzielle Ausbeutung der Bildschirm-Idole im Warenhausregal. Ob Computerspiele einmal die gleiche Wirkung haben werden wie die TV-Ikonen der frühen Fernsehjahre? Warum nicht?

1989 startete der WDR ein Programm mit Kurzfilmen, in denen Kinder aus aller Welt ihre Geschichten erzählten, von keinem Regisseur angewiesen und durch keinen Schnitt gekürzt. Vor allem aber: ein Reality-TV, das sich für kein Werbeumfeld cignete. Das Studio bestand aus einer großen, transportablen Holzkiste und einem roten Vorhang zum Auf- und Zuziehen. Eine zu Unrecht in Vergessenheit geratene Reihe, ein Programm, wie geschaffen fürs Internet. Seine Wiederaufführung ist überfällig. Also Vorhang auf für die »Kinder in der Kiste«!

(Senegal) Ich heiße Babazu, ich treibe Sport. Eins, zwei, drei, vier, fünf, sechs, sieben, acht, neun ...

(Mali) Ich heiße Vian Traore. Wir Kinder hier, wir jagen Fledermäuse. Das ist nicht ganz einfach. Wir jagen sie mit solchen selbstgebauten Schleudern. Wir legen einen Stein hier in die Mitte, spannen und dann zielen. Wenn wir die Fledermaus dann getroffen haben, schießen wir so lange, bis sie runterfällt, dann fangen wir sie ...

(Guatemala) Mein Papagei heißt Druny. Ich heiße Unidario. Ich kann gut die Augen verdrehen, und mein Papagei spricht, ich werd's euch gleich zeigen. Danach spricht mein Papagei. Druny, Druny, Druny. Ku ku ku kuhu. Mein Papagei will nicht sprechen. Adios.

(DDR) Hallo, mein Name ist Kerstin, ...

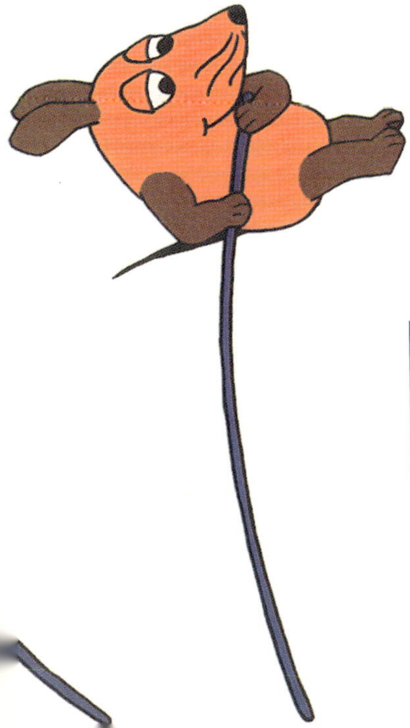

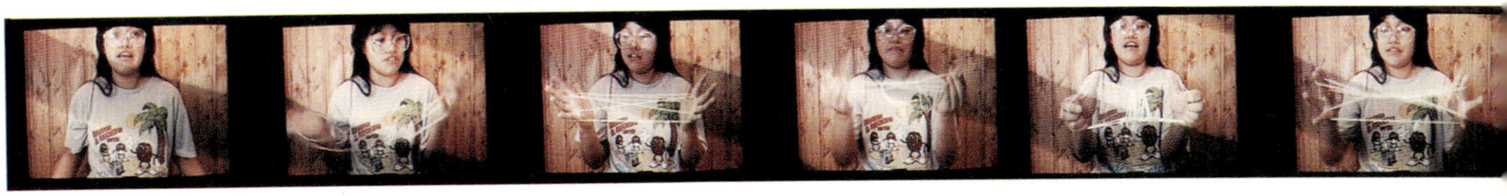

(USA/Navajo) Mein Name ist Doreen Bake. Ich möchte euch etwas von der Navajo-Seilkunst zeigen. Das hier nennen wir: ein Mann springt über den Zaun. Das hier heißt bei uns: viele Sterne. Und das hier ist eine Schlange. Und das hier nennen wir: zwei Pfeilspitzen.

... zehn.

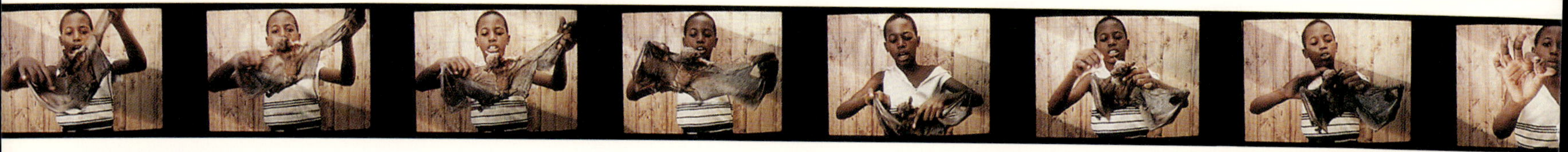

... und schneiden ihr den Hals durch mit einer Rasierklinge. Wir öffnen den Bauch mit einem Messer und nehmen dann die Eingeweide raus. Dann schauen wir nach, ob die Zähne gut sind, und öffnen dann den Kopf. So machen wir das auf der Jagd. Seht noch mal her, das sind die Steine, mit denen wir auf die Fledermäuse schießen. Nur diese Steine sind gut. Wir nehmen die Fledermäuse natürlich mit nach Hause, ist doch klar. Dann machen wir Löcher in die Flügel und stecken einen Stock durch, um sie nach Hause zu tragen, hab' ich jetzt keinen dabei. Das ist die einzige Art, wie wir Kinder hier die Fledermäuse jagen. Nur so, nur so geht's, anders nicht. Wir nehmen immer die Schleuder, das ist alles.

(DDR) Ich heiße Berit Wutzke. Und ich möchte heute über die Pionierkleidung sprechen und über Lenin-Schüler. Unser Emblem ist hier. Da steht: Seid bereit! drauf.

... und ich möchte euch die Fahne der DDR erklären. Das ist der Ährenkranz für die Bauern. Hier ist ein Hammer für die Schmiede. Und das hier ist die Sichel für die Wissenschaftler.

(Venezuela) Damit waschen wir uns die Haare, das ist gut gegen Läuse.

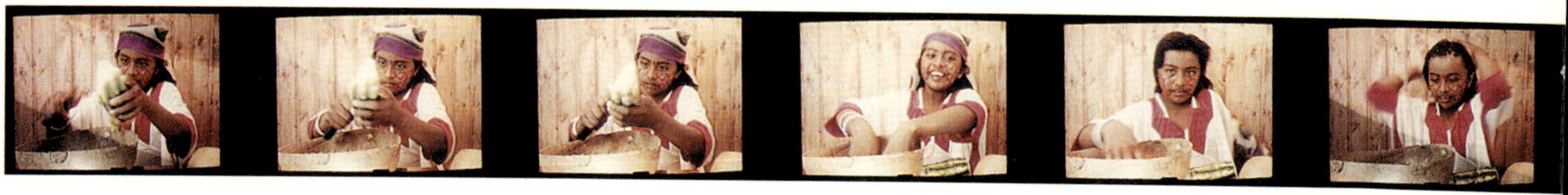

(Jordanien) Salem aleikum, wir sind die Kinder aus Jordanien.

(Ägypten) Mein Name ist Salmi Hab Sana von der Verkehrsschule. Und ich bin sechzehn Jahre alt. Ich habe im Verkehrsdienst angefangen zu arbeiten, um für Ordnung zu sorgen. Ich mach das jetzt zwei Jahre. Wir arbeiten in Port Said. Wir stehen vor der Schule und regeln den Verkehr vor der Schule und sorgen für Ordnung. Besonders aufpassen müssen wir natürlich morgens und mittags. Wenn wir dann los wollen mit Fahrrädern, Mopeds. Und einige auch mit Autos. Mach den Vorhang zu!

(Venezuela) Mein Name ist Alin Venedas, ich mache gerne Gymnastik, ich bin 10 Jahre und Venezolanerin. Mein Hobby ist Gymnastik, seit ich klein bin. Ich will so gut werden wie Nadia Comaneci, die Rumänin.

Das heißt soviel wie: Wenn wir früher mal begrüßt wurden, sagte der Lehrer: Seid bereit!, und wir mußten immer bereit sein. Und dazu gehört auch noch unser Pionierhalstuch, es gibt aber auch noch Röcke und Hosen, blau sind die, und Nickis. Da unsere Schule ja Lenin-Oberschule heißt, können wir auch Lenin-Schüler werden. Dann müssen wir folgende Bedingung erfüllen: Wir müssen kameradschaftlich sein, diszipliniert, fleißig sein, und besonders müssen wir in Russisch gut sein. In der 5. Klasse bin ich das auch schon einmal geworden.

(Jordanien) Willkommen. Mein Name ist Iman. Ich möchte euch etwas über die Kaffeemühle und den Kaffee erzählen. Diesen Kaffee trinken die Beduinen. Ich tu' den Kaffee in die Mühle und zerstampfe die Bohnen. Manchmal kommt Gewürz dazu. Das gibt ein schönes Aroma für den Kaffee. Unsere Mühle macht auch Musik und zwar so. – So Allah will, kommt her und trinkt den Kaffee mit uns.

# Rund um die Uhr

## Das Fernsehen der 80er Jahre

Stereo-Ton war in den 80er Jahren der letzte Schrei: Der Metz »Capri« (Bilddiagonale 68 cm) kam 1985 auf den Markt, ein repräsentatives Modell. Die Form hat sich gehalten, die Nußbaumverkleidung wich einem anthrazitfarbenen Gehäuse aus Kunststoff.

oben: »Dallas« schön sein, reich sein, gemein sein. Die beiden Bildschirm-Comics aus den USA, »Dallas« und »Denver-Clan«, liefen als Konkurrenzprogramm im deutschen Fernsehen. Die unumstrittenen Stars waren J. R. Ewing, der Badman von Ewing Oil/Dallas (ARD ab 1981), und die schwarzhaarige Intrigantin Alexis aus Denver (ZDF ab 1983). Am Ende konnte der »Denver-Clan« mit dem Bösen aus Texas doch nicht Schritt halten. J. R. überlebt, im gemeinsamen Vormittagsprogramm von ARD und ZDF, 1997.

**Das einschneidende medienpolitische Ereignis** der 80er Jahre ist der Start des Kommerzfernsehens. Es firmiert als Privatfernsehen und entwickelt sich bis zum Ende der Dekade zum großen Rivalen des öffentlich-rechtlichen Systems. Der Blick auf den Bildschirm wird nun zunehmend vom wirtschaftlichen Kalkül gelenkt – auch bei den öffentlich-rechtlichen Sendern. Der teure Kampf um die Übertragung von Sportereignissen, der An- und Abkauf von TV-Stars und der Griff ins Zeitbudget der Zuschauer markieren Wendepunkte im Verständnis vom Fernsehen: Bald wird es keinen fernsehfreien Augenblick mehr geben, die letzten Lücken im Tagesprogramm werden geschlossen, mit Fernbedienung und Videorecorder lotst sich der Zuschauer in ein neues Verhältnis zum Medium: Videotext, Kabelfernsehen, Satellitenfernsehen. EINS PLUS, 3sat, SAT.1, RTL plus, Pay TV. High Definition Television/HDTV. Der Sponsor und die Schleichwerbung, Product Placement. Das ZDF führt sein Senderlogo ein, um die Video-Raubkopie zu erschweren. Die ARD zieht nach. Das ZDF bekennt sich zur Nationalhymne als signifikantem Zeichen für das tatsächliche Ende des Programms. Die ARD folgt. Und beide öffentlich-rechtlichen Institutionen entschließen sich dazu, der Nürnberger Gesellschaft für Konsum-, Markt- und Absatzforschung e.V. (GFK) die »quantitative Zuschauerforschung« zu übertragen. Nicht mehr die »Ausgewogenheit« wird traktiert, von nun an zählt die Einschaltquote. Serien sind ganz groß im Kommen.

»Dallas« (ARD) und »Denver« (ZDF), und als Antwort auf den erfolgreichen US-Import deutsche Hausmannskost: »Schwarzwaldklinik« (ZDF) und »Lindenstraße« (ARD). Der Zuschauer zieht mit. Neben diesen Kultserien behauptet sich überraschend eine zweite Staffel, die ganz spielerisch die Gesellschaftskritik der 70er Jahre fortschreibt: »Liebling Kreuzberg« von Jurek Becker, der, ebenso wie Hauptdarsteller Manfred Krug, aus der DDR nach Westberlin übergesiedelt ist.

**Klaus Feldmann, Sprecher der »Aktuellen Kamera«, der Hauptnachrichtensendung des Fernsehens der DDR**

**Fernsehteams aus aller Welt warteten im November 1989 auf die Öffnung der Mauer. Für die ARD am Brandenburger Tor: Hanns Joachim Friedrichs**

Dazu, als Antipode zum Berliner Kleinbürger- und Proletenmilieu, die kleine freche Reihe »Kir Royal«, die in der neureichen Münchner Klatsch- und Tratschszene spielt. »Kir Royal« (Regie: Helmut Dietl) präsentiert an der Seite von Franz Xaver Kroetz (im wirklichen Leben ein als Kommunist verschriener Theater-Autor) einen Kabarettisten, der alle Stürme der Fernsehgeschichte überstanden hat: Dieter Hildebrandt. Er führt in dieser Dekade mit dem »Scheibenwischer« noch einmal ein Genre zum Erfolg, das – seit den legendären Tagen der »Stachelschweine« und der »Lach- und Schießgesellschaft« – zum Fernsehen gehört wie die Neujahrsansprache des Bundeskanzlers, inzwischen aber fast ebenso quer steht im »Programmfluß«.

In den 80er Jahren wird »Talk« betrieben im Fernsehen, so unerbittlich wie noch nie. Joachim Fuchsberger, auch eine Legende, eröffnet mit »Heut' abend« die erfolgreichste Talkshow der 80er Jahre (300 Folgen). Das ZDF präsentiert mit dem »Literarischen Quartett« (Marcel Reich-Ranicki, Sigrid Löffler, Hellmuth Karasek und Jürgen Busche) gegen Ende der 80er Jahre eine Unterhaltungssendung für den Intellekt, die wider Erwarten kein Flop wird, und mit »Wetten, daß ...?« (Frank Elstner/Thomas Gottschalk) die Show der Dekade schlechthin. »Holocaust«, die US-Serie, wird wiederholt, der dokumentarische Gegenentwurf, Claude Lanzmanns 9 1/2stündiges Werk »Shoa«, läuft in sämtlichen Dritten Programmen der ARD.

Hanns Joachim Friedrichs etabliert sich zum ersten großen Anchorman des deutschen Fernsehens. Ein Thema hält die Zuschauer wochenlang vor dem Bildschirm gefangen: die AKW-Katastrophe von Tschernobyl im April 1986. Die Nachrichtenbilder von Tschernobyl konterkarieren den zwei Jahre zuvor neu formulierten Begriff von »Heimat«: Die Chronik aus dem Hunsrück, mit der Edgar Reitz 25 Millionen Zuschauer erreichte, verblaßt. Die Reaktorkatastrophe rückt die Gefahren der Atomkraft ins allgemeine Bewußtsein. Drei Jahre nach Tschernobyl feiern die Deutschen in der Nacht vom 9. auf den 10. November 1989 im und vorm Fernsehen die sich anbahnende »Wiedervereinigung«.

Bereits im Oktober 1989 nimmt Karl-Eduard von Schnitzler seinen Abschied. Der »Schwarze Kanal« verschwindet sang- und klanglos aus dem Programm des DDR-Fernsehens. Kurz darauf entschuldigt sich die SED in der Nachrichtensendung »Aktuelle Kamera« bei der Bevölkerung für die von ihr zu verantwortende Krisensituation im Land. Eine Woche nach Öffnung der Mauer werden in DDR-Zeitschriften bundesdeutsche Fernsehprogramme ausgedruckt. Mit der Jahreswende 1989/90 steuert RTL plus erstmals in die Gewinnzone.

### Fiktion und Wirklichkeit

*»Wenn befürchtet werden muß, daß die Fernsehmörder in Zukunft ausgezählt werden nach ihrer Zugehörigkeit zu den verschiedenen Berufs- und Gesellschaftsgruppen, wenn in Fernsehspielen aus der Arbeitswelt Arbeiter und Unternehmer, Gewerkschaftsvertreter und Arbeitgebervertreter gegeneinander ausgewogen werden müssen, wenn in Ehedramen die Frauenverbände, in Jugend- und Schülergeschichten die Lehrer- und Elternvertreter Mitwirkungsrechte beanspruchen, dann setzt sich Fiktion als eine eigene, spezifische Möglichkeit des Begreifens von Realität außer Kraft.*
*Das Fernsehspiel kann dem nur entgehen durch Ästhetik. Es müßte sich lösen von seinem Wirklichkeitsfetischismus und wieder frei werden für Phantasie. Je kühner der Entwurf einer Geschichte, je reicher die Figuren, je größer und stärker die Empfindungen, desto weniger anfällig ist ein Film für statistische Erhebungen, desto aussagefähiger ist er aber auch über Wirklichkeit ... Es gilt also den Abstand zwischen Fiktion und Wirklichkeit zu vergrößern, wenn mehr und Genaueres über Wirklichkeit erfahren werden soll.«*

*Günter Rohrbach, 1980*

**»Schwarz Rot Gold«, Folge: »Made in Germany«**

Zalu: Gut, gut, schön, treten wir also bei der Konzernspitze in Bochum an. Und wo da? Ich mein', ein bißchen genauer hast Du's nicht? ...

Siggi, ich tu' mir das nicht an! Und Dir auch nicht! (Greift zur Brille) Siggi, es ist die BTU und nicht irgendein Käsemüller!

Siggi: Mensch, Zalu. Jetzt kriegen wir diesen Schmeling ran, wieder so ein Würstchen. Und einmal, einmal hätten wir einen von den großen Herrschaften beim Mogeln erwischen können!

## Schwarz Rot Gold

Aufklärungsfernsehen 1982

Dieter Meichsner

**Ich erinnere mich** einer Pressevorführung von »Made in Germany«. Ich war, wie jedesmal, auf die erste Frage gefaßt: Die Geschichte – der Verstoß eines bedeutenden deutschen Industrieunternehmens gegen das Verbot, Kriegsgerät an den Irak zu liefern – sei viel zu kompliziert. »Glauben Sie, das können Sie dem Zuschauer zumuten?« Die Frage hatte ich mir viel früher gestellt, damals, als ich anfing, ein vom Fernsehspiel unbestelltes Feld, die Wirtschaftskriminalität, zu beackern.

Im Kern ging es darum zu zeigen, daß die Täter mit weißem Kragen, mit ihren unauffälligen Tatwaffen – gefälschten Urkunden und getürkten Rechnungen – uns allen, den Bürgern und Steuerzahlern, nicht nur unermeßliche zählbare Verluste zufügten, sondern nicht wiedergutzumachenden immateriellen Schaden. Indem sie der Korruption eine Bresche schlügen, höhlten sie Treu und Glauben aus, die Grundlage jeder menschlichen Gemeinschaft.

Die erste Schwierigkeit bestand darin, die gewundenen Sätze von Paragraphen des Strafgesetzbuches oder von EG-Verordnungen in umgangssprachliche Dialoge zu übersetzen, damit auch nichtinformierte Zuschauer die Tat selbst und den mühseligen Prozeß ihrer Aufklärung als hochspannend empfinden könnten. Es gelang. Als anläßlich der »Made in Germany«-Vorführung die übliche Frage nach der Zumutbarkeit gestellt wurde, durfte ich mich getrost zurücklehnen. Inzwischen hatten ja »Schwarz Rot Gold«-Stücke sogar der Konkurrenz hochkarätiger Europapokal-Spiele standgehalten. Da ließ einer der Kritiker die Falle zuschnappen: Gewiß, aber diesmal, bei »Made in Germany«, sei ich zu weit gegangen; ich glaubte doch nicht im Ernst, der Zuschauer werde einen Dialog von 17 (siebzehn!) Minuten aushalten.

Dieser Dialog war das Kernstück einer Auseinandersetzung zwischen dem Zollfahnder Zaluskowski und dem Vorstandsvorsitzenden des Groß-Unternehmens über die ethischen Voraussetzungen unserer Existenz als Wirtschaftsbürger: Darf ein Konzern sich straflos über Regeln hinwegsetzen, die den einzelnen binden? Weniger auf die Qualität des Dialogs als auf seinen – den Kritiker schockierenden – Umfang haben dann fast alle Zeitungen hingewiesen, als müßten sie die Zuschauer vorab warnend mit der Nase auf diese Zumutung stoßen. »Made in Germany« erreichte seinerzeit nicht nur ein Fünf-Millionen-Publikum. Wann immer ich heute an »Schwarz Rot Gold« erinnert werde – auf den Dialog werde ich angesprochen. Siebzehn Minuten Dialog, ein Verstoß gegen alle Regeln der Quoten-Macher. Eine Zumutung. Nur offenbar nicht für viele Zuschauer.

Die Krimiserie »Schwarz Rot Gold« (Buch: Dieter Meichsner, Regie: Dieter Wedel) war der wortreiche Versuch, mit einem Zollinspektor hinter die trügerische Fassade des Kapitalismus zu blicken. Gegen Schimanski hatte Zaluskowski allerdings keine Chance.

In der Rolle des Vaters: Günter Strack, ZDF-Star mit Leib und Seele

## Tod eines Schülers

Betroffenheitsfernsehen 1981

*Trauerrede des Pastors*

*»Und so stellt sich immer wieder dieselbe Frage: Ein neunzehn Jahre junger Mensch hat sein Leben weggeworfen – warum? Hielt er es für sinnlos, weil er an seine Zukunft in unserer Gesellschaft nicht glaubte? An eine Zukunft, in der die materiellen Werte immer fragwürdiger werden, angesichts von Arbeitslosigkeit, von fehlenden Studienplätzen und angesichts der Zufälligkeiten eines Numerus clausus. War unsere Welt des Konkurrenzbewußtseins, des Ellbogendenkens, war diese Welt, in der sich menschliche Vereinsamung bereits in Schulen bemerkbar macht, stärker als das Vertrauen, das wir ihm geben konnten? Warum reichte sein Glauben nicht aus? Das Leben läuft nicht einspurig ab. Es sind die Verflechtungen vieler Spuren, die einen Menschen in die Irre führen. Was wissen wir voneinander? Bei allem Schmerz, den wir empfinden, den vor allem seine Eltern empfinden müssen, dürfen wir nicht überhören: Klaus Wagner hat uns mit seinem Freitod Fragen aufgegeben. Fragen nach der Ursache. Unbequemere nach der Schuld. Wir alle haben ihn gekannt. Wer von uns hat versagt? Wer ist schuldig geworden an Klaus Wagner?«*

Das Suizid-Drama »Tod eines Schülers« von Peter Stromberger – quasi das Gegenstück zu Zadeks »Ich bin ein Elefant, Madame« – erschüttert 18 Millionen ZDF-Zuschauer.

## Kir Royal

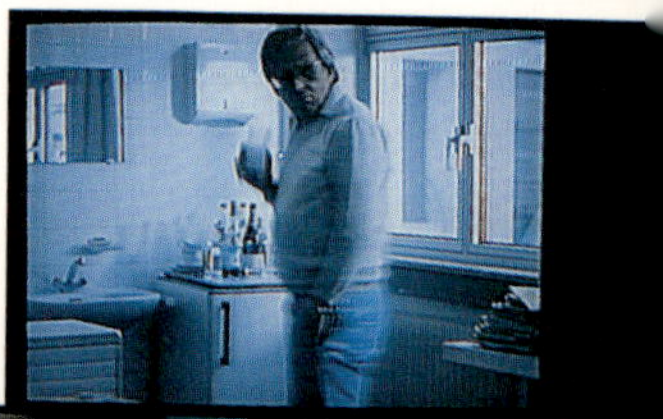

*»Kir Royal.*
*Aus dem Leben eines Klatschreporters«,*
*Folge I »Wer rein kommt, ist drin«*

**Baby Schimmerlos:** *»Ich weiß gar net, wie des andre Leut mache. Wie machts 'n Ihr des?«*

**Herbie:** *»Warum schreibst du nicht, daß der Champagner gestern fabelhaft war, schon hast du morgen zehn Kisten davon im Haus.«*

**BS:** *»Davon kann i koa Miete zahln.«*

**H:** *»Dann schreibst es halt nicht nur einmal, schreibst es immer. Ich meine so oft's nur irgendwie möglich ist, ne, und gibst den Brüdern 'n Wink, sie solln dir das in bar rüberschieben. Warum schreibst du nicht endlich mal was über diesen Frischzellenonkel in Dingsbums ...«*

**Sekretärin:** *»Ja, ja, genau.«*

**BS:** *»Ja i woas scho.«*

**H:** *»Du, der hat mir persönlich gesagt – und zwar sehr direkt –, daß er dir zwanzig Mille auf den Tisch des Hauses legt, und zwar cash und schwarz und alles. Da brauchen wir ja nur rauszufahren und 'n paar schöne große Fotos zu machen, und dann klingelt die Ladenkasse – und zwar ganz gewaltig.«*

**BS:** *»Ja danke, des is mir hinlänglich bekannt, des fangn mer gar net erst an.«*

**H:** *»Tschuldige, du hast von Geld gesprochen, nicht ich.«*

**BS:** *»Ja is scho guat ... Sag amol, wer is 'n die da eigentlich? Komm amol her.«*

**H:** *»Wer?«*

**BS:** *»Do des Madl da.«*

**H:** *»Du, des is 'n nettes junges Mädl.«*

**BS:** *»Aha, nettes junges Mädl – das keiner kennt.«*

**H:** *»Du, ich kenn sie.«*

**BS:** *»Na des glaub i. Die kommt nicht rein.«*

**H:** *»Du, Baby Mensch, ich hab's ihr doch versprochen. Sei doch nicht so. Schau mal, sieht doch süß aus, die kleine Maus.«*

**BS:** *»Ja, ja, kleine Maus. Die kommt raus, die kleine Maus. Nehmen tu mer die zwei Fotos da.«*

**H:** *»Schade. Jetzt hast du einem begabten jungen Mädl das Herz gebrochen.«*

**BS:** *»Ja, des kann i mir vorstellen, wo die begabt ist. So, Edda, jetzt gib mir mal die Gästeliste her. Wer is 'n der da?«*

**S:** *»Wer, Baby?«*

**BS:** *»Prominentenarzt Doktor Carl Friedmann.«*

**Satirisches Zwischenspiel:** Helmut Dietls Versuch, der Korruption in der saturierten Bundesrepublik mit dem Fettzeichner die entsprechenden Konturen zu verpassen, gelang 1986 zu gut; der Sechsteiler (Einschaltquote 32 %) fand keine Nachfolger. Dafür durfte sich anschließend Kroetz in der renommierten Gesprächsreihe »Deutsche« den klugen Fragen von Günter Gaus stellen.

**Aus dem Leben eines Klatschreporters, Folge 1 »Wer reinkommt, ist drin«.**
**Baby Schimmerlos (Franz Xaver Kroetz), der Klatschreporter der »Münchner Allgemeinen Tageszeitung«, MATZ genannt, hat es schwer. Jeder möchte in seiner Kolumne genannt werden. Dazugehören ist alles. Am hartnäckigsten dabei ist Generaldirektor Haffenloher (Mario Adorf), ein Provinzindustrieller, der sein Geld mit der Herstellung von Klebstoff verdient. Herbie (Dieter Hildebrandt), der ständig fotografierende Begleiter von Baby Schimmerlos, begegnet dem aufdringlichen Unternehmer mit gemischten Gefühlen.**

***S:*** *»Du, des is a Zahnarzt. A bekannter Zahnarzt.«*

***BS:*** *»Mir is der net bekannt. I hab den a net do nei gschrieben. Wie kommt 'n der in die Gästeliste nei?«*

***S:*** *»Jo, weil er auch do war ... der war auch dabei, Baby.«*

***BS:*** *»Wo?«*

***S:*** *»Ja gestern, im Villa Medici.«*

***BS:*** *»So ... aha. Du sag mal was anders, Edda. Kann des zufällig möglich sein, daß dieser Prominente Carl Friedmann da, daß das dein Zahnarzt ist?«*

***S:*** *»Du, zu dem gehn viele, Baby.«*

***BS:*** *»Ja, aber hauptsächlich du, oder?«*

***S:*** *»Ja, ich auch, wieso?«*

***BS:*** *»Der kommt nicht da rein. Der kommt da raus.«*

***S:*** *»Baby, der is aber ehrlich a guter Zahnarzt, ehrlich.«*

***BS:*** *»Edda, des is mir Wurscht. Ich kenn' ihn nicht und die Leut' kennen ihn auch nicht. Und wir machen hier eine Serie, wo sich die Prominenz trifft und nicht wo ich meine Zähne billiger krieg' oder wer mein guter Freund ist oder wen ich gestern gebumst hab'. Net, is des jetzt ein für allemal klar?«*

***H:*** *»Ja ... ich dachte, junges Blut ... tut jedem gut.«*

***BS:*** *»Na, des fangn mer gar net erst an. Und wer rein kommt, Edda, des bestimm' ich, ich und sonst niemand. Is des klar?«*

***S:*** *»Mm.«*

***BS:*** *»Do, des sind meine Spesen für die letzten vierzehn Tog, die möcht i jetzt endlich einmal abgrechnet hom.« (Geht.)*

***H:*** *»So 'ne süße kleine Maus ... und die ist wirklich begabt. Was die alles drauf hat. Aber er, verstehst du: »kennt keiner!« – woher denn auch? Ist ja gerade erst achtzehn. Und 'ne Haut hat die ... wie 'n Pfirsich. – Und so 'n festen kleinen Popo: wie 'ne Pflaume. Ähem. Naja, fragt man sich doch wirklich, was aus den Kindern werden soll, wenn ihnen keiner hilft.«*

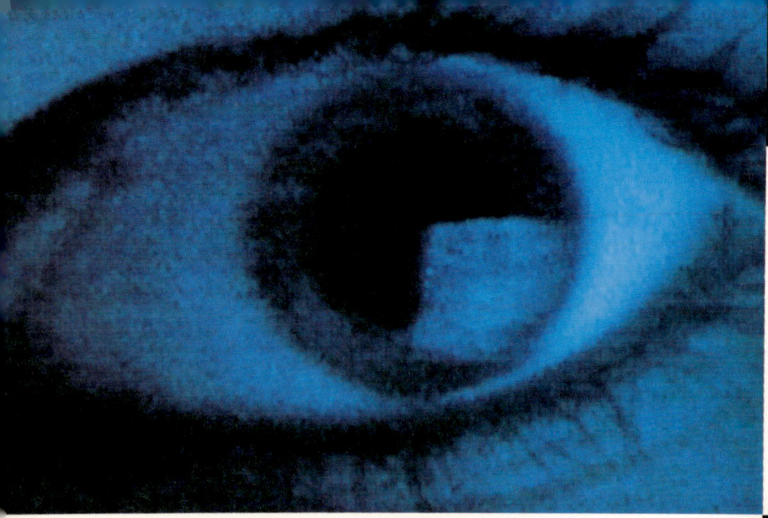

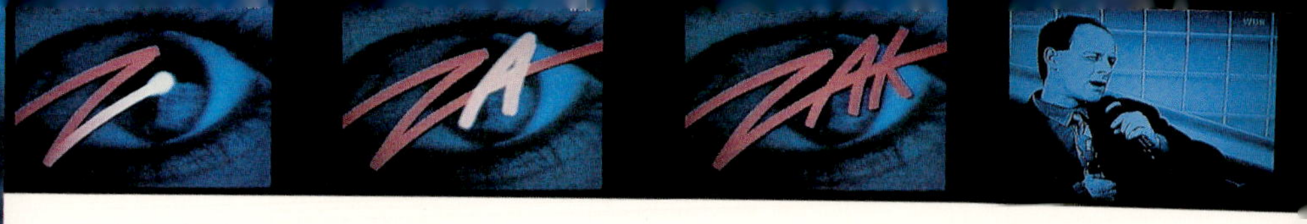

## ZAK

Reinhard Appel
mit Franz Josef Strauß, 1982

**ZAK, 1988.** Mit Friedrich Küppersbusch und Desireé Bethge begann der kurzweilige Abschied vom traditionellen politischen Journalismus, wie ihn der ehemalige ZDF-Chefredakteur Reinhard Appel (im Bild mit Franz Josef Strauß, 1982) verkörperte. Statt Diskurs und Diskussion unter der Leitung eines seriösen Moderators boten Bethge und Küppersbusch intellektuelle Provokation und beißende Satire. Der Erfolg von ZAK katapultierte Küppersbusch ins Erste Programm, Desireé Bethge wanderte, nach einem Umweg über den europäischen Kulturkanal arte, ab zu den Privaten.

***»Die Staatskanzlei«***
***von Heinrich Breloer und Cordt Schnibben***

*Aufklärungsfernsehen 1989:*
*Während in der DDR die Mitglieder des Politbüros im Kampf ums Überleben mühsam nach Luft schnappen, serviert der WDR in Koproduktion mit dem NDR im Ersten Programm den Aufstieg und Fall des ehemaligen Ministerpräsidenten von Schleswig-Holstein, Uwe Barschel. Regisseur Heinrich Breloer, spezialisiert auf semidokumentarische Stücke, demaskiert darin das politische Geschäft. Die Barschel-Affäre (Watergate an der Waterkant) präsentiert Breloer dem Publikum als skrupelloses Nummernstück politischer Schaustellerei.*

Der Ministerpräsident tritt nach dem Flugzeugabsturz und seiner Genesung in den Wahlkampf ein: »Ich bin wieder da!«

Der Ministerpräsident (Roland Schäfer) begrüßt seinen neuen Medienreferenten Reiner Pfeiffer (Hermann Lause) in seinem Büro.

## Das Boot

**Damit auch ja niemand** mißverstehen konnte, wohin die Reise ging, kommentierte Regisseur Wolfgang Petersen seine Verfilmung des U-Boot-Stoffes mit einem markanten Satz: »Anhand einer extremen und exemplarischen Situation, gebündelt auf ein verletzliches Nervensystem, wollen wir zeigen, wie Menschen Krieg erleben, erleiden, erdulden und sich dabei total verändern.« Als die fünfstündige Fernsehfassung (gesendet in drei Teilen) fürs Kino auf 149 Minuten zusammengestrichen wurde, geißelte der Autor Buchheim das Leinwand-Stück als »Episodenfilm nach Kung-Fu-Manier«. Ähnlich reagierte ein Großteil der Kritik.

Das Ende einer Dienstfahrt. 1985 demonstrierte Regisseur Wolfgang Petersen mit der WDR-Produktion »Das Boot«, daß Hollywood auch im deutschen Fernsehen stattfinden kann: mit einer U-Boot-Story aus dem II. Weltkrieg (Autor: Lothar-Günther Buchheim), spektakulären Bildern (Kamera: Jost Vacano) und einer Handvoll harter Männer: Jürgen Prochnow als Kommandant Kaleun (Bildmitte), Klaus Wennemann als Leitender Ingenieur (links) und Herbert Grönemeyer als Leutnant Werner.

## Tatort – Schimanski

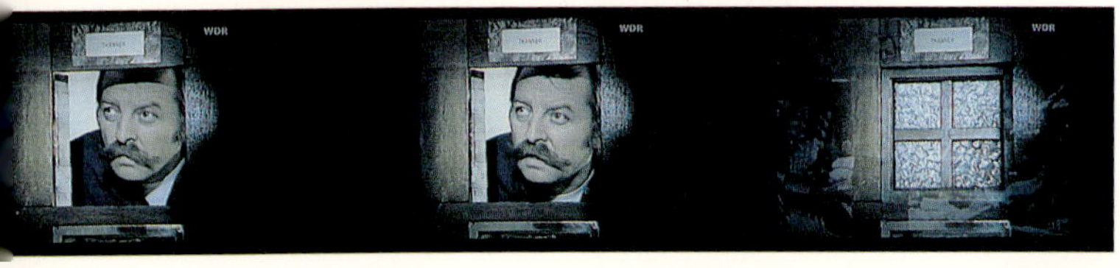


**»Tatort: Duisburg – Ruhrort«**. 1981 tritt – nach 125 »Tatort«-Folgen – Götz George als Kommissar Schimanski in Aktion. An seiner Seite der zweite Star: Thanner, sein Kollege, Freund und Nothelfer, gespielt von Eberhard Feik. Schimanski, der Choleriker, Raufbold und Weiberheld, versetzt all seinen gepflegten Vorgängern einen Tritt. Ein TV-Macho, der echte Ordnungshüter um den Ruf der Polizei fürchten läßt und Feministinnen zur Weißglut treibt. Ein Reklameschütze fürs Ruhrgebiet.

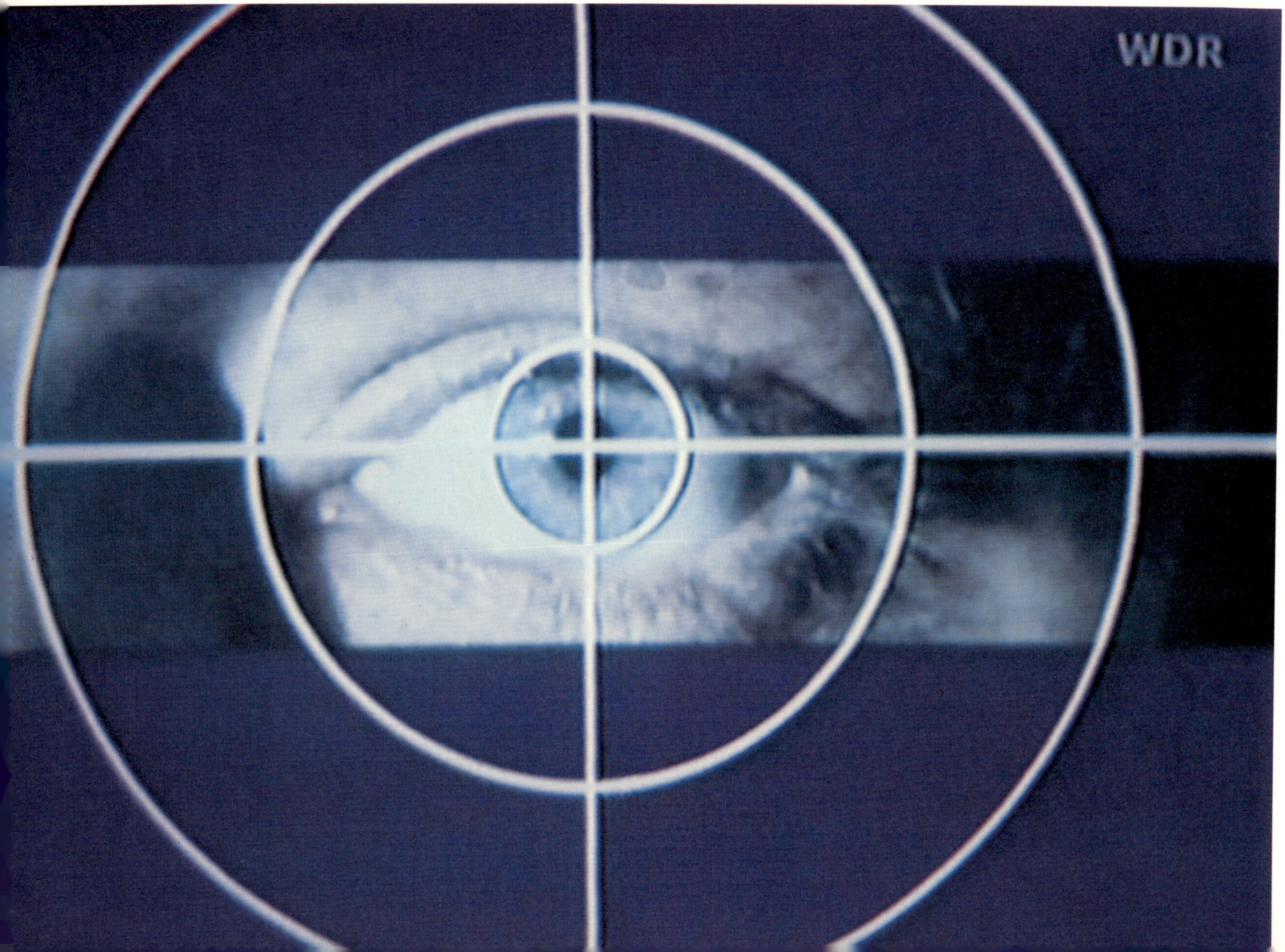

»Tatort: Duisburg – Ruhrort«, 1981

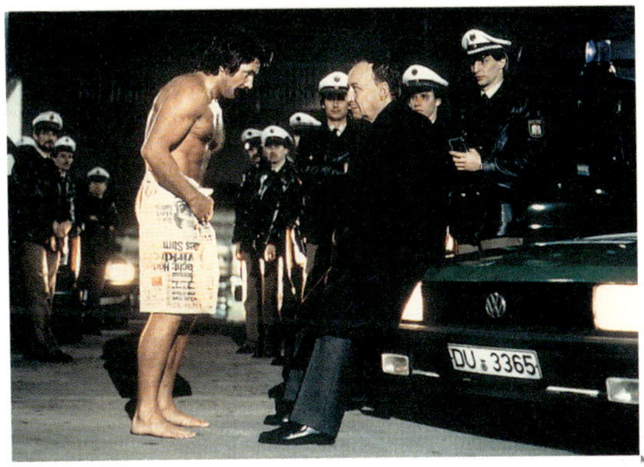


»Tatort: Zweierlei Blut«, 1996

Selbstverständlich treffen gleich nach der Wende die Krimi-Protagonisten Ost (Andreas Schmidt-Schaller alias Grawe und Peter Borgelt alias Fuchs) mit ihren West-Kollegen zusammen: Amtshilfe für die Leute vom legendären »Polizeiruf 110« im »Tatort: Unter Brüdern«.

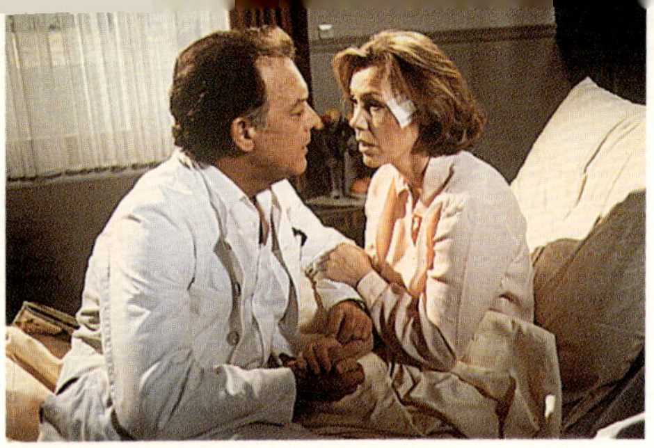

Folge »Ein Kind, ein Kind, ein Kind«: Nach vielen Mißverständnissen kommt es endlich zu einer klärenden Aussprache zwischen Klaus und Christa Brinkmann.

## Schwarzwaldklinik

**Als »Die Schwarzwaldklinik«** 1988 mit Folge 70 (»Hochzeit mit Hindernissen«) langsam die Pforten schließt, läßt die Mainzer Antwort auf »Dallas« und »Denver« 50 Prozent aller Zuschauerherzen gebrochen zurück. So hoch wie die Quote war auch der kommerzielle Erfolg der Weißkittel-Schnulze aus dem deutschen Tann: »Die Schwarzwaldklinik«, Buch: Herbert Lichtenfeld, Produktion: Wolfgang Rademann (»Das Traumschiff«) wurde in nahezu 50 Länder verkauft.

»Die Heimkehr«
Der bei einem Autounfall verletzte Friedhelm Hensle wird bei Professor Brinkmann (Klausjürgen Wussow) in der Schwarzwaldklinik eingeliefert.

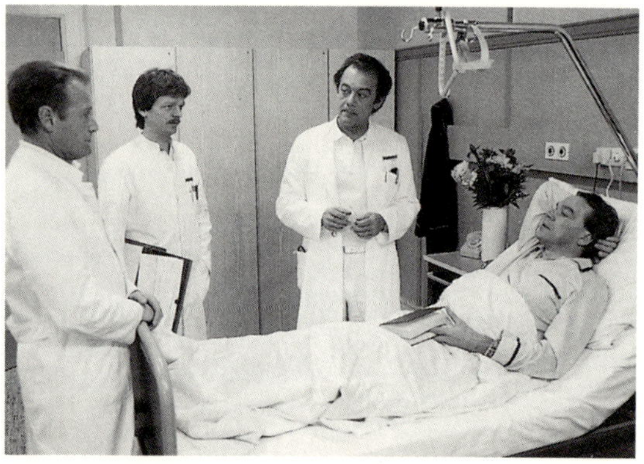

Udo Brinkmann (Sascha Hehn) hat sich bei seinem Ausflug mit Elke (Barbara Wussow) eine schwere Verletzung zugezogen. Schwester Christa (Gaby Dohm) leistet Erste Hilfe.

Schwester Christa (Gaby Dohm) meint, einen folgenschweren Fehler begangen zu haben und berichtet dies Dr. Brinkmann (Sascha Hehn).

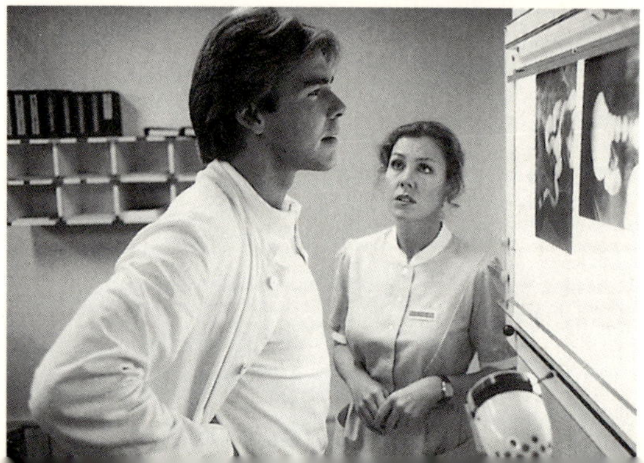

## Rote Erde

**»Rote Erde«** – 1983 kurz nach der »Berlin Alexanderplatz«-Serie von Rainer Werner Fassbinder im ARD-Programm – wurde die Arbeiter-Saga der 80er Jahre: das »Hohe Lied« auf die hart schuftenden Kumpel im Kohlenpott. Das Buch schrieb der Berliner Autor und Regisseur Peter Stripp, Regie führte Klaus Emmerich. Neun Abende Melodram und Klassenkampf, das Leben der Bergarbeiter zwischen 1885 und 1920.

***Schreibe ich Drehbücher** für Kinofilme, begebe ich mich auf den freien Markt, wo es dem Kunden immer noch überlassen bleibt, ob er mein Angebot konsumiert oder nicht, und man ist mit seiner Ware nur für sich selber verantwortlich. Wenn man aber ein Medium bedient, das inzwischen mit der allgemeinen Trinkwasser- oder Stromversorgung vergleichbar ist, kommt man um die Frage nicht herum, ob man verantworten kann, was man den Leuten da ins Wasser schüttet. Welche Geschichten, welche (Alp)Träume bietet man an oder erzeugt sie im Auftrag der Verwalter, die dem Verbraucher unterstellen, daß er glaubt, daß sie wissen, was er sehen will. Die Frage klingt moralisch, ist aber für den Hersteller nur pragmatisch. Ich kann mir keinen Drehbuchautor vorstellen, der sich nicht die höchste Einschaltquote wünscht, der nicht davon träumt, daß sein sichtbar gemachter Traum von Millionen und Abermillionen Mitmenschen ergriffen am Gerät verfolgt wird. Aber er wünscht sich das nur, wenn er auch noch bei dem absurdesten Plot das Gefühl haben kann, daß er etwas mit ihm selber zu tun hat, daß die Rolle, in die er sich mit seiner Geschichte begibt, ihm noch irgendwie zugänglich ist. Das gilt für den Star-Trek genauso wie für die Lindenstraße. Ich erwarte nicht, daß er, falls er sich einen Massenmörder (das Wort Serienkiller könnte mißverstanden werden) als Helden auserkoren hat, vorher für eine gewissenhafte Recherche selber eine Reihe Leute gekillt haben muß. Aber er sollte vielleicht schon einmal das Verhältnis zu seinem Helden überprüfen. In der aufgewühlten See der Moden, Trends und Umfrageergebnisse muß man seine eigene Wellenlänge ausfindig machen: Schreib nichts, was dir absolut gegen den Strich geht.*

*Peter Stripp, Drehbuchautor »Rote Erde«*

Emmerich setzte den minutiös recherchierten Stoff seines Autors um, als sei er ein Stück für die 35-mm-Leinwand. »Gerade über die Dramatik, über die Inszenierung von Emotionen bietet die Serie einen Ansatz für eine große Zuschauermehrheit, sich mit den geschichtlichen Verhältnissen auseinanderzusetzen«, schrieb Knut Hickethier zur TV-Premiere in der Zeitschrift »epd«. »Das ist keine Mythisierung im Sinne des Begriffs von als Natur verstandener, unbegriffener Geschichte. Hier wird Geschichte, nicht mehr und nicht weniger, von den Menschen und ihren Lebensgeschichten aus erzählt.« Die »Frankfurter Allgemeine Zeitung« hingegen qualifizierte den Neunteiler als »Ruhrpott-Western« ab.
Das ZDF hatte zu Beginn der 80er Jahre mit der Serie »Die Pawlaks« ein verwandtes Thema behandelt, allerdings mit geringerer Resonanz. 1990 setzte die ARD mit »Rote Erde II« die WDR-Produktion noch einmal fort, im Blickpunkt die Arbeiterkämpfe an der Ruhr während der Weimarer Republik, die Nazi-Zeit und die Aufbauphase nach dem Zweiten Weltkrieg. Dann war Schluß. Trotz der Stahl- und Kohlekrise war der WDR an einer Aktualisierung des Stoffes nicht mehr interessiert.

**Zwei Freunde: Bruno aus dem Pott (Claude Oliver Rudolph) und Otto aus Pommern (links: Ralph Richter) in »Rote Erde II«.**

**»Rote Erde I«: Erna, die Bergmannswitwe (Karin Neuhäuser), und Bruno, ihr »Schlafbursche«; so hießen im Ruhrgebiet die Bergarbeiter, die zur Untermiete wohnten.**

## Wenn das Heimweh kommt

Leben und Sterben in Schabbach

**»Sich erinnern heißt** das Gedächtnis auf eine immer neue Weise zusammensetzen«, erklärte Edgar Reitz 1984, als sein Film »Heimat« in 11 Teilen von der ARD ausgestrahlt wurde. Mit diesem Film, der zuvor bereits auf internationalen Festivals großes Aufsehen erregt hatte, bestimmte der Regisseur einen Begriff, der seit den Ufa-Filmen der Nazizeit problematisch geworden war, neu. Heimat ist in »Heimat« der Ort der Kindheit, an dem der Mensch nicht bleiben kann, der Ort, den man erst aus der Ferne erkennt, wenn das Heimweh kommt. Heimat ist in »Heimat« ein Lebensentwurf, eine lebenslange Fiktion – ein Kunstwerk, wenn man so will.

Edgar Reitz, der selbst aus dem Hunsrück stammt, erzählt im Stil einer Familienchronik die Geschichte dreier Generationen, die aus dem kleinen Dorf Schabbach im Hunsrück kommen. Ausgangspunkt ist die Dorfschmiede von Schabbach. Mathias Simon und seine Frau Katharina haben drei Kinder: Eduard, den lungenkranken Amateurfotografen, der in der NS-Zeit zum Bürgermeister aufsteigt; Paul, der Maria, die Tochter des Dorfvorstehers heiratet, sich dann heimlich für 20 Jahre nach Amerika absetzt und dort Karriere macht; und schließlich Pauline, die einen Uhrmacher in Simmern zum Mann nimmt.

Im Lauf der Zeit – die Geschichte spielt von 1919 bis 1982 – rücken vor allem die Kinder von Maria und Paul Simon in den Vordergrund: Anton, im Zweiten Weltkrieg Kamera-Assistent in einer NS-Propaganda-Truppe und später Fabrikbesitzer, Ernst, im Krieg Flieger und dann Schwiegersohn eines reichen Holzhändlers, und Hermann (»Hermännchen«), uneheliches Kind von Maria. Hermann, der wie kein anderer unter der engen Welt des Hunsrücks leidet, wird Komponist.

Obwohl der Film zum Teil mit Laienschauspielern besetzt ist, obwohl permanent »Hunsrücker Platt« gesprochen wird und der Regisseur den Zuschauern auch noch den Wechsel von Schwarzweiß- und Farbbildern zumutet, wird »Heimat« ein großer Erfolg. 22 bis 32 % der Zuschauer schalten sich in das 16stündige Epos ein. 1993 kommt es zu einer Fortsetzung. Doch »Die Zweite Heimat« – in Venedig mit einem Ehren-Löwen ausgezeichnet – wird im deutschen Fernsehen ein Flop. Sie (insgesamt 25 Stunden lang) erreicht nur noch 5 bis 7 % Einschaltquote. »Heimat«-Redakteur Joachim von Mengershausen: »Die Fortsetzung war nicht schlechter, aber die Sehgewohnheiten des Publikums hatten sich inzwischen gewaltig verändert.«

Die einzelnen Folgen von »Heimat« begannen immer mit einem Blick in das fiktive Familienalbum:

**Das Buch zu »Heimat« schrieb, in enger Absprache mit dem Regisseur, der Autor Peter Steinbach. Für die eindringlichen Bilder zeichnete der Kameramann Gernot Roll verantwortlich. Die Schauspielerin Marita Breuer wurde in der Rolle der Maria Simon der große Star des Films.**
**In dem Hunsrücker Hermann Simon (Peter Harting) sahen viele ein Alter ego des Regisseurs. In mehreren Programmkinos und Theatern wurde die »Heimat« zusammenhängend gezeigt, als großes Jahrhundertpanorama aus der deutschen Provinz.**

Katharina mit Enkelin Lotti ~ zurück nach Schabbach

Paul mit Bruder Eduard beim Radiobasteln

Bürgermeister Wiegand führt sein Auto vor

Eduard mit Ehefrau Lucie auf dem Weg nach Schabbach

Eduard bei Liebesabenteuer in Berlin

1932·33

Pieritz spielt sich als Reporter auf

Martha führt ein Ferngespräch mit ihrem Anton

Maria beim Kuchenteigkneten

Maria und Anton in Erwartung von Paul

Mathias in seiner Schmiede

1939

Zaungäste
bei der Hochzeit

Martha, die Braut,
umringt von den Simons

Otto und Pieritz (li.)
als Bombenentschärfer

Hauptmann Zieke, Antons Chef,
in Rußland

Großvater Mathias und Maria

1944

Hermann mit seinem geliebten Klärchen

1956

Anton verkauft nicht an die Multis

Hermann bei seinem ersten Konzert

1967

Der Tod Marias

1982

**Hans und Benny Beimer verstehen Helgas Aufregung nicht. (von links: Christian Kahrmann, Joachim Luger, Marie-Luise Marjahn)**

## Lindenstraße

Martina Borger

**Ich bin ein Fan** von Alltagsgeschichten. Bei Kostümfilmen muß ich leider gähnen, Western und Fantasy-Movies versetzen mich in Tiefschlaf, und bei Actionfilmen trocknen mir die Kontaktlinsen aus. Ich will im Kino und im Fernsehen Geschichten sehen, die mit *mir* zu tun haben, mit meinen Erfahrungen, Wünschen und Träumen.

So gesehen war es ein Traumjob, elf Jahre lang unendliche Geschichten vom ganz normalen Wahnsinn ganz normaler Kleinbürger zu erfinden: wie Frau Beimer ständig mit ihren Pfunden und ihren renitenten Söhnen kämpfte; wie Frau Griese mit 45 Jahren zum ersten Mal Sex und Erotik kennenlernte oder wie Herr Schildknecht in der berühmt-berüchtigten Lebensmitte auf die gesicherte Lehrerpension pfiff und sich als freischaffender Künstler versuchte – und all das nicht in einem eng begrenzten zeitlichen Rahmen zu erzählen, sondern ins Blaue, ins »Unendliche« hinein.

Auch wenn man es dem Endprodukt nicht immer angesehen hat: vor allem das Entwickeln der künftigen Irrungen und Wirrungen der »Lindenstraße«-Figuren war ein Heidenspaß. Während der zweimal pro Jahr stattfindenden, zwei Wochen dauernden Storyline-Sitzungen wurden die Inhalte für ein halbes Jahr festgelegt: Wer durfte (oder mußte?) schwanger werden, wer verlor seinen Job, wer litt unter Schlaflosigkeit und Eheproblemen? Sollte die Bekanntschaft des Taxifahrers mit der Backwarenverkäuferin gut ausgehen oder im Sande verlaufen? Und was würde sich aus der jeweiligen Wendung für das Gefüge der ganzen Straße ergeben? Bei der Bestimmung der künftigen Schicksale der »Lindenstraße«-Bewohner konnten wir aus dem Vollen schöpfen: aus unserer Phantasie, so schräg sie auch sein mochte, und aus all den Beobachtungen, die jeder, ist er halbwegs wachen Auges, an Straßenecken, Wirtshaustischen und bei Elternversammlungen in der Schule machen kann. Alle unsere persönlichen Erfahrungen sind, mehr oder weniger verschlüsselt, in die Serie eingeflossen. Wir durften uns den Luxus leisten, nur Geschichten zu erzählen, die uns selbst brennend interessierten. Und wir konnten diese Straße nach Lust und Laune bevölkern: mit Esoterikern und Atomkraftgegnern, Altnazis und Schwulen, Junkies, Ausländern, Yuppies und Spielsüchtigen, deren scheinbar banale Alltagserlebnisse einen (wenn auch sehr subjektiven) Ausschnitt aus dem Leben in den 80er und 90er Jahren in Deutschland gebildet haben.

Die »Lindenstraße« reflektiert, das glaube ich immer noch, die jeweilige Gegenwart präziser als jede andere deutsche Serie – nicht, indem sie ein tagespolitisch wichtiges »Thema« beackert und das auch noch politisch korrekt, sondern

***Kult bleibt Kult***

*Nicht, daß Sie jetzt denken, ich lebe isoliert, hätte keine Freunde. Ganz im Gegenteil. Ich nehme Anteil an meinen Nachbarn, habe viele Hobbys, liebe meine Familie und bin sehr kontaktfreudig. Somit empfinde ich meine Lindenstraßenabhängigkeit auch als völlig normal. Ich akzeptiere meinen Voyeurismus, so wie er ist. Aber es ist nicht nur Neugier, sondern echtes Interesse. Ich fiebere regelrecht mit. Die Lindenstraße bietet mir in 30 Minuten all das völlig kompakt, was mir im wahren Leben auch begegnet und mich bewegt.*

*Diese Beziehungsintensität kann mir bis heute kein anderes Medium bieten, so sehr die sich im Zeitalter von Internet und Cyberspace auch anstrengen mögen. Gegen das Lächeln von Mary, die Betroffenheit von Anna oder den Charme von Paolo hat keiner eine Chance. Die Lindenstraße ist einfach ein Phänomen, in das man hineinrutscht und das man nicht intellektuell erforschen sollte. Kult bleibt nun mal Kult.*

*Klaus Hanke*

**Regisseur und Produzent**
**Hans W. Geißendörfer**

*»In so'nem Fall, wenn einer sagt, laß' doch die Beimerin wieder mit dem Hansemann zusammenkommen, das war so zwei Jahre lang sehr häufig, es gab sogar Demonstrationen, wo die Leute mit Schildern auf die Straße gegangen sind. Anstatt gegen den Irak-Krieg zu demonstrieren, haben sie für die Wiedervereinigung der Beimers demonstriert, 600 Mann stark.«*

**Die Hausmeisterin Ilse Kling**
**(Annemarie Wendl)**

*»Das ist natürlich das Fernsehen, nicht? Es ist ja gut, ich lebe vom Fernsehen! Aber daß es so eine Wirkung hat auf den Menschen, das ist beinahe unheimlich. Es gibt natürlich Familien, die gerade über das, was sie im Fernsehen gesehen haben, diskutieren und sich damit beschäftigen. Eigentlich ist das Leben ja so, daß man sich nicht mit den Dingen beschäftigen soll, was da irgendwo passiert, sondern daß man sich in der Familie mit den privaten Problemen auseinandersetzt.*

*...*

*Die Menschen verwechseln meistens die Fiktion mit der Wirklichkeit. Die Leute leben, das ist oft ganz erstaunlich, und manchmal erschüttert's mich richtig, die Leute leben sozusagen in der Lindenstraße; oder die sagen zu mir zum Beispiel: Könnten's net amal bei uns putzen? Oder: So a böse Frau wie sie, die möcht' mer nicht im Haus haben. Also es ist überhaupt ein Übergang von der Natur zur Irrealität. Fernsehen ist ja nichts Reales.«*

indem sie so persönlich und ausführlich wie möglich aus dem Alltag erzählt: von überhöhten Telefonrechnungen und Schulproblemen, von Aids und Kreditraten, dem Kauf eines Gebrauchtwagens und dem entlaufenen Hund. Daß die Ungereimtheiten und Skurrilitäten unseres Lebens, die Mühen und das Scheitern, Träume und Lügen spannender sein können als alle Märchen von Kliniken und Traumschiffen, das ist die wahre Message der »Lindenstraße«.

**Else feixt, Onkel Franz ist entsetzt. Olli arbeitet neuerdings im Supermarkt. (von links: Annemarie Wendl, Willi Herren, Martin Rickelt)**

## Wetten, daß ...?

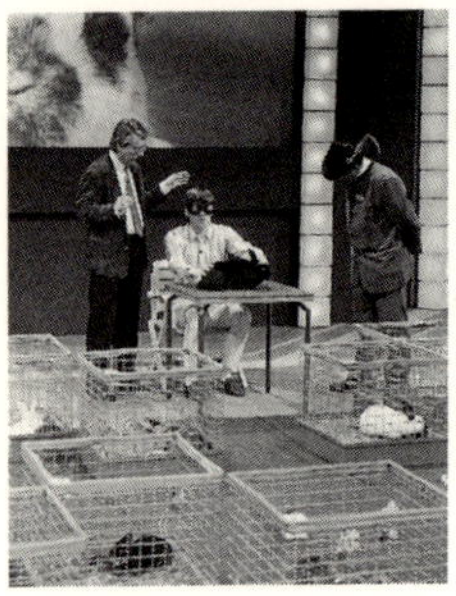

Wetten, daß Jürgen Kalt mit verbundenen Augen Kaninchenrassen durch Streicheln des Felles erkennen kann?
30. März 1985

Wetten, daß Helfried Wagner und sein Team in zwei Minuten mit drei Pkw einen 1 m
und Klaus Rupprecht 100 Spielfilme am Schrei der weiblichen Hauptdarstellerin erke
denen Augen 20 Betten-Marken erkennen können, indem sie hineinhüpfen? Wetten, d
einer vor einem Lautsprecher stehenden Kerze erkennen können? Wetten, daß Doris
ballons zerbeißt? Wetten, daß Manfred Höberl in 4 Minuten zehn Autos auf die Seite w
314 Folgen der »Lindenstraße« an den letzten 5 Sekunden erkennen können? Wetten
Wetten, daß Uwe List und Dirk Eubel 50 Autotypen am Zuschlagen der Tür erkennen
lader in 5 Minuten einen Knopf annähen können? Wetten, daß Priska Felder alle Mä
erkennen kann? Wetten, daß Gertraud und Maria Auer einen unbekannten
Augen der Schwester ablesen können? Wetten, daß Volker Pohlmann
Nerrete den Musikern eines Sinfonieorchesters ansehen können, welches I
spielen? Wetten, daß Dr. Samuel Stutz-Orsini durch Eintauchen der Nase
dene Wassertemperaturen erkennen kann? Wetten, daß Thomas Hartmann einen Bum
fen kann, daß er einen Apfel auf seinem eigenen Kopf trifft? Wetten, daß Gerhard un
je zehn Flüsse aus Deutschland und Österreich am Geruch erkennen können? Wet
Schwitter einen Lkw-Reifen durch Aufblasen zum Platzen bringen kann? Wetten,
Schöbel und sein Team einen Biertisch mit einem 48 kg schweren Mädchen und vier
den Zähnen fünf Meter weit tragen können? Wetten, daß Gerhard Lösch jeden Punkt
Endspiels zwischen Steffi Graf und Gabriela Sabatini akustisch erkennen kann? Wet
Werner und Meike Rau alle Folgen der Serie »Ich heirate eine Familie« auswendig kö
an ihrem Biß in den Apfel erkennen können? Wetten, daß Roland Bareiß in vier Min
Rüdiger Gamm von allen zweistelligen Zahlen die 13. Potenz errechnen und daraus di
Orth und Michael Oberländer 40 Zahnpastasorten beim Zähneputzen erkennen können?
an deren Haaransätzen erkennen kann? Wetten, daß Johann Schneider in einer M
Wetten, daß Siggi Michel durch einen Hartholzbalken von einem Meter Länge blaser
Seifenschaum entsteht? Wetten, daß Franz W. Hoss 20 Lichtschalter in drei Minuten

**Am 17. Februar 1981 startet das ZDF den Dauerbrenner »Wetten, daß ...?« mit Frank Elstner als Entertainer. Thomas Gottschalk übernimmt die erfolgreiche Spiel-Show 1987. Nach der Wende gibt Wolfgang Lippert, Unterhalter aus der Ex-DDR, sein kurzes Gastspiel in Mainz.**

»Hör Zu«-Seiten für den
9. November 1989

**DO 9. Nov.** **Weitere Programme**

### Bayern 3

**9.00 Telekolleg** Physik
**9.30 Schulfernsehen** Bis 10.00 Uhr
**15.15 Actualités**
**15.30 Telekolleg** Physik
**16.00 Ökosystem Wattenmeer** Vierteilige Reihe. 1. Teil: Lebensraum zwischen Himmel und Erde *2. Teil: nächsten Do.*
**16.20 Erste Hilfe rettet Leben** Kleines ABC der Rettung. 1. Teil *2. Teil: nächsten Do.*
**16.30 Siehe, der Stein schreit aus der Mauer** Die Geschichte der Juden in Bayern
**17.00 Rundschau**
**17.05 Tier-Park** Im November
**17.15 Sesamstraße**
**17.45 Teleski '90** Tips zum Ski-Training. 2. Teil
**18.15 Abendschau**
**18.42** Programmvorschau
**18.45 Rundschau**
**19.00 Zwei blaue Vergißmeinnicht** Dt. Filmlustspiel 1963

### West 3

**8.55** Seniorengymastik
**9.25 Schulfernsehen**
**9.40 Telekolleg** Englisch
**10.10 Schulfernsehen** Bis 12.40 Uhr
**16.35** Videotext für alle
**17.00 Schulfernsehen** Dallas, Denver und die Folgen. 3. Teil
**17.20** Zwischen Ostsee und Thüringer Wald 3. Teil
**17.40** Industriestandorte. 3. Teil
**18.00 Telekolleg** Physik (10)
**18.30 Die Sendung mit der Maus**
**19.00 Aktuelle Stunde**
**20.00 Arabische Nächte** **US-Spielfilm von 1942** Mit Jon Hall, Maria Montez, Leif Erikson. Regie: John Rawlins (Wh.)

### Lokal-TV

**E 9: RIAS-TV**

*Über Antenne: K. 25*
**6.00 Frühstücksfernsehen** Nachr., Sportübersicht, Presseschau, Studiogäste. Ab 8.35 Uhr: Feature, Fakten, Feuilleton
**17.50 RIAS-TV** Journal (bis 18.28)

**SK 4: Stadtkanal**

Ulrich Schamoni zeigt: Wunsch-Fernsehen nach dem Radioprogramm „Hundert, 6"

**SK 8: Offener Kanal**

**16.00** Vorschau (auch 19.00)
**17.35** Heutige Raubritter
**20.05 Nach Norden . . .**
**20.30 Stadt-Magazin**
**21.15 Channel 36** Videos

**SK 10: Einzelanbieter**

**9.40** Vorschau / Videotext
**9.50** 10 vor 10 auf Kanal 10
**15.00 Türkisches Fernsehen**
**17.00 Holiday** Magazin

### Lokal-TV

**E 4: Antenne 2**

**17.45 Graffitis 5-15**
**18.15 Les voisins** Serie
**18.40 Des chiffres et des lettres** Ein Spiel
**19.00 Top models** US-Serie
**19.25 Dessinez: C'est gagné!**
**20.00** Journal / Météo
**20.40 Diabolo-menthe** Franz. Spielfilm 1977 Mit Eléonore Klarwein
**22.15** Journal
**22.20 Quand la Chine s'eveillera** Dokumentation. Letzter Teil: Le monde tremblera
**23.20** 24 heures / Meteo
**23.40** 60 secondes
**23.45 Gotta dance, gotta sing**

**SK 12/18: LA CINQ**

*Nur im Norden Berlins 24-Stunden-Programm*
**Ab 6.30** Serien und Magazine
**17.30 Embrasse-moi Lucille** Un baiser volé
**18.00 Sous le signe des mousquetaires**

### AFN

**14.05** Guiding light
**14.50** Cartoons. Für Kinder
**15.00 Rainbow specials**
**16.00 The today show**
**18.00** Headline news
**18.30** AFN evening news
**19.00 Highway to heaven**
**19.50** Gasthaus
**20.00** Murphy Brown. Serie
**20.30 Murder, she wrote**
**21.30** Sendung nach Ansage
**22.20** AFN news
**22.40 The tonight show**
**23.40 AFN's late show**
**1.30** NBC nightly news / AFRTS satnet program

### BFBS

*Änderungen des Programmablaufs sind möglich*
**15.35 Children's SSVC** Mit Trickfilmen und Spielen
**18.15** Emmerdale farm. Serie
**18.40** ITN news / Scene here
**19.15 Blankety blank** Mit Les Dawson
**19.50** To be advised
**20.15 Top gear**

**DO 9. Nov.** **1. PROGRAMM** **ARD**

Für aktuelle Änderungen in allen Programmen: HÖRZU-Telefon 040/41 123

### tagsüber

*Das gemeinsame Programm von ARD und ZDF bis 13.45 Uhr: siehe Tagsüber-Spalte ZDF*

**13.45 Wirtschafts-Telegramm** (BR)
**14.00** Tagesschau
**14.02 Sesamstraße** (NDR)
**14.30 Sandkasten-Djangos** (NDR) 3. Teil: Dampfbad, Kirschkern und Kamille (Wh. von 1988) Fetzer und Ossi stoßen in der Garage des Palace-Hotels auf Autoknacker. *4. Teil: am Montag, 14.30 Uhr* *Nächsten Donnerstag: Wh. der Spielserie „Die Opodeldoks"*
**15.00** Tagesschau
**15.03 Flip-Flop** (BR) Spielshow mit Claus Kruesken Die beiden Verlierer-Klassen der letzten Woche nehmen Revanche an den Siegern. Thema: Spaß und Sicherheit im Verkehr.
**15.30 Lebenswege** (NDR) Junge Liebe zur alten Johanna Der 86 Jahre alte holländische Frachtsegler „Johanna" wird zum Segelschulschiff für Kinder umgebaut.
**16.00 Tagesschau**
**16.03 Die Sklavin Isaura** (WDR) Brasilian. Serie. 24. Teil (Wh.)
**16.30 Die Trickfilmschau**
**16.45 Sei kein Frosch** (SWF) ► Siehe auch rechts
**17.15 Tagesschau**
**17.25 Café Wernicke** Pleiten Matschinski will das Café an die Inhaber einer Kinokette verkaufen und sich gleichzeitig an einer Filmproduktion beteiligen. Dolly rät ihm, die Finger von dem Geschäft zu lassen.
**17.50 Berlin heute abend** mit Berlin-Nachrichten
**18.14 Hart aber herzlich** Picknick in Acapulco

Jennifer (Stefanie Powers) und Jonathan (Robert Wagner) spielen Dienstboten

Die Harts sind unterwegs nach Acapulco. Als ihr Wagen streikt, suchen sie in einem Haus um Hilfe nach. Dort verwechselt man sie mit dem erwarteten Butlerehepaar. Und prompt werden die Amateurdetektive in einen neuen Fall verwickelt: Die angeblichen Hausbesitzer planen einen Terroranschlag!

**19.22 Berliner Abendschau** mit Wetterbericht

### abends

**19.58 Heute im Ersten** (SDR)
**20.00 Tagesschau**
**20.15 Fußball-DFB-Pokal** Achtelfinale Live aus dem Neckarstadion **VfB Stuttgart – FC Bayern München** Reporter: Heribert Faßbender In der Halbzeitpause: **Der 7. Sinn** anschließend: Ausschnitte **1. FC Kaiserslautern – 1. FC Köln** Reporter: Walter Johannsen **► Siehe auch rechts** Gestern spielten bereits: TSV 1860 München – Werder Bremen Morgen (10. November) spielen: Kickers Offenbach – Borussia Mönchengladbach Samstag (11. November): VfL Osnabrück – Karlsruher SC 1. FC Pforzheim – Fortuna Düsseldorf MSV Duisburg – Darmstadt 98 Schweinfurt 05 – Eintracht Braunschweig
**22.30 Tagesthemen**
**23.00 Der Attentäter** **TV-Spiel** von Hans Gottschalk Zum 50. Jahrestag des Attentats auf Hitler am 8. November 1939 Mit Fritz Hollenbeck, Ulrich Matschoss, Ingeborg Lapsien, Lothar Grützner, Doris Denzel, Ruth Kähler, Ilse Künkele, Werner Schramm, Gustl Bayrhammer, Willy Harlander, Franziska Liebing, Ursula Herion, Ludwig Wühr, Marianne Lindner, Ossi Eckmüller, Franz Loskarn, Rolf Schimpf, Willi Anders, Ernst Hartung, Walter Starz Regie: Rainer Erler (Wh. v. 69) Für Buch und Regie wurden Autor Hans Gottschalk und Rainer Erler 1969 mit dem Adolf-Grimme-Preis in Gold ausgezeichnet; Gottschalk erhielt 1970 auch den DAG-Fernsehpreis in Gold. Auch die Kritik war einig. „Das war psychologisch und dramaturgisch gut aufgebaut", schrieb die Berliner Morgenpost. Der Hauptdarsteller Fritz Hollenbeck, einst Schauspieler beim Ostberliner Brecht-Ensemble, gehört seit 1972 zum Ohnsorg-Theater in Hamburg. **► Siehe auch rechts**
**0.30 Tagesschau**
**0.35 Nachtgedanken** Späte Einsichten mit Hans Joachim Kulenkampff Erich Fromm (1900–1980): Der gegenwärtige Zustand des Menschen Der deutsch-amerikanische Sozialphilosoph Erich Fromm war ein radikaler Moralist. Er lehnte den „selbstsüchtigen Materialismus, das Nützlichkeits- und Konsumdenken" weitgehend ab – und fand gerade bei jungen Menschen großen Anklang.

## 16.45 Sei kein Frosch

**Das Kinder-Umweltmagazin zum Thema „Boden"**

Eberhard Weiß und seine zwei jungen Mitmoderatoren Ann-Kathrin Schneider und Stefan Weißer beschäftigen sich mit dem Boden, auf dem wir leben, der uns die Nahrung gibt. Es werden Kinder aus Freiburg vorgestellt, die in ihrer Freizeit fleißige Gärtner sind, ein Regenwurmzüchter erzählt, und schließlich noch Tips zur Anlage eines Komposthaufens.

## 20.15 Fußball-DFB-Pokal

**VfB Stuttgart – FC Bayern München**

Das absolute Schlagerspiel der 3. Runde findet bereits heute statt: VfB Stuttgart – Bayern München (Szene aus einer früheren Begegnung mit Alexander Strehmel, 2. v. l., Roland Wohlfarth, Guido Buchwald (r.). Diese Begegnung wird live übertragen, anschließend die Höhepunkte des Spiels 1. FC Kaiserslautern – 1. FC Köln.

## Das Beste aus dem ARD-Wunschkonzert

Sie waren die Stars im Wunschkonzert: Das „Dallas"-Girl Audrey Landers, Cliff Richard und Mary & Gordy. Die Sendung wird auf einen noch nicht feststehenden neuen Termin verlegt

Ursprünglich plante die ARD für 21.03 Uhr eine bunte Show mit Höhepunkten aus vergangenen ARD-Wunschkonzerten. Sie entschloß sich kurzfristig, diese Sendung zugunsten der Übertragung zweier vorgezogener Spiele im Fußball-DFB-Pokal zu verschieben.

## 23.00 Der Attentäter

**Georg Elsers Anschlag auf Hitler in München**

Nur elf Minuten fehlen dem Schreinergesellen Georg Elser, um die Weltgeschichte zu verändern: Am 8. November 1939 explodiert eine Zeitbombe im Münchner Bürgerbräukeller. Doch Hitler, dem Elsers Anschlag gilt, hat den Saal zu früh verlassen . . . Elser wird verhaftet. In langen Verhören schildert er seine Tat. **90 Min.**

Elser (Fritz Hollenbeck, l.) wird von Gestapoleuten (Willi Anders, Rolf Schimpf, r.) bedroht. Sie glauben nicht, daß er die Tat allein beging

**98** HÖRZU

**VPS** Alle Uhrzeiten = Eingabezeiten für Video-Recorder mit VPS-System. Wenn VPS-Zeit in Klammern, gilt diese

**ZDF** **2. PROGRAMM** **9. Nov. DO**

### tagsüber

*Gemeinsames Programm von ARD und ZDF bis 13.45 Uhr:*
**9.00** Tagesschau
**9.03 Großer Mann – was nun?** Der Ausflug. Familiengeschichte von Horst Pillau. Mit Gustav Knuth, Camilla Spira, Karin von Faber. Regie: Eugen York (Wh.) Vater König bekommt Ärger mit einer Reporterin, die eine Story über ihn plant.
**10.00** Tagesschau
**10.03 Mit 15 an die Front** Warum Kinder Soldaten werden
**10.35 ZDF-info Arbeit und Beruf** Info-Telefonaktion von 11.00 bis 11.45 Uhr: **0 6131/951**
**11.00** Tagesschau
**11.03 Auf Wiedersehen Kinder** Ein Film von Louis Malle (Wh.)
**12.45** Umschau
**12.55** Presseschau
**13.00** Tagesschau
**13.05 ARD-Mittagsmagazin**

**13.45 Bild(n)er der Chemie** Joh. Wolfgang Döbereiner und Joh. Wolfgang von Goethe, Chemiegenie und Dichterfürst (Wh.)
**14.15 Faszination Musik** Große Dirigenten – Berühmte Orchester Herbert von Karajan dirigiert die Berliner Philharmoniker Johannes Brahms: Sinfonie Nr. 2 D-Dur op. 73 (Wh. v. 1974)
**14.55 Das Traumschiff** Urlaubsgeschichten auf See Mit Günter König, Sascha Hehn, Chris Howland, Dietlinde Turban, Peer Schmidt u. a. (Wh.) Drei Episoden. In „Der schüchterne Liebhaber" sucht der Chef eines Textilversandladens an Bord die Frau fürs Leben. Eine Mutter möchte wieder heiraten, doch wie soll sie es in „Ein Mann für Mama" ihrem Kind beibringen? In „Seenot und Magenbitter" bekämpft ein Mann seine Angst vor einem Unglück.
**15.58 Programm-Service**
**16.00 heute**
**16.03 Komm Puter!** Computer-Magazin Mit Klaus Möller und Puter Klaus berichtet u. a. von einer Computer-Messe in Düsseldorf.
**16.15 logo** Nachrichten für Kinder
**16.25 Pfiff** Live aus München Sportstudio für junge Zuschauer Moderation: Norbert König Thema: Rund um den Wintersport. Gast im Studio: Christa Kinshofer-Güthlein
**17.00 heute / Aus den Ländern**
**17.15 Tele-Illustrierte** Zu Gast: Gitte Haenning
**17.45** und **18.20 Zwei Münchner in Hamburg** 6. Teil: **Was macht der Mensch nach Feierabend?** Mit Uschi Glas, Elmar Wepper **► Siehe auch rechts**
**18.58 Programm-Service**

### abends

**19.00 heute**
**19.30 Der große Preis** Ein Spiel für gescheite Leute mit Wim Thoelke in Verbindung mit der Aktion Sorgenkind Showgast: Altbäuerin Anna Wimscheider, die den Bestseller „Herbstmilch" schrieb. **Anschrift:** ZDF, „Der große Preis", Postfach 4040, 6500 Mainz 500 **Stichtag:** 18. November **► Siehe auch rechts** *Auch morgen, 11.03 Uhr*
**20.50 Die große Hilfe** Bilanz der Deutschen Behindertenhilfe Aktion Sorgenkind
**21.00 Kinder im Krankenhaus** Ich mag nicht, wenn jemand anderer traurig ist Aus der Reihe „Kinder Kinder" **► Siehe auch rechts** *Auch Dienstag, 10.03 Uhr*
**21.45 heute-journal**
**22.10 Abrechnung mit Stalin** Vergangenheitsbewältigung auf russisch Film von Ekkehard Kuhn

Josef Stalin (1879–1953) setzte sich in den dreißiger Jahren als Diktator durch, wurde 1941 offizieller Regierungschef, behielt die Macht im Staat bis zu seinem Tod

Die neue Politik der Öffnung in der Sowjetunion erfordert eine Abrechnung mit der Vergangenheit, die Abrechnung mit Stalin. Der Film beschäftigt sich u. a. mit den Fragen: Warum haben die Russen den Tyrannen nicht davongejagt, sondern seine Schreckensherrschaft geduldet? Warum wird Stalin von vielen Sowjetbürgern noch heute verehrt?

**23.10 Der Selbstmörder** **Komödie** von Nikolai Robertowitsch Erdmann Semjon . . . . . Stefan Wigger Maria . . . . . . . Doris Schade

**Die neue HÖRZU gibt es morgen überall im Zeitschriftenhandel**

Serafima . . . . . Maria Singer Alexander . . . . . . Hans Korte Margarita . Ingeborg Lapsien Aristarch . . . . Heinz Baumann Inszenierung und Bildregie: August Everding (Wh. v. 1971) Aufzeichnung einer Aufführung der Kammerspiele München **► Siehe auch rechts**

**1.10 heute**

**Dritte, SAT 1, RTL-plus, Nachbarn: nächste Seiten**

## 17.45 Zwei Münchner in Hamburg

**Julias Mutter heiratet**

Julia macht mit Sohn Max und Ralf Sagerer einen Ausflug. Trotz aller Turbulenzen – Ralf will seine Julia heiraten. Allerdings taucht plötzlich ein Nebenbuhler auf . . . Hochzeitsfieber scheint in der ganzen Familie zu grassieren: Jetzt heiratet Julias Mutter Hermine!

Max (F. Stubenvoll) und Julia (U. Glas) auf der Hochzeit von Hermine (W. Markus) und Berthold (H. Reiser)

## 19.30 Der große Preis

**Heiteres Spiel mit Wim und Wum**

Wim Thoelke (l.) und seine Assistentin Karoline mit dem Champion Andreas Mertens. 15 400 Mark gewann er in der letzten Sendung

Woody-Allen-Fan Andreas Mertens wußte alles über seinen Lieblingsregisseur und verteidigt den Titel. Seine Gegner haben die Fachgebiete Neuseeland und Ernest Hemingway. Die Gruppe MSSO, wie sich das frühere „Munich Symphony Sound Orchestra" jetzt kurz und knapp nennt, spielt „Fernando" und „Danielo". Außerdem dabei: Liego Gambini und Franz Lambert mit „Vila Vita". **80 Min.**

## 21.00 Kinder im Krankenhaus

**Eine Woche zu Besuch auf der Krebsstation**

„K 9" heißt die Kinder-Krebsstation der Uni-Klinik Mannheim. Eine Woche lang waren ein ZDF-Team und Autor Peter Härtling – er las aus seinem Buch „Ben und Anna" (l.) – dort zu Gast. Sie sprachen mit den kleinen Patienten über ihre Krankheit, zu der, wie die Kinder es selbst ausdrücken, „Angst vor dem Tod und eine unbändige Lebenslust gehören".

## 23.10 Der Selbstmörder

**Eine ironische Komödie**

Der Kleinbürger Semjon Semjonowitsch Podsekainikow will sich umbringen, heißt es. Ein Verdacht, der Folgen hat: Ein Intelligenzler, eine Lebedame, ein Pope und ein Metzger bitten Semjon, testamentarisch zu erklären, daß er für ihre Ideen gestorben ist. **121 Min.**

Schießen oder nicht? Semjon (Stefan Wigger) zögert noch

= schwarz/weiß = Untertitel für Hörgeschädigte = Stereo = Zweikanalton

HÖRZU **99**

# Kabel und Satellit

9. Nov. DO

## PRO 7

**8.25 Programmvorschau**
**8.35 77 Sunset Strip** Krimiserie
Pelze und Kugeln
**9.10 Wh. vom Vortag:** 20 000 Meilen unter dem Meer / Western von gestern / Bret Maverick / Kino / Bill Cosby / Die kleinen Strolche
**13.10 PRO 7 – Humor**
**13.26 Insel der zornigen Götter** (Wh.)
US-Spielfilm 1951. Mit Debra Paget und Louis Jourdan als Abenteurer, der sich in eine Südsee-Prinzessin verliebt. **95 Min.**
**15.10 Nachr.** (auch 17.50, 19.35, 0.20)
**15.15 In der Wildnis Kanadas**
**15.40 Ein Treppenhaus in Rom**
Letzter Teil: Die Liebe siegt
**16.15 Zauber, Zoff und Phantasie**
**17.15 Es darf gelacht werden**
**18.00 Western von gestern** US-Serie
Ein Cowboy in New York
**18.25 Reise-Spiel**
**18.40 Petrocelli** Hilfe für Frankie
**19.45 Ach du lieber Vater** Comedy
Na dann, fröhliche Weihnachten
**20.15 Hawaii fünf null** US-Krimiserie
Die Königin von Polynesien
**21.10 Odongo** Engl. Abenteuerfilm von 1956. Mit Rhonda Fleming, Macdonald Carey

## Eins Plus

**19.00 Kulturweltspiegel Plus**
Moderation: Dagmar Sauerstein
**19.50 Hundert Meisterwerke**
Georges Braque: Die Musikerin
Gesehen von Edwin Mullins
**20.00 Tagesschau**
**20.15 Dann ist nichts mehr wie vorher**
**Deutscher Spielfilm von 1986**
Mit Zacharias Preen, Barbara Rudnik, Karin Baal, Heinz Hönig
Regie: Gerd Roman Frosch
Norbert, vom tristen Alltag angeödet, flieht in Kinoträume. Als er Zeuge bei der Verhaftung eines Mörders wird, sieht er in dem Täter einen Kinohelden. Auch die Liebe zu einer Frau erlebt er wie im Film. **85 Min.**
**21.40 Ich beichte**
**US-Thriller von 1952**
Mit Montgomery Clift, Anne Baxter, Karl Malden, O. E. Hasse
Regie: Alfred Hitchcock
In Quebec wird ein Rechtsanwalt ermordet. Der Täter beichtet das Verbrechen Pater Logan. Der Geistliche wahrt das furchtbare Geheimnis – auch als er selber in Verdacht gerät, den Mord begangen zu haben. **91 Min.**
**23.10 Subway –**

## 3sat mit Musikkanal

**14.25** Programmübersicht
**14.30 Hoffmanns Erzählungen**
Oper von Jacques Offenbach
Mit Jon Piso, Sylvia Geszty, Thomas Tipton, Herold Kraus, dem Chor und Orchester der Bayerischen Staatsoper. Leitung: Christoph von Dohnanyi
**16.30 Das Spiel kann beginnen!**
**17.15** Heute abend in 3sat
**17.20 Mini-ZIB / Morgen schon** 3. Teil
**18.00 sport-zeit** Magazin
**19.00 heute / 3sat-Studio**
**19.30 Ein Fall für zwei** Krimiserie
**Der Jäger als Hase** (1982)
Mit Günter Strack, Claus Theo Gärtner, Gerd Böckmann
Die Story, die Staatsanwalt Weiermüller Dr. Renz erzählt, klingt absurd. Er behauptet, daß es einen Wagen mit seiner Autonummer gibt, dessen Fahrer Unfälle verursacht. Renz schickt Matula in den Heimatort des Staatsanwalts.
**20.30 Psychologie der Hoffnung**
6tlg. Reihe von Peter Schnitzler
2. Teil: Einatmen, ausatmen
**21.00 Rundschau** Polit. Magazin
**21.45 Kulturjournal / sport-zeit**
**22.00 Zeit im Bild 2** Nachrichten

## TELE 5

**6.00 Magazin** mit Musik, Cartoons
**9.00** Jawoll meine Herren (Wh.)
**10.00** Fashion affairs. US-Serie (Wh.)
**10.30 Bazar** Frauenmagazin
**11.00 Henderson** Serie. Der Alptraum
**11.30** Ruck Zuck. Spielshow (Wh.)
**12.00 Cartoons** oder **Regionales**
**12.30 Nachr. / Glashaus** Live-Magazin
**13.00** Cartoons. Brave Star (Wh.)
**13.30** Yesterday (Wh.) / **Eurochart**
**15.30 US-Sport** Magazin (Wh.)
**16.30 bim bam bino** Für Kinder. U.a.: Die Schlümpfe / Ghostbusters
**18.30 Nachr. / Glashaus** Magazin
**19.00 Fashion affairs** US-Serie
Betrogene Frauen
**19.30 Ruck Zuck** Spielshow
**20.00 Die Schlümpfe** Trickfilm
**20.15 Hilfe, mein Mann ist schwanger!** Ital.-französ. Filmkomödie von 1973. Mit Marcello Mastroianni, Catherine Deneuve
Regie: Jacques Demy
Der Hausarzt eröffnet dem Fahrlehrer Marco Mazetti, er sei schwanger. Die Attraktion für eine Umstandsmoden-Firma! Sie vermarktet Marco weltweit. **105 Min.**
**22.00 Weltsport** Magazin
**23.00 Nachtexpreß** Talkshow
Zu Gast: SPD-Politiker

DO 9. Nov.

## 3. Berlin

**9.00 Bildungsprogramm** Ablauf wie Mittwoch, 16.30 bis 18.00 Uhr
**10.30** Hamburger Journal (Wh.)
**11.00** Schleswig-Holstein-Magazin (Wh.)
**11.30** Der Aktienmarkt
**13.30** Nordtext-Programmvorschau
**16.30 Bildungsprogramm**
Berufsorientierung
Bauschlosser / Feinblechner
**16.45** USA – jenseits der großen Städte
2. Teil: Salina, Kansas
Kommunalpolitik und Wahlen
**17.15** Wo die Tomaten anders riechen
2. Teil:
Kinder sind des Hauses Segen
Geschildert wird der Alltag der Familie Karadag in der Türkei. Der Vater leitet eine kleine Autowerkstatt im Ort Catalca, seine Frau führt den Haushalt, die Söhne Kerem und Cenk gehen zur Grund- bzw. Mittelschule.
**17.45** Politik aktuell
**18.00 Die Sendung mit der Maus**
Lach und Sachgeschichten
**18.30 Dreizeit** Magazin
Vorgesehene Themen: Wieviel Gift ist gesund? Gesetzliche Grenzwerte in Nahrung, Wasser und Luft / Wintergärten. Besitzer berichten über ihre Erfahrungen / Unterricht gegen Geld. Private Nachhilfestunden / Eßstörungen. Magersucht und Fettleibigkeit als Folge psychischer und sozialer Konflikte
Moderation: Olaf Pessler
**19.15 Fahr' doch selbst mal hin!**
Ausflüge in die Welt der Technik
3. Teil: Es grüne die Tanne, es wachse das Erz!
Schaubergwerke im Harz
Film von Ulrich Knickrehm
Moderation: Helga Schuchardt
Ein Besuch in der stillgelegten Grube Samson in St. Andreasberg und im Oberharzer Bergbau-Museum Clausthal-Zellerfeld.
**19.30 Die Ostsee**
6teilige Sendereihe. 3. Teil:
Das empfindliche Gleichgewicht
Überdüngung mit Nährstoffen aus Landwirtschaft, Industrie und Haushalten verursacht Sauerstoffmangel, der das empfindliche ökologische Gleichgewicht in der Ostsee stört.
**20.00 Tagesschau**
**20.15 Sport 3 Magazin**
Moderation: Alexander Bleick
**21.00 Cartoon: Hugh Harman**
Achtteilige Sendereihe
**Alles Flaschen**
US-Zeichentrickfilm von 1936
Ein Apotheker träumt einen bizarren „Flaschentanz".
*Ab Januar sendet Nord 3 wieder Cartoons von Tex Avery*
**21.10 Kollege kommt gleich**
Originaltitel: Garçon
**Französ. Spielfilm von 1983**
Alex ........ Yves Montand
Claire ........ Nicole Garcia
Gilbert ...... Jacques Villeret
Francis .... Bernard Fresson
Regie: Claude Sautet (Wh.)

Alex (Yves Montand) ist wie ein Jüngling in Claire (Nicole Garcia) verknallt

Alex ist Oberkellner in einer Pariser Brasserie. Trotz seiner 60 Jahre tänzelt er charmant und elegant durchs Gedränge, verliert nie den Überblick. Sein Beruf macht ihm Spaß, er will nur noch einen Wunschtraum verwirklichen: einen Kinderspielplatz einrichten. Unerwartet begegnet er der bezaubernden jungen Claire, und die Liebe zu ihr scheint ihm Flügel zu verleihen . . .
Milieustudie mit einer Paraderolle für Yves Montand. **98 Min.**
**22.50 extra 3** Aktuelle Wochenschau
**23.20 Architektur heute**
Letzter Teil: Die Japaner kommen
Von Michael Blackwood
Ein Porträt des „Altvaters" der japanischen Baukunst, Kenzo Tanges, und seiner Schüler, der jungen Architekten-Elite des modernen Japan.
**0.05 Nachrichten**

## DDR 1

**7.55 Bildungsprogramm**
**9.15** Medizin nach Noten
**9.25** Aktuelle Kamera
**10.00 Schulmeister Spitzbart**
DDR-TV-Film mit Otto Mellies
**11.20 Beobachtungen in Japan**
2. Teil: Kendo und Kinderschloß
**12.00 Sportspezial** Wh. vom Vorabend
**12.45 Die Nacht, als die Synagogen brannten** DDR-Dokumentarfilm
Pause: 13.15–15.00 Uhr
**15.10 Treffpunkt Kino**
Neu auf der Leinwand
**15.40 Klik** Jugendmagazin
**16.25** Hobbys, Tips – so wird's gemacht
**16.50** Medizin nach Noten
**17.00** Nachrichten
**17.15 Mobil** Für Kinder
**18.00 Tiere vor der Kamera**
Hunde mit dem blauen Kreuz
**18.30 Nicaragua – meine Liebe, my love, mon amour**
DDR-Dokumentarfilm von 1988
**18.50** Unser Sandmännchen
**19.00 Das Verkehrsmagazin**
Schwere Lasten, sicher gelenkt
**19.30 Aktuelle Kamera**
**20.00 Spielspaß**
Direktsendung für alle, die Spaß am Spiel haben
Mit „Ding-Dang-Dong", der Aufgabe für Scharf- und Schnelldenker, dem Riesenrollbrett-Jux, Chancen für attraktive Freizeitstunden und dem heiteren Wortgefecht. Gäste: Carmen Nebel, Leni Statz, Jürgen Karney, Wolfgang Röder, Andreas Schmidt-Schaller, Jürgen Schulz. Spielmeister: Hans-Georg Ponesky
**20.45 Prisma** Magazin
**21.20 Komba, Gott der Pygmäen**
**Französ. Spielfilm von 1985**
Mit Ekoma, Didier Sauvegrain
Regie: Raymond Adam
Der vorwiegend mit Laien gedrehte Film erzählt die Geschichte des jungen Pygmäen Ekoma, dessen Volk durch den Raubbau am afrikanischen Regenwald bedroht ist. **90 Min.**
**22.50 Aktuelle Kamera**
**23.05 Berlin-Journal**
Mit Elke Bitterhof und Bodo Freudl (Wh.)
Sendeschluß: 0.15 Uhr

## DDR 2

**8.25 Bildungsprogramm**
**17.00 Für Freunde der russischen Sprache**
Große Namen Rußlands: Sergej Rachmaninow
**17.30 Auf Beizjagd**
Dokumentarfilm mit Untertiteln
**17.50** Unser Sandmännchen
**18.00** Der Alltag eines Zirkusartisten
Dokumentarfilm mit Untertiteln
**19.00 Geschichten übern Gartenzaun**
7teilige DDR-Serie von 1982
1. Teil: Ein warmer Regen (Wh.)
Mit Monika Woytowicz, Manfred Richter, Helga Goering
Tim händigt der Krankenschwester Claudia den Schlüssel für ihren Kleingarten aus. Damit geht für sie und ihre vier Kinder ein Wunschtraum in Erfüllung.
**20.00 Philip Marlowe, Privatdetektiv**
**Kanadischer Krimi von 1986**
Zwei Fälle nach Raymond Chandler
Straßenbekanntschaft Noon Street / Gefahr ist mein Geschäft

Detektiv Marlowe (Powers Boothe) hilft dem jungen, hübschen Mädchen Token

Im ersten Fall kümmert sich Marlowe um junge Mädchen, die nach Hollywood kommen, um Filmkarriere zu machen, aber nur von Männern ausgenutzt werden. Im zweiten Fall bringt er sein Leben in Gefahr, als er Verbrechern auf der Spur ist.
**21.30 Aktuelle Kamera**
**22.05 Filmmale – Mahnmale**
Filme contra Rassenwahn
**22.50 Narren der Liebe**
**2tlg. ungar. TV-Film 1976** (Wh.)
Nach Mor Jokai. 2. Teil
Sendeschluß: 24.00 Uhr

Video-Tip: **VPS** ab 0.00 Uhr: Bitte das Datum des nächsten Tages eingeben

## RTL plus

**6.00 Hallo Europa – Guten Morgen Deutschland** Frühmagazin
**9.10** Die Springfield Story
US-Familienserie (Wh.)
**10.05** Der Preis ist heiß
Gewinnshow (Wh.)
**10.35** Tele-Boutique (Wh.)
**11.00** Equalizer. Der Schutzengel von New York. US-Serie (Wh.)
**11.45** L. A. Law. US-Serie (Wh.)
**12.30 Klassik am Mittag**
Mit dem großen RTL-Orchester
**13.00 Heute bei uns / Tele-Boutique**
**13.30 California Clan**
US-Familienserie. 179. Teil
**14.15 Die fröhliche Wallfahrt**
Dt. Filmkomödie von 1956 (Wh.)
**15.45 netto** Wirtschaft heute
Nachrichten, Aktien-Index
**15.55 RTL aktuell** Nachrichten
**16.00 Die Springfield Story**
US-Serie. 872. Teil
**16.50 Reich und schön**
US-Serie. 116. Teil
**17.15 Der Preis ist heiß**
Gewinnshow mit Harry Wijnvoord
**17.45 Pronto Salvatore** Spiel
Anschließend: Zeichentrickfilm
**17.55 RTL aktuell** Nachrichten
**18.00 Equalizer** Der Schutzengel von New York. US-Krimiserie
**In letzter Sekunde** (Wh. von 88)
Mit Edward Woodward
Vanessa Daniels Baby wird aus der Klinik entführt. Direktor Whitman läßt das ganze Haus auf den Kopf stellen, aber der kleine Tommy bleibt verschwunden. McCall befürchtet, daß das Kind bei einer illegalen Adoptions-Agentur gelandet sein könnte.
**18.45 RTL aktuell** Bilder des Tages
Nachrichten und Sport
Anschl.: **Karlchen / Wetter**
**19.20 Die Sieben-Millionen-Dollar-Frau** US-Actionserie
**Opfer des Krieges**
Mit Lindsay Wagner
Major John Cross hat im Krieg seine vietnamesische Frau verloren. Seine Tochter steht seitdem unter Schock. Aus Haß entwendet Cross das Lenksystem einer neuen Rakete, um es zu verkaufen.
**20.15 Pazifik-Geschwader 214**
US-Actionserie **Sabotage**
Mit Robert Conrad, Dana Elcar
Der abgeschossene Navy-Pilot Dobson erholt sich auf der Krankenstation. Boyington, der ihn von früher kennt, wundert sich über sein seltsames Verhalten.
**21.10 Laserkill – Todesstrahlen aus dem All**
**US-Science-fiction-Film 1977**
Regie: Michael Rae

Billy (Kim Milford) findet das Lasergewehr eines Außerirdischen und straft alle, die ihm Böses getan haben: seine Mutter, die Polizei und sadistische Punks **90 Min.**
**22.40 RTL aktuell** Bilder des Tages
**22.50 Quartett im Bett**
**Deutsche Filmkomödie 1968**
Mit Insterburg & Co., den Jacob Sisters, Andrea Rau
Regie: Ulrich Schamoni

Gegensätze ziehen sich an: Peter Ehlebracht (l.) und Karl Dall mit den Jacob Sisters Hannelore (links) und Johanna

Vier Berliner Barden nehmen das Leben leicht. Weil's an einer Badewanne mangelt und der Gerichtsvollzieher vor der Tür steht, baden sie im Schlauchboot und bezahlen mit neckischen Liedern. Vier süße Schwestern bringen die Edelgammler auf Trab. **95 Min.**
Kabarettistischer Musikfilm – zum 50. Geburtstag des Berliner Regisseurs Ulrich Schamoni.
**0.25 Betthupferl** Aerobics
Sendeschluß: 0.30 Uhr

## SAT 1

9. Nov. DO

**6.00 Frühstücksfernsehen**
*Bis 9.00 Uhr nur über SK 7:*
**8.30 SAT 1 Blick** (auch 10.00 Uhr)
**8.35** General Hospital. US-Serie (Wh.)
**9.20** Teletip Gesundheit (Wh.)
**9.35** Nachbarn. Austral. Serie (Wh.)
**10.05 SAT 1 – Teleshop**
**10.30 Die große Kür** Österr.-dt. Revuefilm von 1964 (Wh.)
**12.15** Teletip Markt / Glücksrad (Wh.)
**13.00 Tele-Börse** Aus Frankfurt
**14.05 Perrine** Japan. Zeichentrickserie
**14.30 Teletip Kochen** Rezepte
**14.40 General Hospital** US-Serie
Veilchen am Morgen
**15.30 SAT 1 – Teleshop** (Wh.)
**15.55 Der Goldene Schuß**
**16.05 Rauchende Colts**
**Die Neulinge aus Schweden**
Lars und Peter Karlgren aus Schweden sind geschockt: Auf ihrer Reise nach Dodge City werden Vater und Sohn Zeuge, wie ein Viehdieb gehängt wird.
**17.00 SAT 1 Blick** Nachrichten
**17.10 Nachbarn** Austral. Serie
24. Teil: **Dannys erster Sieg**
Shane trainiert heimlich seinen Bruder Danny. Max fühlt sich als Coach hintergangen.
**17.35 Teletip Reise** Sylt

**Regional Berlin**
Bis 19.00 Uhr
**17.45** Wir in Berlin. Vorschau
**17.50** RIAS TV
**18.28 Wir in Berlin - live**
Aktuelles, Nachrichten und Show

**17.50 Berrengers**
11teilige US-Familienserie
5. Teil: **Die neue Kollektion**
Bei Berrengers sind alle gespannt auf die neue Kollektion „Julian Morelle". Todd versucht, ihren Erfolg zu hintertreiben.
*Nur bis 18.15 Uhr über SK 7*
**19.00 Glücksrad** Gewinnspiel
**19.30 Trapper John, M. D.**
US-Serie **Streik**
Während das Pflegepersonal im Memorial-Krankenhaus für höhere Löhne streikt, erleidet Gewerkschaftsführer Calvert eine Herzattacke.
**20.25 SAT 1 Wetter**
**20.30 Cagney & Lacey** US-Krimiserie **Single bleibt Single**
David Keeler macht Cagney einen Heiratsantrag. Sie ist im siebten Himmel – einen Tag lang. Dann kommen ihr Bedenken . . .
**21.25 SAT 1 Blick** Nachrichten
**21.30 Spiel mit der Liebe**
**US-Spielfilm von 1978**
Mit Ali MacGraw, Dean-Paul Martin, Maximilian Schell
Regie: Anthony Harvey

Nicole (Ali MacGraw) und Chris (Dean-Paul Martin) haben Liebesprobleme

Sonnyboy Chris, 25 Jahre alt, steht im Wimbledon-Finale. Statt sich auf Tennis zu konzentrieren, denkt er an Nicole. Rückblende: Die attraktive Vierzigerin hat ihn gefördert, geliebt und wegen ihres reichen Gönners verlassen. – Am Rande sorgen Cracks wie Björn Borg, Vitas Gerulaitis oder Pancho Gonzales für Tennis-Spannung. **125 Min.**
**23.35 SAT 1 Blick** Nachrichten
**23.45 Topics** Aufgalopp zum Millionenspiel. Reportage über das Galopper-Gestüt „Fährhof"
**0.15 Messer an der Kehle**
**US-Western von 1958**
Mit Randolph Scott
1864, Sezessionskrieg. Hauptmann Hayes soll Goldtransporte aus Kalifornien für die Unionsstaaten sicherstellen. Mit brutaler Gewalt versuchen Anhänger der Südstaaten, die Auslieferung zu verhindern. **65 Min.**
**1.20 Programmvorschau**

**Die weiteren Programme auf den nächsten Seiten**

SAT 1 sendet mit VPS-Signal. Alle Uhrzeiten sind VPS-Eingabe-Zeiten

# Fernsehen in der DDR

Ein Kessel Buntes
mit dem herzen dabei

DFF- Fernsehversuchsprogramm, Januar 1953, mit Margit Schaumäker und Herbert Köfer

## »Außenseiter – Spitzenreiter«

Impressionen, Texte und Bilder aus dem Archiv des Fernsehens der DDR (heute Deutsches Rundfunkarchiv, ARD)

Die Schlagerrevue Nr. 1, 1955, mit Heinz Quermann und Gigi Fischer

Das Sandmännchen

**1955**

**Da lacht der Bär**
**Der verschenkte Leutnant**
**Der gefilmte Brehm**
**Flax und Krümel**
**Willi Schwabes Rumpelkammer**
**Meister Nadelöhr**

**1956**

**Zeitgezeichnet**

Da lacht der Bär

Willi Schwabes Rumpelkammer

**1958**

**Der Sandmann/Abendgruß**

**1959**

**Blaulicht, »Zweimal Gestorben«**

Herr Coswig bringt seinen kranken Bruder nach Westberlin, verabreicht ihm eine Überdosis Herztropfen. Die sterblichen Überreste des Toten schickt er in seine Heimatstadt in der DDR, um an das Erbe heranzukommen. Doch als die Polizei einen Komplizen von Coswig mit dem Ausweis des Toten beim illegalen Export von Porzellan stellt, wird der Mord ruchbar, Coswig wird verhaftet.

**Die goldene Note**
**Herzklopfen kostenlos**
**Bei Professor Flimmrich**

Herzklopfen kostenlos

**1960**

**Flucht aus der Hölle**

(erster mehrteiliger Fernsehfilm), Teil 2, »Der Weg nach Tunis«: 1958–1959. Auf seiner Flucht aus der französischen Fremdenlegion gelangt der deutsche Soldat Hans Roeder (Armin Müller-Stahl) über die algerische Grenze nach Tunesien, wo er nur knapp einem Anschlag der Terrororganisation »Rote Hand« entkommt. Als er per Schiff in Hamburg eintrifft, hat ihn der französische Geheimdienst dort bereits avisiert.

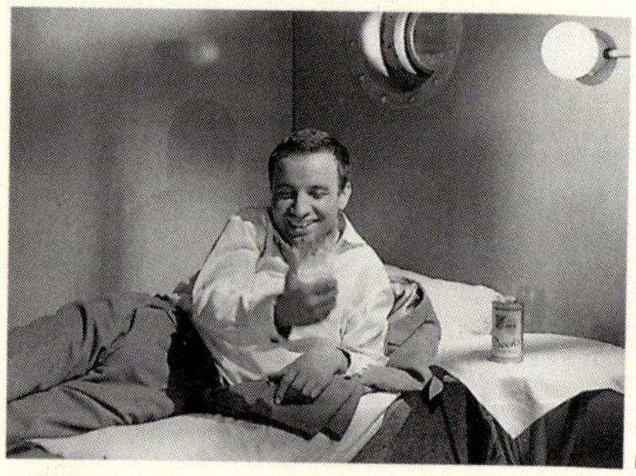

Flucht aus der Hölle

**1961**

**Gewissen in Aufruhr**

Folge 1: 1942–1943. Angesichts der ausweglosen Situation der eingeschlossenen 6. Armee und des sinnlosen Ausharrens im Kessel von Stalingrad gerät Oberst Ebershagen (Erwin Geschonneck) zum ersten Mal mit seinem Gewissen in Konflikt. Bei einem Angriff wird er schwer verwundet und mit einer der letzten Maschinen ausgeflogen. Im Lazarett hat er Zeit, nachzudenken über seine soldatische Pflicht und den verbrecherischen Charakter des Krieges ...

**Der Ermordete greift ein**

Meister Nadelöhr (Eckart Friedrichson)

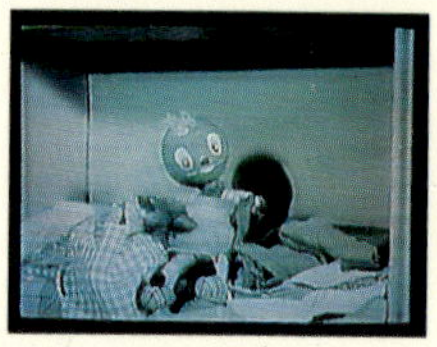

Pittiplatsch, der Liebe

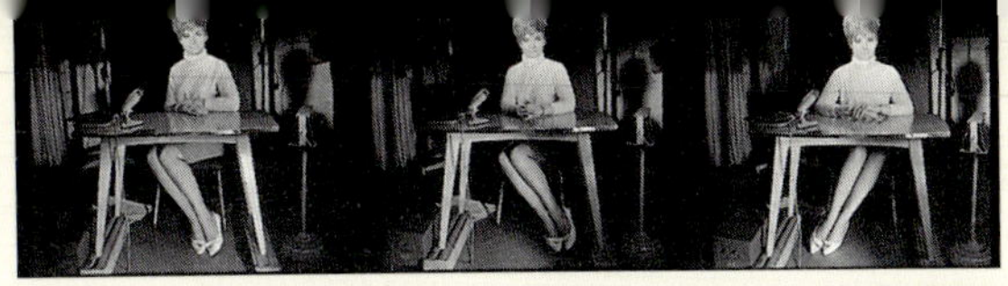
Fernsehansagerin Annemarie Brodhagen

1962

**Das grüne Ungeheuer**
**Tempel des Satans**

1963

**Prisma, Wirtschaftsmagazin**
Frühlingsgedicht zum Auftakt der ersten Sendung; Zusammenhänge und Aspekte der Produktion und des Außenhandels; Studienrat Walter Schramm beweist am Beispiel, welche schöpferischen Reserven noch in der Pädagogik stecken; Schlagerimporte: Horst Lehn untersucht das Problem des Schlagerimports und läßt darüber nachsinnen, ob der »Weiße Holunder« einige Zehntausend jährlich in harter Valuta wert ist.

1964

**Mit dem Herzen dabei**
Unterhaltungssendung, in der verdiente Bürger ideell und materiell ausgezeichnet werden, 6. Sendung:
»Die vier Brummers« erhalten anläßlich der 50. Sendung für die Redaktion Unterhaltung eine Charlie-Chaplin-Biographie mit Widmung Chaplins geschenkt. Ein Wasserwerker übernimmt Dienst für Kollegen, erhält Weihnachtspaket für

Der Wetterbericht

Gewissen in Aufruhr

Bereitschaft. Zwei Wasserwerker werden als Weihnachtsmänner verkleidet, sollen mit Holzpantinen Polka tanzen, bekommen Kiepen mit je zwei lebenden Gänsen auf den Rücken, die sie an Kollegen in der Straßenbahn übergeben sollen. Die zwei besten Schüler Dresdens auf der Bühne. Weihnachtsmänner schenken in Straßenbahn überraschten Arbeitern die Gänse und Tannenzweige mit Geldnoten. Kinder werden mit verbundenen Augen in die Spielzeugabteilung im Warenhaus geführt, sie sollen sich Geschenk aussuchen. Weihnachtsmänner kommen zurück ins Programmm. Ponesky erzählt Geschichte über Hilfe eines tschechischen Kraftfahrers bei Motorradpanne deutscher Urlauber. Weihnachtsmänner sollen Geschenke an Kraftfahrer in CSSR bringen, bekommen Silvesterfeier in Nobel-Hotel in Prag geschenkt. Bericht aus Sansibar: Fachschulstudentin, deren Mann in Sansibar ist, wird über scheinbare Doppelveranstaltung ins Programm gelockt. Ankunft Studentin in Programm, Grüße per Film von ihrem Mann, sie erhält Flugticket nach Sansibar.

**Ritter Blaubart**

Wege übers Land

1965

**Der Staatsanwalt hat das Wort, »Haus am See«:**
Max Bernhard, der neue Inhaber von »Haus am See«, macht aus dem verlotterten Lokal eine Perle der Gastronomie. Um die erforderlichen Mittel für Anbauten und Einrichtung rasch aufzubringen, steigert er skrupellos durch kleine Portionen und dünnen Kaffee seine Einnahmen. Am Ende lautet die Anklage des Staatsanwalts: Betrug und Steuerhinterziehung. Urteil: 2 Jahre mit Bewährung.

1966

**Verkehrsmagazin**
**Ohne Kampf kein Sieg**

1967

**Kriminalfälle ohne Beispiel**
**Kleiner Mann – was nun?**
**Klock acht, achtern Strom**

Chris Doerk und Frank Schöbel

1968

**Wege übers Land, Folge 1**
Die Geschichte beginnt im Jahre 1939. Sie spielt in dem Dorf Rakowen. Gertrud Habersaat (Ursula Karusseit), Magd auf dem Leßtorff-Hof, liebt den jungen Bauern.

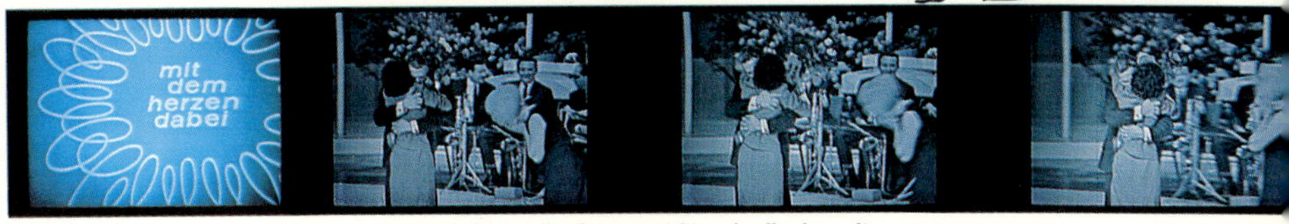

Mit dem Herzen dabei

Er trennt sich von ihr, denn er möchte seine Karriere mit den neuen Machthabern machen. Seine Beziehungen zur Gräfin Palvner (Angelica Domröse) verhelfen ihm dazu. Gertrud heiratet Kalluweit, der einen Hof in den von den Nazis okkupierten Gebieten übernehmen will. Willi Heyer, ein Kommunist (Manfred Krug), befreit mit seinen Genossen in der Nähe von Rakowen einen zum Tode Verurteilten ...

1969

**Du und Dein Garten**

1970

**Hoffmanns Erzählungen**
**Effi Briest**

1971

**Polizeiruf 110**
**Visite**

Polizeiruf 110 mit Peter Borgelt

Aktuelle Kamera

**1972**
**Ein Kessel Buntes**
**Das Licht der schwarzen Kerze**

**Außenseiter – Spitzenreiter**
Unterhaltungsmagazin, das Zuschauerfragen beantwortet und Kuriositäten aufspürt

**1973**
**Rund**

**Das unsichtbare Visier, 1. Teil**
1950. Dem Kundschafter Werner Bredebusch vom MfS der DDR (Armin Müller-Stahl) ist es gelungen, als Achim Detjen in die Organisation der faschistischen Ex-Militärs und ihre argentinischen Schlupfwinkel einzudringen. Er hat sich zur Tarnung in die Rolle des (gefallenen) Jagdfliegers Detjen eingelebt. Er schafft es, den ehemaligen SS-Offizier Born und den ehemaligen Geschwaderchef perfekt zu täuschen. Die Herren weihen ihn in ihre geheimen Pläne ein.

**1974**
**Aber Vati**
**Schätzen Sie mal!**
**Oberhofer Bauernmarkt**

Das unsichtbare Visier

**1976**
**Daniel Druskat, Folge 1 und 2**
1945–1971. Daniel Druskat (Hilmar Thate), Vorsitzender einer Genossenschaft in Altenstein, wird von der Staatsanwaltschaft zur Vernehmung abgeholt. Anja, seine Tochter (Sabine Elsholz), macht sich auf den Weg, um bei Freunden ihres Vaters Nachforschungen anzustellen. Zuerst geht sie zu Max Stephan, Vorsitzender der LPG im Nachbardorf. Bei Max Stephan (Manfred Krug) und seiner Frau kann Anja nichts über die Gründe seiner Verhaftung erfahren. Sie fährt weiter zu Anna Preibisch, der Gastwirtin von Horbeck. Dort erfährt sie die Geschichte ihres Vaters und ihrer Mutter Irene Druskat (Angelica Domröse) in den letzten Kriegswochen ...

**Alles singt**
**Die Regentrude**

**1977**
**Zur See**

**1978**
**Schauspielereien**

**1979**
**Spuk unterm Riesenrad**

**1980**
**Archiv des Todes**

**1981**
**Im Krug zum grünen Kranze**

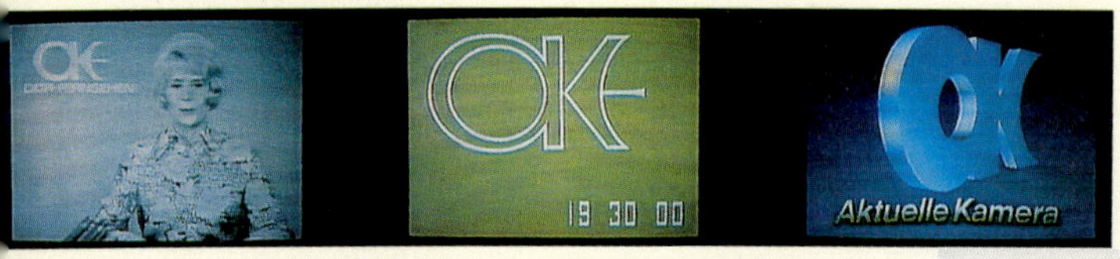

Aktuelle Kamera

Daniel Druskat

Professor Flimmrich

Fernsehkoch Kurt Drummer

Märkische Chronik

Herr Fuchs und Frau Elster

**1983**
**Martin Luther**
**Ferienheim Bergkristall**
**Märkische Chronik**

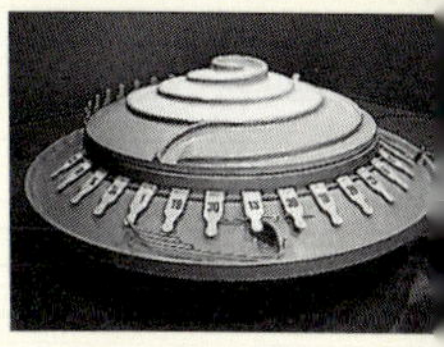

Tele-Lotto

**Bong**
Schlagerwertungssendung. Unter anderem mit
Karat: »Ich liebe jede Stunde«
Delusa, John: »Insel der Liebe«
Zieger, Petra; Smokings: »FKK«
Lippert, Wolfgang: »Erna kommt«
Rückert, Gaby; Gruppe Jojo: »Ich will Liebe«

Showkolade mit Gunter Emmerlich

**1984**
**Front ohne Gnade**
**Drei reizende Schwestern**
**Die Überfahrt**

**1985**
**Zahn um Zahn**
**Sachsens Glanz und Preußens Gloria**
**Johann Sebastian Bach**

Sportreporter Heinz Florian Oertel

**1987**
**Showkolade**

**1988**
**Die Weihnachtsgans Auguste**

**1989**
**Klartext**
»Tatsachen«, 2.11.1989:
Mit der Wende haben sich auch die Medien der DDR radikal gewandelt. Der Film schildert am Beispiel der Wirtschaftsredaktion der »Berliner Zeitung«, wie Journalisten mit dieser Wende umgehen.

Die Moderatoren von RUND

**Donnerstagsgespräch**
19.10.1989: Gesprächsrunde zu aktuellen Themen mit Prof. Otto Reinhold, Prof. Dr. Erich Hahn, Karl-Eduard von Schnitzler und Prof. Max Schmidt

Karl Eduard von Schnitzler

**Kai aus der Kiste**
**Elf99**

**1990**
**Azur. Das Reisejournal**

Gewerkschaftsvorsitzender Harry Tisch zu Besuch bei der Jugendsendung Elf99

19.3.1990: Garmisch-Partenkirchen, Mallorca-Reisen, Wolga-Schiffsreise, Wohnungstausch für Urlauber. Interviews: Herr Beich (Verbraucherzentrale Berlin), Herr Gummich (Reisebüro DDR).

**Selbstversuch**
21.1.1990: Handlungsterritorium DDR, Handlungszeit das Jahr 2000. Christa Wolf plädiert in ihrer utopischen Geschichte dafür, daß bei der sich entwickelnden ökonomischen, rechtlichen und gesellschaftlichen Gleichberechtigung der Frau nicht die Wertmaßstäbe des Mannes einfach auf die Frau übertragen werden. Zu dieser Erkenntnis kommt eine junge Wissenschaftlerin (Johanna Schall), die sich aus Liebe zu ihrem Professor einem Selbstversuch unterzieht, der sie zeitweilig zu einem Mann werden läßt. Sie findet zu neuen ethischen Maßstäben für die Nutzung wissenschaftlicher Entdeckungen.

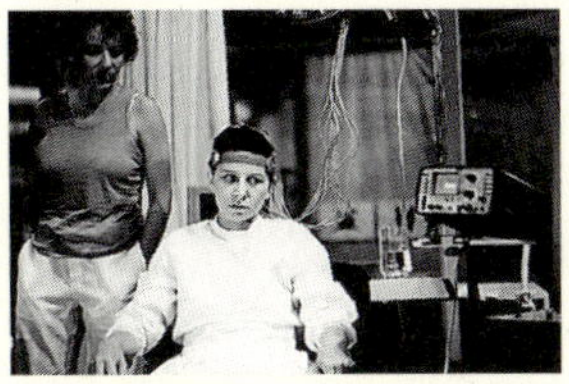

Selbstversuch

## DDR-Ansagerinnen

1957: Margit Schaumäker, die erste Ansagerin des Fernsehens der DDR, das am 21. Dezember 1952, zum 73. Geburtstag Stalins, erstmals auf Sendung ging – vier Tage vor dem offiziellen Start des Fernsehens in der BRD.

Foto: Wolfgang Maria Weber

Gerlind Ahnert

Fanny Damaschke

Erika Radtke

Annemarie Brodhagen

*Interview*

*Berlin, Hauptstadt der DDR, 23. November 1989: Egon Krenz, neuer Staatsratsvorsitzender der Deutschen Demokratischen Republik, und WDR-Fernseh-Chefredakteur Fritz Pleitgen sichten ihr soeben aufgenommenes Interview im Ost-Berliner ARD-Studio.*

***Pleitgen:*** *Wir hatten jetzt in diesem Sommer doch erlebt, daß es eine sehr kritische Zeit gab in der DDR, warum waren Sie da von der Bildfläche verschwunden?*

***Krenz:*** *Tja, wissen Sie, das ist nun eine interne Angelegenheit meiner Partei, aber wenn Sie so offen fragen, muß ich auch so offen antworten. Ich hatte die Absicht, nicht in den Urlaub zu gehen.*

***Pleitgen:*** *Wer hat denn das befohlen?*

***Krenz:*** *Der Generalsekretär hat mich in Urlaub geschickt.*

***Pleitgen:*** *Läßt man sich das gefallen als erwachsenes Politbüro-Mitglied?*

***Krenz:*** *Wissen Sie, in einer bestimmten Situation ist man einer bestimmten Disziplin unterworfen. Heute weiß ich auch, daß eine Disziplin in dem Sinne gut ist, wenn sie das Ergebnis einer kollektiven Diskussion ist ...*

***Pleitgen:*** *Wenn die Bürger Leipzigs am Gebäude des Staatssicherheitsdienstes vorbeiziehen, dann entleert sich ein riesiger Zorn. Man skandiert dort »braune Bande«, »Ihr seid das Letzte«, »Stasi in den Tagebau«. Welche Lehren ziehen Sie daraus?*

***Krenz:*** *Wissen Sie, wir haben auf der Volkskammertagung durch unseren Fraktionssprecher Wolfgang Hager sagen lassen, daß wir für eine neue Sicherheitsdoktrin sind. Aber ich will hier ganz offen sagen, man darf auch keine Ungerechtigkeiten zulassen. Die Mitarbeiter der Sicherheitsorgane sind ja zum Teil junge Menschen, Söhne und Töchter von Menschen, die auch mit auf die Straße gegangen sind. Und deshalb würde ich keine Einteilung gerne wollen der Bevölkerung in solche, die demonstrieren, und solche, die beschimpft werden. Ich wünschte*

## Was Sachsen gerne sehen

Christoph Dieckmann

**Am 4. November** 1995 vollzog das ZDF endlich die deutsche Einheit. An jenem Samstagabend gelang in glückhafter Weise die Vermittlung genuin ostdeutscher Lebensart an ein gesamtdeutsches Massenpublikum. In Thomas Gottschalks Sendung »Wetten, daß ...?« war der 69jährige Erich Schwarz aus Schnepfenthal/Thüringen geladen. Dieser tat vor aller Augen, was er zu Hause heimlich tut, und trat trotz einer Rückgratverkrümmung binnen drei Minuten einhundertmal mit dem rechten Fuß an den Querbalken über der Wohnzimmertür. Diese Darbietung am 6. Jahrestag der Halbmillionendemo auf dem Alexanderplatz gab exemplarisch Auskunft über Leistungsbereitschaft und Freizeitverhalten der Ostdeutschen. Gottschalk lobte Erich, nannte ihn »fit wie ein Turnschuh« und fragte den von Beifall Umbrausten, ob er daheim in Thüringen wohl wen zu grüßen wünsche. Trotz einer Sprachstörung stieß Erich Schwarz hervor: »Nürnberg!«. Dafür gab's DM 4 000,–. Dann kam Michael Jackson.

Zur selben Stunde starb Jitzchak Rabin.

Warum war das Ostfernsehvolk zur Mauerzeit so politisch, warum ist es das heute nicht mehr? Drei Erklärungen; jede stimmt; alle sind defizitär. Erklärung 1: Die Vergnügungen der Industriesender funktionieren als tertium comparationis zwischen Ost und West. Wo man beim »Glücksrad« – hallihallo! – einfach die Ute aus Chemnitz sein darf, ist man vom Ost-West-Befindeln suspendiert. Das macht die Industriesender ja zu Privaten: daß sie die res publica eindampfen auf den häuslichen Jux der Masse. 2. Erklärung: Die Ostler erholen sich immer noch von einem Staat, dessen jegliche Äußerung Propaganda war. Die 3. Erklärung ist ein bißchen deprimierend: Wir waren auch zu Ostzeiten ein Unterhaltungspublikum. Gewiß, wir guckten Westen, Politik: »Tagesschau«, »Weltspiegel«, »Monitor«, »Panorama«, »Kontraste«, die Härtesten gar Karl Eduard von Löwenthals feinsinnige Kontemplationen über unser ostzonales Darben im Russenstall. Wir kannten jeden Bundesminister und keinen der DDR. Unsere innere Beteiligung an Bundestagswahlen übertraf unsere äußerliche an denen zur Volkskammer um fast ein Prozent. All dies war Unterhaltung. Es betraf uns nur höchst mittelbar. Selbst wenn es von uns sprach, blieb es Westfernsehen – ein unentbehrliches Fenster, aber die durch dieses Fenster durch die Mauer schauten, blieben drinnen und hatten kein eigenes Medium politischer Kommunikation als Gespräche, Witze und Gerüchte, den kirchlichen Samisdat und die antiaktuellen Tröstungen der Kunst.

Antiaktualität hat sich als ostdeutsche Tugend bis heute erhalten. Im Westen ist der Publizist profan und flink, ein Polemiker des heutigen Tags. Im Osten muß er Dichter sein. Der Polemiker gilt hier als Bellizist, der sein Torpedoboot moralisch frei flottierend dorthin lenkt, wo er die größte Tonnage versenken kann. In der DDR war nichts profan, dank der repressiven Medienpolitik der SED. Wahrheit oder Lüge gab's, und wer Wahrheit sprach, den erhoben die Jünger zum Künder. Dieser Hohe Ton, der Christa-Wolf-Sound, ist Westlern manchmal ein Neid und manchmal ein Graus.

Eine Westsendung erwarb sich in der DDR höchsten Respekt: »Kennzeichen D«. Hanns-Werner Schwarze, Joachim Jauer und ihre Mitarbeiter haben sich um die deutsche Einheit verdienter gemacht als jene, die sie dauernd im Munde führen. »Kennzeichen D« zeigte und zeigt Ost und West als verschieden und trotzdem kompatibel. Das zu tun scheint einem Ostler, der im Westen schreibt, lohnende Pflicht. Ein Fernsehen, das uns die Verschiedenheit neugierig und gelassen erst einmal beließe, wäre bekömmlicher als allerlei TV-Gebräu des deutschen Einheitsgebotes von 1990.

Über das Westfernsehen als Motor der Wende ist viel geschrieben worden. Daß es nicht unser Fernsehen war, obschon es uns half, merkten wir spät. Mit Mühlfenzl kam der Paternalismus West: manche reden von Okkupation. Es kann die deutsche Fernseh-Einheit nicht besser sein als die politische, die sie ja ausdrückt. Auch die DDR-Revolution zielte zunächst nicht auf Einheit, sondern auf Öffnung, aufs öffentliche Sagen, Schreiben, Senden der Wahrheit. Welcher Wahrheit, fragt man nicht in der Diktatur. Analog zur einen Wahrheit hegte und hegt der Osten einen singulären emphatischen Demokratiebegriff, den der Westen längst nicht mehr teilt. Hier ist der Staat profan und funktionabel, kein Obhüter des Fortschritts. Sozial fühlt der Osten immer noch egalitär. Daß man mit Wohnraum spekulieren darf, Kapital anbeten, Li Peng umarmen, aber Clara-Zetkin-Straßen tilgen, das lernen wir nie. Der Westen hat sich damit abgefunden? Er ist nicht eine Gesellschaft; er zerfällt in Szenen, Milieus, Öffentlichkeiten, partikulare Ideologien. Er zerfällt in Sender. Wir gebrauchen sie. Einst haben wir sie gebraucht.

Einst, Ende der 80er Jahre, war ich im Besitz einer Schwiegermutter an der Ostsee, in Heringsdorf auf Usedom. Sie war in zweiter Ehe vermählt mit Sigi, einem besonders enthemmten Exemplar der Spezies DDR-Heimwerker. Sigi wollte ganz Heringsdorf mit ARD und ZDF bestrahlen, was bislang an der Erdkrümmung gescheitert war. Nun fällte Sigi im Garten die Obstbäume und knallte einen fünfzig Meter hohen Stahlrohrquader als Kollektivantenne hinters Haus, um im Verein mit dem Berliner Fernsehturm die Erde terrestrisch zu entkrümmen. In

*mir, daß der schöne Ruf »Wir sind das Volk« alle die einschließt, die für wirkliche Veränderungen in diesem Lande eintreten ...*
*... ich bin für volle Wahrheit, volle Offenheit. Und die Wahrheit setzt sich am meisten auch im Kampf gegen die Unwahrheit durch. Und deshalb habe ich keinen Grund, jetzt jemanden, der sich gegen die Gesetze vergangen hat, zu verteidigen, aber ich möchte mich schutzend vor all jene stellen, die ihren Dienst versehen haben aufgrund dessen, weil sie der festen Überzeugung waren, daß dieser Auftrag, den sie von ihrer politischen Führung hatten, richtig ist.*

***Pleitgen:*** *Wie können Sie dafür sorgen, daß belastendes Material nicht stickum beiseite geschafft wird?*

***Krenz:*** *Nun, ich denke, dafür geben die Genossen, die jetzt an der Spitze dieser Einrichtung stehen, die Gewähr.*

***Pleitgen:*** *Aber von wem werden sie kontrolliert?*

***Krenz:*** *Sie werden kontrolliert von den entsprechenden Regierungsorganen. Die Regierung ist dem Parlament verantwortlich. Und wir haben erklärt, die Regierung ist niemandem anders verpflichtet als dem Parlament, das heißt der Volkskammer.*

***Pleitgen:*** *Was passiert mit den Daten, die vom Staatssicherheitsdienst über DDR-Bürger gesammelt wurden? Was passiert damit?*

***Krenz:*** *Ich weiß nicht, welche Daten Sie meinen.*

***Pleitgen:*** *Na, da sind doch die Leute beobachtet worden, es ist gesammelt worden, irgendwo wird das wohl erfaßt worden sein ...*

***Krenz:*** *Dazu hat der Generalstaatsanwalt Stellung genommen vor der Volkskammer, und ich möchte mich jetzt nicht in Untersuchungen einschalten, die den dafür zuständigen Organen vorbehalten bleiben. Und möchte deshalb hier nicht vorgreifen, was der Generalstaatsanwalt oder die zuständigen Organe dazu zu sagen haben.*

***Pleitgen:*** *Sie haben jetzt dieser Tage Gespräche geführt mit Rudolf Seiters, dem Kanzleramtsminister. Wie weit sind Sie denn da gekommen? Waren Sie zufrieden danach?*

***Krenz:*** *Hier habe ich gespaltene Gefühle.*

***Pleitgen:*** *Weshalb?*

***Krenz:*** *Ich hatte zwei Gespräche mit Bundeskanzler Kohl am Telefon. Die Atmosphäre dieser Gespräche war sehr gut. Ich hatte den Eindruck, daß wir einen Draht gefunden haben, zunächst* *einen Ferndraht, aber daß man miteinander reden kann. Und das entspricht auch meiner festen Überzeugung, daß die Beziehungen zwischen der DDR und der BRD sich so gestalten müssen, wie zwischen guten Nachbarn üblich. Zwiespältig ist die Reaktion auf diese Gespräche. Also dadurch entsteht mein zwiespältiges Gefühl. Wissen Sie, dieses Gönnerhafte, was in bestimmten Erklärungen von Politikern bei Ihnen zum Ausdruck kommt, oder diese Zensurenverteilung, die kommt bei der Bevölkerung der DDR nicht gut an. Wir sind ja nicht ein Bundesland der BRD. Es mag manches geben, worüber jetzt sehr zwiespältig diskutiert wird, aber ich würde mindestens drei Dinge nennen, wo es einen großen Konsens gibt zwischen vielen Bürgern dieses Landes. Das erste ist, die DDR ist nur vorstellbar als sozialistisches Land. Jetzt könnte man sich darüber unterhalten, wie dieser Sozialismus aussehen soll. Zweitens, die DDR ist nur vorstellbar als souveränes Land. Und drittens, in der DDR ist der Souverän das Volk, das heißt, wenn es noch eines Beweises dafür bedurfte, ist diese große Volksbewegung, von der Sie selbst gesprochen haben, der Beweis dafür. Und diese große Volksbewegung läßt sich nicht bevormunden – weder von uns noch von der anderen Seite.*

***Pleitgen:*** *Und trotzdem muß ich Ihnen eine Beobachtung wiedergeben. Ich habe auch gehört, daß viele Bürger der DDR Angst davor haben, einem Ausverkauf durch die Bundesrepublik ausgeliefert zu sein. Das ist soweit richtig. Ich weiß, daß auch viele Mitglieder des Neuen Forums mir gesagt haben, wir wollen souverän bleiben, wir wollen nicht eine Kolonie oder Sizilien der Bundesrepublik werden. Aber jetzt in Leipzig, auf der Demonstration, gab es riesige Sprechchöre »Deutschland – einig Vaterland«. Und ein Redner, der gesagt hat, wir wollen die Wiedervereinigung, ist dort sehr lebhaft beklatscht worden. Es gibt offensichtlich diesen Konsens nicht mehr.*

***Krenz:*** *Sicherlich wird es auch solche Meinungen geben. In einer Demokratie gibt es viele Meinungen. Und, wissen Sie, die Unterschiedlichkeit unserer Gesellschaftsordnungen ist die eine Sache. Und natürlich ist diese Unterschiedlichkeit der Gesellschaftsordnungen auf deutschem Boden damit verbunden, daß es ja eine*

anderen Orten empfingen die Bürgermeister im Frühjahr 1989 anonyme Drohbriefe: Ohne Schüssel auf dem Dach fällt die Kommunalwahl flach. Was Sigi damals ersehnte, hat er bekommen: Westfernsehen. Doch auf Sigi unerklärliche Weise ist nun auch der Westen DDR: der Staat von hier. Das Drüben fehlt, das Jenseits zu hier, die Alternative zum hiesigen Tag, und somit die alte Zeit. Das ist Ostalgie.

Hochkulturelle Beteuerungen habe ich 1996 eingefangen: Wir gucken streng nach Programmzeitschrift, wir wählen aus, Kultur, Tierfilme lieben wir, und Politik, ARD und ZDF, da geht's korrekt zu, die Privaten lehnen wir ab, und Filme, die von Werbung unterbrochen werden, muten wir uns gar nicht zu. Ich glaube dem Gehörten nicht ganz. Ich bin vor fünf Monaten nach Pankow gezogen, in ein großes kultiviertes Haus mit Gemeinschaftsantenne, dessen Bewohner, kein dummes Volk, sich auf 12 Sender zu einigen hatten. Das Volk hat gewählt. Kein Industriesender fehlt mir nun, nur WDR, N3, Bayern, SWF, arte, CNN und so weiter.

Ich gucke trotzdem fern und will zum Ende des Sermons ein bißchen beichten. Eine Geliebte gebe ich zu, eine öffentlich-rechtliche: »Herzblatt«, die ARD-Kuppelshow mit Reinhard Fendrich, ist von erhabener Idiotie. Noch besser: die morgendliche alte »Dallas«-Wiederholung, auslaufend in die gymnasiastischen Exerzitien von Doktor Carlo Bussi (»Hallo, wir behandeln heute die Problemzone Po!«) oder die des sinologischen Somnambulen Andreas W. Friedrich (»Wir wollen nun die Pipa spielen und den Tiger umarmen.«). Küppersbusch ist gut, Sabine Christiansen klasse, wie Wolf von Lojewski. Klaus Bednarz' Penetranz bleibt unverzichtbar, außer in Kirchenfragen. Willemsen könnte mal was Ernsthaftes probieren. Günter Gaus' Gespräche höre ich immer noch gern. Einmal, spät, nach dem letzten Gruß der ZDF-Nachtkokette, sah ich zappend den sehr ernsten Night-Talker Jürgen Domian, der mir gefiel. Als Fußballfan vermisse ich Wolfram Esser. Volkstümler wie Rubenbauer und Hansch gelten im Westen als gut – wie unvergleichlich besser waren unsere DDR-Fußballtragöden Wolfgang Hempel und Hubert Knobloch. Ich ertrage nicht die sprachtötende Heiterkeit von »ran«, dieses devote Gesabbel vom »Kaiser«, der »Lichtgestalt«, diese Extrakamera für Beckenbauers Mimik, dieses »Schaumermal!« nun schon aus Hansa-Rostock-Mündern. »Ich knie vor dem Kaiser!«, rief neulich ein SAT.1-Reporter aus des Hochmögenden Loge im Münchner Olympia-Stadion. Ich ertrage das nicht. Ich ertrage nicht Harald Schmidt, Didi Hallervorden ... Frau Schreinemakers, wünschte ich, möge möglichst lange ganz für ihr Kind dasein. Ich akzeptiere, daß Jürgen von der Lippe den Bundesbürger darstellt, wie er leibt und lebt. Neulich las ich ein Interview mit dem »Mann-o-Mann«-Präsentator Peer Augustinski: Ob er sich nicht geniere, solchen Tittenschrott zu moderieren? – Ah, sagte der Augustinski, man verstehe ganz falsch. Er sei doch kein Moderator, sondern ein Schauspieler, der einen Moderator spielt.

Und so bin ich wohl auch kein Zuschauer, sondern ein Schauspieler, der einen Zuschauer spielt, so wenig vom Fernsehen erwartend wie das Fernsehen von mir; und wir beide wissen es und haben also einander verdient. Und plötzlich beginnt nach den »Tagesthemen« Volker Koepps »Die Wismut«, zwei Stunden Dokumentarfilm über ostdeutsches Leben im Uranbergbau, schwarzweiß und tief wie die Bibel. Man sieht die schroffen Gesichter, die erzgebirgischen Kittelschürzen, die Gehäuslein entlegenen Lebens, die nur beschreiben kann, wer selber langsam ist, Erzähler, und Geduld hat für die kargen Versprengsel einer resignierten Sprache: »Damals, wie der Vati starb, und sind ja viele unten geblieben, wir haben doch geglaubt, wir haben doch gemacht, und irgendwie mußte man doch, na dann, Martin, stoßen wir mal an, daß de noch 'n bissl leben sollst, wer macht's schon siebzig Jahre.«

Solches Fernsehen läßt Wirklichkeit fremder und zugleich vertrauter werden als das Gerede der Meinung darüber. Aber morgen nehmen wir wieder was kommt, statt was wir wirklich brauchen. Ich klage nicht. Ich komponiere keine Bocksgesänge wider die Spaßkultur. Mich tröstet das gute alte Wort unseres hochverehrten Genossen Erich Honecker: daß man die Westmedien ein- und wieder ausschalten kann.

*gemeinsame Geschichte gibt, daß es eine gemeinsame Sprache gibt, daß es viele verwandtschaftliche Beziehungen gibt. Das alles ist da, und das alles muß man in Rechnung stellen. Deshalb darf man nicht jede Äußerung, die nun zur Wiedervereinigung gemacht wird, als eine Infragestellung der Nachkriegsordnung sehen, sondern auch einfach als ein Bedürfnis, mit den Verwandten oder Bekannten im anderen deutschen Staat zusammenzukommen …*

***Pleitgen:*** *Was sind jetzt die nächsten Schritte, die Sie planen? Was muß jetzt passieren? Oder lassen Sie sich treiben von dem, was das Volk will?*

***Krenz:*** *Also, wir lassen uns überhaupt nicht treiben. Erstens hat die Regierung ein klares Programm. Ich finde es überhaupt sehr gut, daß wir jetzt eine arbeitsfähige Regierung haben, auch eine Regierung, die Vollmachten hat, die wirken kann, die von niemandem eingeschränkt wird, es sei denn, durch die Kraft des Parlaments. Zweitens haben wir ein sehr selbstbewußtes Parlament, das ja am 1. Dezember wieder zusammentritt, um über weitere Maßnahmen zu sprechen. Und dann muß ich Ihnen als Generalsekretär der SED sagen, wir bereiten unseren außerordentlichen Parteitag vor.*

***Pleitgen:*** *Glauben Sie, daß Sie eine Chance haben, bei diesem Parteitag wiedergewählt zu werden?*

***Krenz:*** *Ich kämpfe darum. Ich bin mit dem Programm der Erneuerung, mit dem Aktionsprogramm meiner Partei, das wesentlich meine Handschrift trägt, nicht angetreten, um nach sechs Wochen wieder abzutreten. Aber die Frage ist natürlich, wie sieht das der außerordentliche Parteitag. Ich werde mich jedem Entschluß dieses Parteitages stellen. Ich bin nicht bereit, der Verantwortung zu entfliehen, aber ich hänge auch nicht an irgendwelcher persönlicher Macht, schon gar nicht an irgendeiner Funktion.*

***Pleitgen:*** *Stichwort »Runder Tisch« – Was erwarten Sie sich davon?*

***Krenz:*** *Ich erwarte, daß sich alle politischen Kräfte, die bestehenden Parteien und auch die neuen Gruppierungen, an einen Tisch setzen und über ganz konkrete Fragen reden.*

***Pleitgen:*** *Haben Sie denn dabei das Beispiel Polen auch vor Augen, wonach ja die PVAP dann abtreten mußte?*

***Krenz:*** *Wissen Sie, jedes Land hat seine eigene Spezifik. Und deshalb habe ich hier vor allem die DDR im Auge. Und was das Abtreten betrifft, das sage ich Ihnen, wir wollen auftreten. Wir wollen an diesem Runden Tisch diskutieren und unseren Standpunkt darlegen.*

***Pleitgen:*** *Aber nun sitzen Sie ja in einer sehr bequemen Position. Sie haben alle Schalthebel der Macht in der Hand. Würden Sie denn nun auch den anderen zubilligen, dem Neuen Forum, dem Demokratischen Aufbruch, Demokratie Jetzt, daß sie auch Massenmedien in die Hand bekommen?*

***Krenz:*** *Sehen Sie, wir haben gestern einen Beschluß gefaßt, der die Verantwortung des Staates für die Massenmedien festlegt. Also nicht wir haben den Beschluß, sondern das Politbüro hat das erörtert und entsprechende Vorschläge an die Regierung unterbreitet. Das ist heute im »Neuen Deutschland« nachzulesen. Und die Offenheit in unseren Massenmedien, die ist ja nun so …*

***Pleitgen:*** *… Das reicht ja nicht aus …*

***Krenz:*** *… daß sich keiner beschweren kann. Nun, wissen Sie, für manche in der Bundesrepublik würde nie ausreichen, was wir hier bei uns machen …*

## Außenseiter – Spitzenreiter

*»Außenseiter – Spitzenreiter« gehörte zu den Straßenfegern im Unterhaltungsprogramm des DDR-Fernsehens. Die 1972 erstmals ausgestrahlte Show mit Hans-Joachim Wolfram als Entertainer begeisterte ihr Publikum mit ausgefallenen Nummern, mit Stars wie dem pfeifenden Baby, einer 80jährigen Frau auf Stelzen oder der fernsehenden Ziege. »Außenseiter – Spitzenreiter« (die schlechteste Einschaltquote lag zu DDR-Zeiten angeblich bei 51,5 Prozent) stellte auch Tüftler und Erfinder vor, die aus der Versorgungsnot eine Tugend machten, und munterte die Zuschauer auf, sich im Programm selbst ungeniert wiederzuerkennen, frei nach der Devise: Wir lachen über uns am besten. Die Sendung rettete sich über die Wende ins Programm des Mitteldeutschen Rundfunks (MDR), Leipzig. Wolframs Motto, mit dem er sich von seinem Publikum zum Sendeschluß zu verabschieden pflegte: »Bleiben Sie schön neugierig!«*

**Hans-Joachim Wolfram und Agnes Kraus**

## Heinz der Quermann

Foto: Wolfgang Maria Weber

**Da lacht der Bär: Heinz Quermann, mit allen Wassern gewaschen**

**Alte Hüte, Ladenhüter: Schlager im Sonderangebot mit Lutz Jahoda und Jiři Korn**

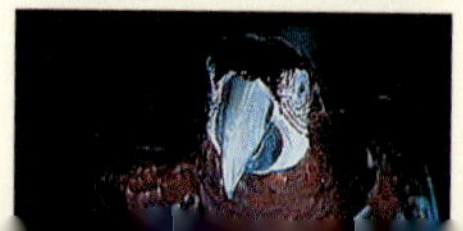

**Heinz Quermann mit Margot Ebert**

*Er war der bunte Hund der DDR-Unterhaltung, Heinz Quermann, den seine Fans gerne auch Heinz den Quermann nannten, wenn er sich vor Mikrofon und Kamera zu einem nicht ganz linientreuen Scherz hinreißen ließ. »Da lacht der Bär«, »Musik, die Ihnen Freude bringt«, »Jeder Mann an jedem Ort, heute raus zum Massensport«, »Herzklopfen kostenlos«, »Zwischen Frühstück und Gänsebraten« – Quermann ließ keine Gelegenheit aus, Patschhändchen mit dem Publikum zu halten.*

*Als TV-Unterhaltungssendung startete »Da lacht der Bär« am 2. November 1955 in der Sporthalle Stalinallee. Die Sendung stand unter der Losung »Deutsche an einen Tisch«. Mit von der Partie damals die drei »Mikrofonisten«: der Sachse Heinz Quermann, der Rheinländer Gustav Müller und der Berliner Gerhard Wollner, ein Tanzorchester aus Leipzig und ein Gast-Trompeter aus Stuttgart.*

***Das Kosmonauten-Menü des DDR-Fernsehens***

*1969 kämpften die USA und die UdSSR auch im Weltraum um den Sieg der Systeme: Apollo versus Sojus. Im Frühjahr gelang den Sowjets die erste Kopplung zweier bemannter Raumkapseln. Am 20. Juli betrat ein Amerikaner als erster Mensch den Mond.*

*Mit einem Tartar »Kosmonauten-Art«, ganz ohne Rindfleisch, führte der Fernsehkoch der DDR, Rudolf Kroboth, damals den Kalten Krieg im All auf seine Weise weiter: Er präsentierte es, unerschrocken und allen Versorgungsmängeln zum Trotz, als Teil eines »Menüs aus dem Jahr 2000«. Hier das Originalrezept, dessen wichtigste Zutaten allerdings bis heute nicht in den Handel gekommen sind (was der Hinweis in Klammern am Ende des Rezepts dezent verschleiern sollte):*

**Tartar »Kosmonauten-Art«, Zutaten (für 4 Personen): 1 Dose Meeresassorti (sowjetische Konserve, bestehend aus Meeresalgen, Meerkohl, Tintenfisch, Muscheln, Fischrogen, Öl und Tomatenmark), 4 Eigelb, Paprika, 4 Eßlöffel gehackte Petersilie oder Dill, 4 Eßlöffel gehackte saure oder grüne Gurken, 4 Eßlöffel gehackte Paprikafrucht (frische, marinierte oder Feinfrostpaprika), 4 Eßlöffel gehackte Zwiebel. Zubereitung: Den Inhalt der Dose Meeresassorti mischen und auf 4 Tellern verteilen. In die Mitte dieser Mischung jeweils 1 rohes, unversehrtes Eigelb geben und mit 1 Prise Paprika bestreuen. Um die Meeresassorti-Portionen je 1 Eßlöffel Petersilie, Gurke, Paprikafrucht und Zwiebel anrichten. Mit Schwarzbrot und Butter servieren. (Die Konserve Meeresassorti ist zur Zeit leider noch der Gastronomie vorbehalten, wird aber vereinzelt auch in Delikat-Läden verkauft.)**

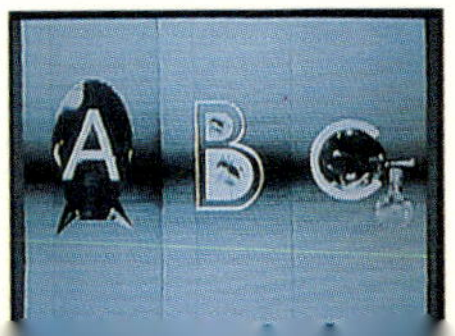

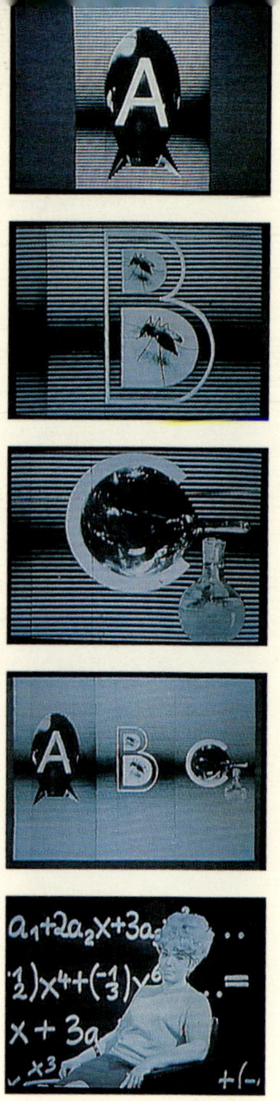


**Atom-ABC »Tele-BZ«, DDR 1963**

»A wie Arbeit, das ist wichtig,
B wie Bildung, das ist richtig,
C wie jedem eine Chance –
so soll es sein.
In der Schule hat man uns das ABC gelehrt,
doch das ABC alleine tut es nicht.
Erst der Standpunkt in dem ruhelosen Zeitgeschehen
gibt dem WIssen und dem Forschen das Gewicht.
A wie atomare Rüstung für den Überfall,
B wie biologisch töten ganz konkret,
C wie chemische Vernichtung heißt das ABC,
lautet der Konzerne Todesalphabet.«

# DDR-TV-Brief

Steffi Pusch

Das DDR-Fernsehkollektiv, 50er Jahre

**Ich habe als Kind** ziemlich oft ferngesehen, bis zu meinem achten Lebensjahr in einem kleinen Dorf im Erzgebirge, wo mein Vater sich vergeblich bemühte, auf unserem kleinen Wohnzimmerbüfett hockend, die West-Antenne in der Hand, den »Brocken« reinzukriegen. Mit »Brocken« verband ich daher immer geheimnisvollen weißen Schnee auf der Mattscheibe, der manchmal aufregend verschwamm und zwei schwarze Streifen bildete, um gleich darauf wieder ganz normaler geheimnisvoller weißer Schnee zu sein. Später wohnte ich in der Nähe von Halle in einer Stadt, wo ich kaum noch jemanden kannte, der »Osten« guckte. Und auch ich ließ mich von den »Waltons«, »Bonanza«, »Elsa« oder »Winnetou« verzaubern. DDR-Fernsehen war out, ich schaute später, Ende der 70er Jahre, notgedrungen die »Aktuelle Kamera«, um in der Schule bei der sogenannten »Wochenschau« im Rahmen von »Agitation und Propaganda« nicht die falsche Wahrheit zu verbreiten. Deshalb bezieht sich meine DDR-Fernsehgeschichte, abgesehen von dieser Pflicht-»Aktuellen Kamera«, ausschließlich auf Unterhaltsames, absolut Unpolitisches. Prägenden Eindruck hinterließ natürlich das Sandmännchen mit seinen Beifilmen. Wichtig waren Pünktchen, Tadeus Punkt, Frau Puppendoktor Pille. Aber am allerwichtigsten war der Besuch im Märchenwald am Samstagabend mit Pitti, Mischka, Schnatterinchen und all den Waldbewohnern, ganz besonders aber Herrn Fuchs + Frau Elster. Ich erinnere mich an *das* Ereignis des Abendgrußes, alle im Dorf sprachen am nächsten Tag davon, und ich wurde sogar noch mal aus dem Bett geholt, als es hieß: Frau Elster fliegt!!! Das hatte man noch nicht gesehen, sie saß sonst immer relativ steif auf dem Märchenwald-Boden. Am Sonntagnachmittag kam »Meister Nadelöhr«. Er spielte auf seiner Schneiderelle, erzählte ein wenig mit Pitti und den anderen, und dann öffnete sich der Vorhang jedesmal für einen kleinen Märchenfilm. Am Samstagnachmittag zeigte Professor Flimmrich Filme. Besonders die russischen Märchen mit der Hexe Babajaga hatten es mir angetan, aber auch die DEFA-Märchen »Jorinde und Joringel«, »Die goldene Gans«, »König

Willi Schwabe, der Fernseharchivar, auf dem Weg in seine Rumpelkammer

Das Fernsehen eine Kastenfrage: mit »Meister Nadelöhr« und den Jungen Pionieren, den »Tausend Tele-Tips« und den »3 Dialektikern« an der Waschmaschine

Drosselbart« (mit Manfred Krug) und später die tschechischen Produktionen. Bei den Trickfilmen waren »Hase und Wolf« meine Favoriten, diese russischen Rivalen. Später kam dann der Liebling aller DDR-Kinder dazu: Gojko Mitič alias »Ulzana«, »Chingankuk (oder so ähnlich), die große Schlange« oder der Häuptling der »Apachen«. Wir brauchten wohl auch einen Winnetou mit einer schönen Squaw (Renate Blume). Daneben erinnere ich mich an eine Serie »Daniel Boone«, ich weiß aber nicht, woher die kam. Es war ein wunderschöner abenteuerlicher Held, der in den wilden Bergen seinen Mut bewies.
An Familienserien kann ich mich kaum erinnern, außer »Aber Vati« mit Erik S. Klein, von der es fünf oder sechs Teile gab. Es ging um einen alleinstehenden Vater mit einem Zwillings-Jungen-Pärchen. Die habe ich mehrmals gesehen. Überhaupt mochte ich diese Fernsehfilme, die fast in Serienform liefen, sehr. Besonders gefiel mir Agnes Kraus mit ihrer Schnauze und dem komischen Gesicht und dem großen Herz.
Eine Serie habe ich immer gerne gesehen: »Das Krankenhaus am Rande der Stadt«, die kam aus Prag und hat mich wegen ihrer eigenartigen Fernsehspiel-Atmosphäre fasziniert. Alle strahlten eine Ruhe, eine gewisse Gelassenheit aus, und es gab Einblicke in den »Alltag« eines anderen Landes.
»Zur See« war auch gern gesehen, weil es was mit Reisen und Ferne zu tun hatte. Leider war die Serie derart von korrekten sozialistischen Persönlichkeiten durchsetzt, daß ich manchmal keine Lust mehr hatte, dann aber trotzdem guckte wegen der »Traumschiff«-Atmosphäre. Ein besonderes Bonbon war für mich »Willi Schwabes Rumpelkammer«. Da fällt mir auch sofort als Requisit die Laterne ein und die knarrende Holztür auf dem verstaubten Dachboden. Ich genoß die alten Filmausschnitte ebenso wie die Montagsfilme vor dem »Schwarzen Kanal«. Ein anderes Requisit wäre die Kuckucksuhr, mit der jeder neue Fall von »Außenseiter – Spitzenreiter« eingeläutet wurde, und natürlich die Waschmaschine vom »Kessel Buntes«. Das war immer das Samstagabend-Ereignis, wo nicht selten Verwandte und Freunde eingeladen wurden, die keinen Fernseher besaßen. Mein Vater fotografierte sogar die Weltstars vom Fernseher ab und zeigte die gestreiften Fotos hinterher stolz herum.
An Jugendsendungen kenne ich nur »Rund«, die immer aus einer anderen Stadt aufgezeichnet wurde und auch einmal in unserer Turnhalle spielte. Da war ich natürlich stolz, dabeizusein und Ute Freudenberg und Veronika Fischer live zu erleben.

Glücksverheißung und Mißgeschick, Tele-Lotto zählte zu den besonders spannenden Sendungen des DDR-Fernsehens: Jede dritte Kugel war ein »Durchläufer«.

Wichtig und faszinierend war auch »Tele-Lotto«. Nach »6 aus 49« gab es nun eine komische Kegel-Pyramide (die oft ihren Dienst versagte), die Spannung wurde erhöht, und nach jeder gefallenen Zahl präsentierte immer eine andere prominente Person einen kleinen Filmbeitrag aus verschiedenen Bereichen. Mal kam ABBA, mal Chris Doerk + Frank Schöbel (das Traumpaar!), mal ein Filmausschnitt. Gewinnen konnte man eh nicht viel, so daß das Zuschauen das wichtigste blieb.
Der Sonntagmorgen war verplant mit »Mach mit, mach's nach, mach's besser« mit Adi, einem kleinen, zwischendurch singenden und blödelnden Mann in Turnschuhen und Trainingsanzug, der Kindermannschaften aus verschiedenen Schulen über Hindernisse jagte. Die Wettkämpfe wurden von einer erhöht sitzenden Jury beobachtet und bewertet und spornten die Kinder zu Höchstleistungen an. Ich habe mir immer gewünscht, auch mal in so einer Mannschaft dabeizusein, doch meine äußerst mangelhaften sportlichen Leistungen schoben da für immer einen Riegel vor.
Zum Schluß muß ich noch »Tausend Tele-Tips« erwähnen, die mir bis heute mit klugen Sprüchen im Ohr geblieben sind. Eigentlich war das der Versuch von Fernsehwerbung, hielt sich aber irgendwie nicht lange. Außerdem waren das nie tausend, sondern immer höchstens drei Tips.
Besonders: »AKA-Elektrik. In jedem Haus zu Hause« (natürlich in eine eingängige Musik verpackt)
»Baden mit Badusan, Badusan, Badusan« (Ein Mann saß in einer Badewanne, spielte mit Schaum und Quietschente, während er sang.)
»Bei Gasgeruch muß Hilfe her!« (Zeichentrick-Männchen riecht Gas – dreht Hahn zu – Zeigefinger)
»Sie brauchen nicht im Dunkeln zu stehen – Blankolux.«

# Spielspaß

mit DING DANG DONG

20.00

»Na – das ist doch ...« und »Was könnte das sein?« Die neue »Spielspaß«-Runde für den Scharf- und Schnelldenker hat gezündet. Tausende Zuschauer bewerben sich mit ihren Ideen um eine Autorenschaft. Wird dieses Spiel ein neuer Dauerbrenner im »Spielspaß«-Wettbewerb? Auf jeden Fall wird schon diesmal mit den Angeboten von Frau Hoffmann aus Leipzig und von Herrn Baumann aus Görlitz in »Ding-Dang-Dong«, der neuen Zuschauerhausaufgabe, gespielt. Heute ebenfalls im Angebot: Neuauflage des Riesenrollbrett-Juxes, das heiter-spritzige Wortgefecht und natürlich neue Chancen für die Zuschauer im Wettbewerb um attraktive Freizeitstunden.

## Nikaragua – meine Liebe, my love, mon amour, mi amor

18.30

Die Mitglieder der Brigade »Augusto Cesar Sandino« des WBDJ nennen Nikaragua ihre Liebe. Aus Kanada, der DDR, Moçambique, El Salvador, der Sowjetunion und vielen anderen Ländern, vom ANC und der SWAPO, waren sie für zwei Monate gekommen, um bei der Ernte des Kaffees zu helfen. Nicht nur Stolz und Freude über das Erreichte empfanden diese jungen Internationalisten zum Abschluß ihres Einsatzes. Das Land und seine Bewohner waren ihnen ans Herz gewachsen ...

## 1. Programm

7.55 Russisch (Kl. 10) 3. S.
8.25 ESP (Klasse 7)
8.50 Geographie (Klasse 7)
9.10 Programmvorschau
9.15 Medizin nach Noten
9.25 Aktuelle Kamera
10.00 Schulmeister Spitzbart
11.20 Beobachtungen in Japan
2. »Kendo und Kinderschloß«
12.00 Sport spezial
12.45 Die Nacht, als die Synagogen brannten
13.05 Nachrichten
*Sendepause: 13.15 bis 15.00 Uhr*
15.05 Programmvorschau
15.10 Treffpunkt Kino
15.40 Klik
16.25 Hobbys, Tips – so wird's gemacht!
16.50 Medizin nach Noten
17.00 Nachrichten
17.10 Gewußt wie
17.15 mobil
18.00 Tiere vor der Kamera
»Hunde mit dem blauen Kreuz«
Anschließend
Quoten der Tele-Lotto-Mittwoch-Ziehung
18.30 Nikaragua – meine Liebe, my love, mon amour, mi amor
DEFA-Dokumentarfilm (1988)
18.45 Programmvorschau
18.50 Unser Sandmännchen

## abends

**19.00 Das Verkehrsmagazin**
**19.23 Fernsehtips – Fernsehwetter**
**19.30 Aktuelle Kamera**
**20.00 Spielspaß**
Eine Direktsendung für alle, die Spaß am Spiel haben
Spielmeister: Hans-Georg Ponesky
Redaktion: Hans-Georg Ponesky, Hans-Jürgen Bochert, Andreas Zenker
Regie: Bernd Klockiewicz
**20.45 Prisma**
**21.15 Verkehrskompaß**
**21.20 Komba, Gott der Pygmäen**
Französischer Spielfilm (1985)
Mit Ekoma, Didier Sauvegrain, Jaques Besnier u. a.
Regie: Raymond Adam
**22.50 Aktuelle Kamera**
**23.05 Berlin-Journal**
Mit Elke Bitterhof und Bodo Freudl
Regie: Christoph Enderlein
(Letzte Ausstrahlg. 3. 11. 1989)
**0.05 Nachrichten**
**0.10 Quoten**
der Tele-Lotto-Ziehung

*Sendeschluß gegen 0.15 Uhr*

## Komba, Gott der Pygmäen

21.20

»Ich gebe dir den Wald, der dich ernährt, der dich schützt und verbirgt. Wenn du auch klein sein wirst, wirst du trotzdem stark, frei und glücklich sein«, sprach Gott Komba, der Schöpfer aller Dinge – so erzählt die Legende –, zu den Pygmäen. Bis in die Gegenwart ist ihr Leben untrennbar mit dem afrikanischen Regenwald verbunden geblieben. Doch gedankenloser Raubbau zerstört immer größere Gebiete des Urwaldes und bedroht so auch die Existenz der Pygmäenvölker. Der engagierte französische Spielfilm widmet sich diesem Thema mit großem humanistischem Anspruch. An Originalschauplätzen und mit Laiendarstellern gedreht, erzählt er die Geschichte des jungen Pygmäen Ekoma. Das Werk wurde 1985 als bester französischer Debütfilm mit dem Georg-Sadoul-Preis ausgezeichnet, der seinen Namen dem progressiven französischen Filmhistoriker verdankt.

## Das Verkehrsmagazin

19.00

Tonnenschwere Güter werden täglich rund um die Uhr mit Lastkraftwagen transportiert. Das stellt hohe Anforderungen an die Berufskraftfahrer und verpflichtet sie zu großer Vorsicht und Rücksichtnahme gegenüber anderen Verkehrsteilnehmern. Was ist aber nun am Fahrverhalten eines solchen Lkw anders? Worauf sollten Pkw- und Zweiradfahrer achten, wenn ihnen ein »großer Brummer« mit Anhänger begegnet? Ausblicke aus dem »Cockpit« eines Lkw und besondere (Ein-) Sichten im Beitrag: Schwere Lasten – sicher gelenkt.

## Berlin-Journal

23.05

Zwei Clowns, Juraschka und Leopold (Foto), laden zu einem kurzen Spaziergang in den Zirkus Busch ein, der ein Ensemble des sowjetischen Staatszirkus präsentiert. Bereits Anfang August haben die Gäste ihre Tournee durch die DDR begonnen. Viele Zuschauer konnten in dieser Zeit bereits zirzensische Höchstleistungen wie Nina und Anatoli Kornilows Tierdressur »Mit Elefanten um die Welt« und andere bewundern. »Berlin-Journal« beobachtet das Geschehen außerhalb der Manege, im Sattelgang, wo sich die Artisten vorbereiten, sich erwärmen, die Tiere füttern.

»FF dabei«-Seiten für den 9. November 1989



sw Schwarzweißsendung

## 2. Programm

7.55 **ESP** (Klasse 9)
8.25 **Physik** (Klasse 9)
8.50 **Geographie** (Klasse 6)
9.35 **Musik** (Klasse 4)
10.05 **Staatsbürgerkunde** (Klasse 9)
10.35 sw **Geschichte** (Klasse 10)
11.05 **Biologie** (Klasse 9)
12.10 sw **Geschichte** (Klasse 9)
12.45 sw **English For You** (Klasse 8) 34. Sendung
13.10 **ESP** (Klasse 9)
13.30 **ESP** (Klasse 7)
15.20 Lehrerinformation **Geschichte** (Klasse 6)
17.00 Für Freunde der russischen Sprache (17.00 bis 17.50 Uhr/ 18.00 bis 18.55)
**Große Namen Rußlands: Sergej Rachmaninow**
Historisch-biographisches Porträt des Komponisten (mit Untertiteln)
17.30 **Auf Beizjagd**
Dokumentarfilm des Sowjetischen Fernsehens (mit Untertiteln)
17.50 **Unser Sandmännchen**
18.00 **Der Alltag eines Zirkusartisten**
Dokumentarfilm des Sowjetischen Fernsehens (mit Untertiteln)
18.55 **Nachrichten**

## abends

**19.00 Geschichten übern Gartenzaun**
**1. »Ein warmer Regen«**
Siebenteilige Serie des Fernsehens der DDR (1982)
von Ursula Damm-Wendler und Horst Ulrich Wendler
Dramaturgie: Katrin Treppschuh
Szenenbild: Hans-Georg Völker
Kostüm: Ruth Völker
Musik: Henry Krtschil
Kamera: Siegfried Peters
Regie: Horst Zaeske
(Erstsendung am 5. 11. 1982)

**20.00 Philip Marlowe, Privatdetektiv**
Kanad. Kriminalfilm (1986)
Zwei Fälle nach Raymond Chandler
Mit Powers Boothe
Regie: Robert Iscove

**21.30 Aktuelle Kamera**

**22.00 Wochenendwetter**

**22.05** sw **Filmmale – Mahnmale**
**Filme kontra Rassenwahn**
Buch: Fred Gehler, Ullrich Kasten
Regie: Ullrich Kasten

**22.50 Narren der Liebe (2)**
Zweiteiliger ungarischer Fernsehfilm (1976)
(Letzte Ausstrahlg. 11. 9. 1984)

*Sendeschluß gegen 24.00 Uhr*

20.00

# Philip Marlowe, Privatdetektiv

Wie eng Filmgeschä
Verbrechen im Wes
den sind, war wiede
Raymond Chandlers
Im heutigen ersten
Marlowe (Powers B
kanntschaft Noon S
blutjunge Mädchen
nach Hollywood kon
finden. Und da gibt
ren, die ihnen helfe
chen Entgegenkom

**Angemerkt:** Ray
Erfinder der Marlo
Hollywood genau.
kleinen Unterbrech
Angeles, hatte die
gewissermaßen vor der Haustür. Seine Kriminalstorys nutzte er, um etwas über seine Zeit, die 30er und 40er Jahre in den USA mitzuteilen. Übrigens schien ihm Cary Grant der geeignetste Darsteller für Marlowe zu sein, mit Erfolg gespielt haben ihn jedoch u. a. Humphrey Bogart, Elliot Gould und Robert Mitchum.

Im zweiten Fall – »Gefahr ist mein Geschäft« – soll Marlowe einen reichen Erben von dessen Freundin (Jennifer Dale) trennen, indem er Nachteiliges über die junge Dame herausfindet. Doch wenn Marlowe sucht, findet er mehr – und anderes, als erwartet.

## Geschichten übern Gartenzaun 19.00

Der Monat März ist nicht nur Frühlingsbeginn, sondern bringt auch einen großen Tag für Claudia Hoffmann (Monika Woytowicz) und ihre vier Kinder: Endlich können sie einen eigenen Garten bekommen, und jeder von ihnen verbindet damit unendlich viele Pläne und Ideen. Nur Manfred (Manfred Richter) kann die Begeisterung nicht teilen. Statt Entspannung und Erholung sieht er nur Arbeit auf sich zukommen, fürchtet, daß sein ohnehin kärgliches Liebesleben in der klapprigen Laube völlig zusammenbricht. Doch Claudia ist da ganz anderer Meinung...

## Narren der Liebe

22.50

Die attraktive, schöne Malwina ist auf dem besten Wege, ihre ehrgeizigen Pläne zu verwirklichen, dabei von den Männern ihrer Umgebung tatkräftig unterstützt. – In diesem Fernsehfilm wird das Bild einer Gesellschaft gezeichnet, in der Liebe, Leidenschaften und Intrigen eine nicht geringe Rolle spielen...

Für Freunde der russischen Sprache 18.00

## Der Alltag eines Zirkusartisten

»Jeder von uns hat so eine Art psychologischer Barriere in sich, die er vor dem Auftritt überwinden muß. Mir geht das jeden Tag so. Man betritt die Manege, und alle schauen nur auf dich. Aber der Zirkus ist nun mal mein Leben.« Bescheidene, ehrliche Worte aus dem Munde von Mstislaw Sapaschny. Als Sproß einer traditionsreichen Artistendynastie begann der heute gefeierte Star seine Laufbahn als Neunjähriger. Inzwischen tritt er mit einer einmaligen Tiger-Elefanten-Dressur auf – sozusagen die Krönung hartnäckiger Dressurarbeit, denn »viele geben auf, wenn ein Tier zu starken Charakter zeigt«.

## Filmmale – Mahnmale 22.05

Wie kann das Unvorstellbare vorstellbar werden? Tiefe Betroffenheit über die grausame Wahrheit faschistischen Rassenwahns forderte auch die Filmkünstler zu Haltungen und Werken heraus, mit denen sie aufklärerisch wirken wollten und mahnend, damit das »Nie wieder« ein Credo für Millionen werden sollte. Wanda Jakubowska, die berühmte Regisseurin des Films »Die letzte Etappe« (Szenenfoto), die selbst die Hölle von Auschwitz erlebt und erlitten hatte, formulierte: »Achtung vor dem Menschen, Demut vor dem Reichtum der menschlichen Seele – das hatte uns die Kunst gelehrt. Und was sahen wir jetzt? Eine Welt, in der man aus Menschen Seife, aus Mädchenhaaren Matratzen machte, eine Welt, deren Ungeheuerlichkeit keinen Vergleich zuließ...« Es entstanden »harte Filme«, wahrhafte Filme, gestaltet in der Überzeugung, daß nie wieder reine Schönheit ohne Wahrheit in der Kunst bestehen darf. Die Autoren der Sendung, Fred Gehler und Ullrich Kasten, fanden in berühmten Spielfilmen das Material zu ihrer essayistischen Dokumentation Filme kontra Rassenwahn.

Fotos: DDR-F (3), -/Winkler (3), -/Nickel, -/Nerlich, G. Gueffroy, H. Schulze, H. Klix, FF dabei/Krause, U. Ritter, Zirkusarchiv/Winkler, W. Rowinski, Staatliches Filmarchiv

**Wir sind das Volk**
RTL Spezial

**Das Fernsehen ist mit einem Lächeln auf dem Gesicht geboren. Das ist durch nichts zu erschüttern. Oder möchten Sie etwa eine Propagandamaschine, die Ihnen jede Stunde erklärt, was kulturell anspruchsvoll ist und was nicht?**
**David Letterman**

»Die Doofen« mit den Trophäen des renommierten Adolf-Grimme-Preises

»Die 100.000 Mark Show« mit Ulla Kock am Brink

»Wir haben die Fernsehlandschaft aus ihrem Dornröschenschlaf geweckt, und wer uns jetzt kennt, kennt unsere Visionen …«

## Anders Fernsehen

Aus dem Zitatenschatz des Geschäftsführers Dr. Helmut Thoma

Dr. Helmut Thoma

»Hans Meiser«

»Boxen Extra«: Henry Maske gegen Graciano Rocchigiani

»Schreinemakers TV«
»Bärbel Schäfer«

»Mein Landsmann Karl Kraus hat einmal gesagt: ›Wo wir starren, zwinkert die Moral‹, und er hat die Wächter der Moral als die ›Vollzugsorgane der Unsittlichkeit‹ bezeichnet.«

»Spielen gehört zu den Urtrieben der Menschen. Solange es Fernsehen gibt, wird es auch Game-Shows geben – mal mehr, mal weniger.«

»RTL macht Unterhaltung, kein Programm aus der Volkshochschule oder nach meinem persönlichen Geschmack. Denn der Köder muß dem Fisch schmecken, nicht dem Angler.«

»Fernsehen wird immer weniger dieses Mystische, Hausaltarähnliche haben, es wird noch mehr eine ganz normale Begleiterscheinung des Lebens.«

»Ich wäre heilfroh, wenn wir die Öffentlich-Rechtlichen noch länger hätten; das ist wenigstens eine berechenbare Größe.«

**Fernsehen hat mit Informiertheit sehr wenig zu tun. Wer aber behauptet, ein fernsehsüchtiger Zuschauer könne am Ende nicht mehr zwischen Programm und Realität unterscheiden, redet dummes Zeug. Wir beweisen es jeden Abend: Gerade weil das Fernsehen nicht die Wirklichkeit abbildet, macht es soviel Spaß, es zu verfolgen.**

**David Letterman**

»Gottschalk« mit Nina Hagen und Peter Steiner

»Warum soll sich ein Mann wie Thomas Gottschalk im Fernsehen abnützen? Je häufiger einer da ist, desto leichter kann man sich an ihn gewöhnen, und schon bald wird er als Teil der Familie empfunden. Fernsehen ist schließlich ein Gewohnheitsmedium.«

»Fernsehen ist eine Wundertüte. Auf die Mischung kommt es an. Wir sind gezwungen, dauernd etwas Neues zu machen und immer wieder Wagnisse einzugehen. Wer Erfolg haben will, ist nun einmal dazu verurteilt, das Erreichte stets aufs Spiel zu setzen.«

**Daß sich das Fernsehen nicht zur Integration der Hochkultur und des Erziehungswesens eignet, wenn man sehr viel Geld verdienen will, das muß ich Ihnen sicher nicht erklären.** **David Letterman**

»Explosiv«, das Magazin mit Barbara Eligmann

»Wir wollten von Anfang an keine Messe zelebrieren wie die Tagesschau, sondern eine für alle verständliche News-Show präsentieren. Hard News und guter Boulevard-Journalismus sind die richtige Mischung.«

»Die Dreier-Linie heißt: Fußball, sprich Sport, Porno und als Drittes Spitzenfilme. Dafür sind die Leute bereit zu zahlen.«

»Die Gailtalerin«

»Traumhochzeit« mit Linda de Mol

Zuschauer, losgelassen.
Talk am Nachmittag mit
Bärbel Schäfer

## Frau Jedermann darf auch mal ran!

Sind die Talk-Shows besser als ihr Ruf?

Barbara Sichtermann

**Der Fernsehnachmittag** hat eine miserable Presse. In alten Zeiten gab es nur das Testbild, später dann Tierfilme und Serien, das nahm die Kritik hin. Heute ist die schöne Zeit zwischen 14 und 18 Uhr gestopft voll mit Talk-Shows, eine jagt die andere. Bärbel Schäfer, Ilona Christen, Hans Meiser heißen die Moderatoren bei RTL; das Erste hat Juliane und Andrea und Pfarrer Fliege. Auf Pro 7 ist Arabella Kiesbauer aktiv, bei SAT.1 gibt es schon mittags Vera Intveen. Und so weiter. Die Themen entstammen dem Pandämonium des Privatlebens: »Ungeschminkt geh' ich nicht vor die Tür«, »Wenn der Partner bi ist«, »Meine beste Freundin ist ein Mann«, »Menschen mit zwei Gesichtern«, »Ich habe Aids und lebe noch«, »Er will Kinder, sie Karriere« und »Lust oder Last: der Bauch«. Die Fernsehkritik ist sich quer durch die Printmedien einig, daß diese Talk-Offensive einer Art elektronischer Kanalverschmutzung gleichkomme; selten wurde unisono so vernichtend geurteilt: »das radikal Dümmste«, »Gewäsch«, »Geplapper«, »Phrase«, »Aufkläricht«, »Grauen des Alltags« – von übel beleidigenden Attributen für die Moderatoren zu schweigen. Die Empörung über nachmittägliche Talk-Shows könnte selbst wieder Thema einer dieser Shows sein und würde wahrscheinlich dort nicht schlecht verhandelt. »Ich hasse Talk-Shows, mein Partner glotzt alles« – so etwa klänge der Titel.

Die große Wut auf das große Gequatsche verwechselt die Talk-Nachmittage mit dem Programm alten Stils, das sich an die breite Öffentlichkeit wandte und deren Aufmerksamkeit mit Themen, Macharten und Stars fesselte, die etwas Besonderes darstellten und mit dieser Besonderheit ihre Existenz auf dem Bildschirm und ihren Appell an das Interesse des Zuschauers rechtfertigten.

Mit genau diesem für die breite Öffentlichkeit gemachten Programmangebot hat die nachmittägliche Talk-Linie nichts mehr zu tun. Sie ist trivial und will es sein. Statt des Besonderen bietet sie das Gemeine, statt des Herausragenden das Gewöhnliche, statt des Extremfalls den Durchschnitt. Zwar liegt die Pointe oft darin, daß gerade das Gewöhnliche mit unverhofften Bizarrerien aufwartet, der Kontext ist aber nie ein »Event«, sondern im Gegenteil die Unauffälligkeit. Statt großer Namen und exotischer Schauplätze begegnen uns Menschen von der Straße, die in Studios ohne Glamour mit Moderatoren ohne Star-Qualität über sich selber reden. Aus dem Fernsehen blitzt uns statt der Sensation die Normalität entgegen – ungeschminkt, banal und überraschend vielgestaltig. Diesen Wechsel des Programmappeals haben große Teile der Kritik nicht mitvollzogen. Selbstverständlich ist die Sendung mit Bärbel Schäfer zu der Frage, ob Frauen sich schminken sollen beziehungsweise ob es auch Gelegenheiten gibt, zu denen Natur pur besser paßt, keine Angelegenheit von größerem Interesse. Das aber gibt so eine Sendung auch nicht vor. Das kleinere Interesse genügt ihr. Sie ist kein Programm, das gehobene Unterhaltung, Information oder Belehrung bringt, sondern eine Art Service-Station, ein elektronischer Kummerkasten. Zuschauer, die Probleme mit ihrer Erscheinung, ihrer Beziehung, ihrer Figur oder ihrer Gesundheit haben, können sich von so einer Runde angesprochen fühlen – aber mit einem politischen oder Lifestyle-Magazin oder gar einer Show, in der Persönlichkeiten des öffentlichen Lebens oder Künstler auftreten, hat sie nichts gemein. In gutem Tempo und mit bemerkenswerter Gründlichkeit wird hier eine Mikrofraktion des Alltagslebens durchgehechelt; in der Schmink-Sendung zum Beispiel debattierte eine junge Frau, die sich sogar zum Postholen schön macht, weil: »die Nachbarn könnten mich sehen«, mit einer Befürworterin ehrlicher Kunstlosigkeit in allen Fragen des Outfits, mit einem Jüngling, der seine Freundin aufgab, weil sie sich nicht schminken wollte, mit einem Herrn, der seine Frau verließ, weil sie täglich drei Stunden vorm Spiegel stand, und mit einer Siebzigjährigen, die immer noch kräftig auflegt. Solche Sendungen sind für Zuschauer gemacht, die sich in der betreffenden Mikrofraktion des Alltagslebens mit Sorgen plagen – aber natürlich ebenso für solche, die froh sind, jene Sorgen gerade nicht zu haben, statt dessen aber jede Menge Spaß an den ganz normalen Kuriositäten dieser Welt.

Überhaupt funktioniert das Kummerkastenfernsehen nach der Devise »Jedem Tierchen sein Pläsierchen« und ist insofern eine Schule der Toleranz. Noch vor zwanzig Jahren wäre das alles unmöglich gewesen – nicht weil der Geschmack des Publikums besser war, sondern weil die meisten Menschen viel zu bigott und verbiestert gewesen wären, um über Bisex und Pornos gelassen zu debattieren. In der Sendung »Ich hasse Pornos« wurde einer Barfrau und Porno-Guckerin von einem jungen Puritaner trotz mangelnden Verständnisses alles Recht auf ihre Vorlieben zugestanden, während umgekehrt die Barfrau für eine Mutti eintrat, die sich hatte scheiden lassen, weil ihr Ex sie nötigte, mit ihm Szenen aus Pornos nachzustellen. Man ließ einander gelten, wenn auch manchmal mit Zähneknirschen, sprach unumwunden von Wünschen und Abneigungen und wurde sich einig in der Verurteilung von jeder Art Zwang. Nach diesem diskursiven Muster und unter dieser moralischen Leitlinie: Meinung – Gegenmeinung – Toleranz, laufen die Nachmittags-Talk-Shows sämtlich ab. Die erzieherische Wirkung, die man höheren kritischen Orts dem Fernsehen schlichtweg abspricht, während es eine jugendverderberische und niveauzerstörerische gleichwohl haben soll,

Verzeih mir, verzeih mir

dürfte unter verklemmten Spießern, die, so die Vermutung, das Hauptkontingent der nachmittäglichen Quotenmillion stellen, beträchtlich sein. »Wie kann man bloß Pornos mögen!« – »Haben Sie mal einen gesehen? – »Nee.« – »Na, dann probieren Sie's doch erst mal aus.« – »Puh.« – »Sie müssen nicht, wenn Sie nicht wollen ...« Geht es fairer? Der Fernsehkummerkasten vom Nachmittag ist eine beliebte und wahrscheinlich auch erfolgreiche Waffe im Kampf gegen das Vorurteil.

Es ist heute einem Jugendlichen nicht peinlich, im Fernsehen über seine Pickel oder seinen ersten Orgasmus zu reden, und die Privatheit oder die Trivialität eines Themas stehen für ihn nicht quer zu der Verantwortung des Mediums. Für die Jüngeren ist Fernsehen keine Offenbarung mehr, sondern ein schlichtes Begleitmedium – es kann von Interesse sein, man will es nicht missen, aber es hat keine höheren Weihen und kommt als Verführer nur für Arme in Betracht. Sie, die Jüngeren, haben auch begriffen, daß das Fernsehen verschiedene Sphären von Öffentlichkeit herstellt und bedient und daß am Nachmittag, wenn sie ohne Scheu von ihren Pickeln reden, gerade nicht dic pathetische »große« Öffentlichkeit mit Fritz Pleitgen und Daniel J. Goldhagen dran ist, sondern die Service-Station mit Ilona Christen, die ein wechselndes, auf Fragen des Alltagslebens eingestelltes, buntes Publikum anspricht.

Man mag in der Tatsache, daß die Hemmschwellen beim Reden über Intimstes gesunken sind, einen Kulturverlust erblicken – es gibt da sicher eine Kostenseite. Wahrscheinlich ist aber auch, daß Diskretion und Takt als Tugenden nicht einfach dahingeschwunden, sondern in neue Bezüge eingetreten sind. Man bedauert zum Beispiel die Prostitution des Geheimnisses, das einst über der Erotik geschwebt hat, will aber ungern wahrhaben, daß dieses Geheimnis auch eine repressive Funktion hatte und daß ein großer Gewinn in dem Freimut liegt, der das ganze alte Muckertum mit seinen Lügen und Drohungen – »Von Masturbation kriegt man Rückenmarkschwund« – hinweggefegt hat. Aller Wahrscheinlichkeit nach ist die Bilanz hier positiv – zumal die Schamschranken ja nicht absolut, sondern nur kontextspezifisch gefallen sind und man zum Beispiel in dem anerkannten »Recht auf eine Maske«, auf Verstellung und Spiel, einen neuen Respekt vor dem Innenleben der Menschen erblicken kann. Ein Auftritt im Fernsehen bedeutet heute eben nicht mehr viel, und eine Entblößung im TV-Familienkreis ist nicht schon gleich bloßstellend.

Für die Älteren gilt Fernsehen, wenn's auch ein kleiner Guckkasten ist, so doch als große Bühne, auf der Trivialitäten keinen Platz haben. Aber seit der Zulassung des Privatfunks stimmt diese Gleichsetzung von Fernsehen mit großer Öffentlichkeit nicht mehr. Und es ist nicht einzusehen, warum die Printressorts »Frau und Gesellschaft«, »Vermischtes« und »Fragen Sie Frau Irene« in den elektronischen Medien keine Entsprechung haben dürfen. Diese Entsprechung ist da, sie erfüllt ihre Aufgabe nicht schlecht, und auch die moralische Bilanz – Eitelkeit, Schlüsselloch – ist, der Lanzen wegen, die mit starker »Glaubwürdigkeit« bei Fliege, Christen, Schäfer, Meiser für die Toleranz gebrochen werden, mit ziemlicher Sicherheit positiv.

Hände hoch! Ein Meiser-Spezial: »Warm up« mit dem RTL-Moderator auf Mallorca.

## Zeitgenossen

Karl Prümm

Der Feuermelder.
Ausschnitt aus
»Alarm für Cobra 11«

**Bis 1963 gab es** in der Bundesrepublik ein einziges nationales Programm, erst dann kamen nach und nach das Zweite Deutsche Fernsehen und die Dritten, zunächst regionalen Programme hinzu. Die Medienlandschaft war überschaubar und genau parzelliert – bis zum ersten Auftreten der privaten Anbieter 1984/85. Nun wurde etabliert, was eher hilflos und mißverständlich als duales System bezeichnet wird, ein scheinbar geordnetes, systematisches Nebeneinander von privaten und öffentlichen Anbietern. In Wirklichkeit begann eine bis heute nicht abgeschlossene Phase der Destruktion des alten Monopolfernsehens. Gezielt griffen die neuen Sender die klassischen Programmfelder an, um mit neuen Programmangeboten die Marktdominanz zu erobern, die öffentlich-rechtlichen Sender auf die Plätze zu verweisen, was nach 1994 zum ersten Mal gelang.

Radikal veränderten sich auch die Grundbedingungen des Fernsehens. Die vervielfältigten, bis zu einer neuen Unübersichtlichkeit gesteigerten Angebote ließen die alten umfassenden Öffentlichkeiten zerfallen, entwerteten damit auch die Rede über das Fernsehen, die private und die professionelle Kritik des Programms. Das alte Modell der Familiarität, der Fernsehgemeinde, das in Deutschland so lange gültig war, ist zerbrochen, hat sich aufgelöst im individualisierten Gebrauch des Mediums. Auch die Zeit-Geschichte des Mediums ist zu einem gewissen Abschluß gelangt. Was einmal als reines Abendprogramm begonnen hatte, geht nun pausenlos rund um die Uhr und schmiegt sich dem Zeitpfeil an. Auch noch die letzten Zeitlücken sind ausgefüllt, längst sind wir in die Periode des immerwährenden Bildes eingetreten, das universell per Satellit oder Kabel zu empfangen und beständig verfügbar ist.

Was nun sichtbar wurde, ein Medium in Echtzeit, hatte wenig gemein mit dem, was bislang unter Fernsehen verstanden wurde. Die alten Verabredungen, die vertrauten Genres und Repräsentationsweisen, funktionierten nicht mehr. Seine Ereignishaftigkeit hat das Fernsehen eingebüßt. Es stellt sich nicht mehr als sorgfältig strukturiertes Programm dar, das seine eigene Zeitlichkeit beansprucht. Den Zuschauern des »Frühstücksfernsehens« wird der Bedeutungsverlust drastisch vor Augen geführt. Eine kleine Uhr läuft dort am Bildrand ständig mit. Unerbittlich springt der Sekundenzeiger vor und hat neben der Zeitangabe noch eine andere Botschaft: Fernsehen selbst ist verrinnende Zeit, ein zwanghaftes Kontinuum, das den privilegierten Augenblick nicht mehr zuläßt, in das man sich beliebig ein- und ausschalten kann, ein Medium, das mit der Zeit vergeht und nur noch Vergessen produziert.

Das neue Echtzeitmedium ist die Bühne, auf der öffentlich-rechtliche und private Sender erbittert um Quoten und Marktanteile ringen. Dieses Schauspiel hat den Vorzug der Deutlichkeit, aber die Jagd nach Mehrheiten bringt keineswegs die Wünsche der Zuschauer zum Vorschein. Was wir erblicken, sind die imaginierten, allein durch die Programmacher modellierten Erwartungen des großen Publikums, das es so eigentlich nicht mehr gibt. Es sind Entwürfe von Zuwendung, Popularität und Akzeptanz.

Welche imaginierten Zuschauerwünsche verraten nun die aktuellen Programmangebote? Welche Grundstrategien der Popularitätsgewinnung oder der Popularitätssicherung zeichnen sich gegenwärtig ab? Welche dominanten Formen und Repräsentationsweisen lassen sich beschreiben? Ein solcher Versuch, mit einer bewußt groben Optik auf die vielfältige, fast unüberschaubare Programmaktualität zu blicken, bestätigt noch einmal die offensive Rolle der privaten Sender. Stets stammen die Sendungskonzepte von ihnen, mit denen aggressiv und mit grellen Farben neue Programmfelder besetzt werden. Und in einem stets identischen Szenario ziehen die öffentlich-rechtlichen Sender nach mit bloß gemäßigten Kopien des gleichen Sendungstyps.

Besonders im Nachmittags- und Vorabendprogramm sind solche Angleichungseffekte gut zu studieren. Zur Kaffeezeit beherrscht eine Variante der Talk-Show fast alle Kanäle. Die Uniformität der Abläufe und der Inszenierungsstrategien



**TV-Marktanteile der Sender 1996**

*Zuschauer insgesamt (ab 3 Jahre)*

| | |
|---|---|
| RTL | 17,0 |
| ARD | 14,8 |
| ZDF | 14,4 |
| SAT.1 | 13,2 |
| ARD III | 10,1 |
| Pro 7 | 9,5 |

*Zuschauer, 14 bis 49 Jahre, die entscheidende Zielgruppe für die Werbung*

| | |
|---|---|
| RTL | 19,3 |
| ARD | 10,9 |
| ZDF | 9,5 |
| SAT.1 | 13,8 |
| ARD III | 7,2 |
| Pro 7 | 4,3 |

**TV-Werbemarkt 1996**

*Bruttowerbeumsätze in Prozent*

| | |
|---|---|
| RTL | 29,4 |
| SAT.1 | 26,9 |
| Pro 7 | 20,7 |
| ZDF | 4,8 |
| ARD | 4,1 |

*Damit das Programm bei der Werbewirtschaft zu einem »Renner« wird, muß dessen Preis, genauer: der »Tausendkontaktpreis« (TKP), stimmen. Das ist die Summe, die ein Werbetreibender zahlen muß, um mit seinem Spot 1 000 Zuschauer 30 Sekunden lang zu erreichen.*

*TKP 1996 für 14 – 49jährige*

| | |
|---|---|
| Pro 7 | 28,90 DM |
| RTL | 29,44 DM |
| SAT.1 | 30,93 DM |
| ARD | 47,36 DM |
| ZDF | 47,96 DM |

**Bruttowerbeumsätze RTL (S+P) in DM**

| | |
|---|---|
| 1984 | 11,8 Mio |
| 1985 | 18,1 Mio |
| 1986 | 36,0 Mio |
| 1987 | 66,1 Mio |
| 1988 | 62,6 Mio |
| 1989 | 402,2 Mio |
| 1990 | 960,9 Mio |
| 1991 | 1386,9 Mio |
| 1992 | 2010,8 Mio |
| 1993 | 2577,6 Mio |
| 1994 | 2803,4 Mio |
| 1995 | 2873,4 Mio |
| 1996 | 3,2 Mrd |

*Quelle: RTL*

**Wie das Leben so spielt – Bundy ist der Beste**

*»Ich bin der einzige Mann auf der ganzen Welt«, sagt Al Bundy, nachdem er neben seiner Frau Peggy aufgewacht ist, »der nach dem Aufwachen einen Alptraum hat.« Ein geschmackloser Witz, chauvinistisch, sexistisch, frauenfeindlich und politisch völlig unkorrekt? Gewiß, aber eine großartige Pointe, genau plaziert und so überzeugend gespielt, daß sich viele mit der Situation identifizieren können.*

*»Eine schrecklich nette Familie« (das US-Original heißt »Married with Children«) ist eine Serie, für die es im deutschen Fernsehen kein vergleichbares Angebot gibt. Die »Hesselbachs« und die »Schölermanns«, mit denen ich groß geworden bin, waren Idyllen, die allenfalls durch schlechtes Wetter bei einer Geburtstagsfeier gestört wurden. Die »Lindenstraße« hat den U-Wert eines Volkshochschulkurses in angewandter Nächstenliebe und selbst »Alfred, das Ekel«, immerhin eine Delikatesse im deutschen Fernseheintopf, ist, gemessen an Al Bundy, eine*

»Eine schrecklich nette Familie«

ist frappierend. Vor dem Studiopublikum legen Studiogäste freimütige Bekenntnisse ab über Tragisches oder Bizarres aus ihrer Intimsphäre, tauschen mit anderen Gästen ihre Erinnerungen aus. Die ausschließlich privaten Konfessionen werden durch ein Thema gebündelt: »Sekretärin – ewige Rivalin der Ehefrau?«, »Und plötzlich war sie weg – verlassene Männer«, »Es war Notwehr«, so lauten typische Themen einer einzigen, beliebig herausgegriffenen Woche. Im Unterschied zu den Talkrunden in den Abendprogrammen sind die Eingeladenen keine Prominenten, sondern Durchschnittsmenschen. Zwischen Zuschauer und bekenntnishaftem Erzähler soll nicht die geringste Differenz entstehen. Dem sind die Kamerastrategien angepaßt. Rhythmisch wechselt der Kamerablick vom Sprecher zum Zuhörer, um so das Gleichgewicht von Selbstenthüllung und Schaulust manifest zu machen, das diesen Nachmittagen eine besondere Spannung verleiht.

Die Moderatoren spielen eine Doppelrolle, sie fungieren zugleich als Anheizer und als Therapeuten. Sie feuern immer wieder die Erinnerung an, insistieren auf Details und steigern so die Attraktivität der Enthüllung. Gleichzeitig fangen sie mit ihrer »starken« Persönlichkeit die entfachten Affekte wieder auf. Mit väterlichem Biedersinn (Hans Meiser/RTL), burschikosem Pragmatismus (Ilona Christen/RTL) oder Pseudo-Seelsorge (Jürgen Fliege/ARD) spenden sie Trost – den Erzählern und dem Publikum.

Streng ritualisiert ist die Form, und prinzipiell bis ins Unendliche läßt sich diese Enthüllungsshow weitertreiben. Nur noch gering sind dabei die Differenzen zwischen den privaten und den öffentlich-rechtlichen Anbietern. Rüde und mit der Komik entgleister Formulierungen darf das jugendliche Publikum bei Bärbel Schäfer den intimen Bekenntnissen in die Parade fahren, während Jürgen Fliege pastorales Schweigen erzeugt, nur erlesene Experten neben den Sich-Erinnernden zuläßt. Was früher in den Serien und in den Fernsehspielen (wie in der »Schwarzwaldklinik«) narrativ aufbereitet wurde, vermittelt sich hier zugleich vermittelter, aber auch direkter: in der bildlosen Erinnerung und in der physiognomischen Authentizität. Die Großaufnahme, das bevorzugte Instrument, lädt dazu ein, in den Gesichtern der Erzählenden nach den Spuren des Vergangenen zu suchen.

Für die bekenntnishaften Talk-Shows wird durch ihre Personalisierung geworben, der Name des Moderators wird zum Markenzeichen. »Personality« ist wohl immer noch eine Zauberformel des kalkulierten Programmerfolgs. 1996 hat der von Leo Kirch und Springer dominierte Sender SAT.1 die Anchorwomen und Anchormen, die Quotenkönige, die Starmoderatoren und die idolisierten Entertainer gleich en gros eingekauft und zu einem Gruppenbild der Unwiderstehlichen formiert: Margarethe Schreinemakers, Thomas Gottschalk, Fritz Egner, Harald Schmidt und Erich Böhme, um die wichtigsten zu nennen. Die öffentlich-rechtlichen Sender agieren moderater, doch in die gleiche Richtung. Sie nehmen reumütige Rückkehrer von den Privaten wie Roger Willemsen oder Hape Kerkeling wieder auf, machen durch massierten Einsatz und Wiederholungen den beliebten Talkmaster Alfred Biolek und den Welterzähler Ulrich Wickert zu herausragenden Figuren, die der Startruppe von SAT.1 Paroli bieten sollen.

Immer stärker prägen die Endlos-Serien, die Daily Soaps, das Vorabendprogramm. Tag für Tag läßt die ARD mit »Verbotene Liebe« und »Marienhof« zwei Erzählungen aufeinander folgen, deren Episoden immer neue Anschlußmöglichkeiten eröffnen und damit der tendenziellen Endlosigkeit des Programms entsprechen. Genau darauf abgestimmt ist das Endlos-Angebot des ZDF »Jede Menge Leben«, das schon im Titel Grenzenlosigkeit verspricht und mit der Erzählkonkurrenz der ARD nicht kollidiert. Nach 16 Uhr 30 können die Zuschauer der öffentlich-rechtlichen Kanäle übergangslos in drei Serienwelten eintauchen. Die neuen Endlos-Serien am späten Nachmittag kreisen um junge Helden und huldigen einer Jugendästhetik. Sie sollen die dramatischen Verluste der öffentlich-rechtlichen Programme in dieser Zuschauergruppe ausgleichen. Kopiert wird ein erfolgreiches Muster der privaten Konkurrenz: »Gute Zeiten – Schlechte Zeiten« (RTL), eine aus dem Australischen ins Deutsche transponierte Endlos-Serie, die inzwischen zur Kultserie der 10- bis 16jährigen avancierte, obwohl sie von der Fernsehkritik nur höhnisch kommentiert wurde.

Endlos-Serien verschmelzen mit dem unendlichen Programmdiskurs, füllen ebenso effektiv wie billig große Zeiträume, ermöglichen eine dauernde Präsenz von Erzählkonstellationen, Figuren und Räumen. Endlos-Serien durchbrechen die Grenzen der Fiktion und gehen in die Erfahrungswelten der Zuschauer auf eine sehr direkte Weise ein, wie dies keiner anderen Erzählung gelingt. Endlos-Serien funktionieren wie regelmäßige Treffpunkte mit Leuten, die man mag und die man haßt. Die Figuren werden zu Zeitgenossen der Zuschauer in einem sehr wörtlichen Sinne. Täglich kann er sie sehen, sich mit ihnen vertraut machen, in ihre Lebenswelt eindringen, mit ihnen Freundschaft schließen und mit ihnen altern.

*sympathisch-umgängliche Gestalt. Die schrecklich nette Familie – Al, seine Frau Peggy, ihre Kinder Kelly und Bud und der Hund Buck – setzt sich aus lauter Klischees zusammen. Der Vater ist ein Schuhverkäufer, der sich vor fetten Frauen ekelt und von einem besseren Leben träumt; die Mutter ist chronisch faul, sitzt am liebsten auf dem Sofa, knabbert Süßzeug und sieht fern; die Tochter ist ein geiler Feger mit dem IQ eines Kleiderbügels, der Sohn ist ein schlaues Kerlchen, doch lassen ihn die Mädels immer abblitzen, weswegen er sich mit einer Gummipuppe tröstet. Die Familie wohnt in einem Vorort von Chicago, fährt einen uralten Dodge und träumt »den Traum vom großen Geld«. Und immer wieder sieht es aus, als würden sie es schaffen, doch dann wird aus dem Traum ein Alptraum und die Bundys machen eine Bauchlandung auf dem harten Boden der Wirklichkeit. Eine Doppelfolge, die zu meinen Favoriten zählt, weil sie alle dramatischen und dramaturgischen Elemente der Serie verarbeitet, geht so: Peggy gewinnt in einem Zeitungspreisausschreiben den 1. Preis, eine Kreuzfahrt auf einem Luxusdampfer. Weil sie aber ein gutes Herz hat und nicht allein fahren möchte, tauscht sie das Ticket gegen zwei weniger gute Tickets ein: Al soll mitfahren. Sein Kommentar: «Wenn du nicht meine Frau wärst, würde ich dich küssen!« Doch weil auch die Nachbarn, Marcy und Jefferson, mitfahren möchten, tauscht Peggy die zwei Economy-Tickets gegen vier Tickets in der Unter-Unter-Touristenklasse bei einer »Kreuzfahrt für fette Weiber« ein. Al und Jefferson sind verzweifelt, doch dann taucht die blonde Aerobic-Trainerin Gretchen auf und lädt die beiden zu einer Orgie an Deck ein. Doch Peggy will nicht allein in der Kabine bleiben, und so bleibt Al nichts anderes übrig, als das Fest durch ein Bullauge zu beobachten. Und weil ein Unglück selten allein kommt, geht das Schiff unter, wir sehen Peggy und Al und noch ein paar Passagiere hilflos in einem Schlauchboot treiben, während die beiden Kinder daheim für viel Geld Interviews geben. Die Schiffbrüchigen ziehen Strohhalme, natürlich erwischt Al den kürzesten (»Ich kann nicht glauben, wie kurz der ist«, staunt er, worauf Peggy antwortet: »Oh, wenn ich einen Cent hätte für jedesmal, wo ich das gesagt hab!«), er geht über Bord, um schwimmend Hilfe zu holen;*

*bald darauf werden die Insassen des Schlauchbootes von einem Schiff, das zufällig vorbeischwimmt, gerettet. Schnitt: Peggy sitzt daheim auf dem Sofa und ist im Begriff, viel Geld für ihre Witwen-Geschichte zu kassieren. Da kommt Al, der von Delphinen gerettet wurde, herein und die Reporter verlassen das Haus. Peggy hat ihren Al wieder, doch niemand interessiert sich mehr für ihre Geschichte.*

*In einer anderen Folge, die aus dem Blickwinkel von Buck, dem Hund, erzählt wird, der seit sechs Jahren weder gebadet noch gebürstet wurde und deswegen ins Tierheim flieht, will Al mit seinem Freund Jefferson unbedingt in die Nacktbar, doch seine Familie und sein gutes Herz zwingen ihn, Buck zu suchen. »Die Zeit verfliegt, wenn man verheiratet ist und kein Leben hat«, philosophiert er über seinen letzten Besuch in der Nacktbar, der schon ein Jahr zurückliegt. Natürlich wird Buck am Ende gerettet. Al Bundy ist die Geschichte des ewigen Verlierers, der es dennoch immer wieder versucht und nach jedem Absturz wieder zu einem neuen Versuch ansetzt. Nicht, weil er aus Erfahrung nicht klug wird, sondern weil das Leben weitergeht. Das ist wahrscheinlich die einzige Botschaft, die mit der Serie einhergeht. Der Rest ist Unterhaltung pur: schnelle, witzige Dialoge, gemeine Pointen, anarchische Situationskomik und Plots, die manchmal so absurd sind, daß sie jeden Dada-Preis gewinnen könnten, wie in der Folge, da Marsmännchen Al Bundys Socken klauen, die sie als Antrieb für ihr Raumschiff brauchen. Niemand will Al die Geschichte glauben, er macht Fotos von und mit den Marsmännchen, sie wären ein Vermögen wert, doch dann wird der Film bei der Entwicklung im Labor versaut, und Al hat wieder den Spott zum Schaden.*

*In einer TV-Landschaft, in der verhinderte und gescheiterte Sozialarbeiter wie Jauch, Schreinemakers, Küppersbusch, Fliege und Bärbel Schäfer den Ton angeben, ist ein Kotzbrocken wie Al Bundy eine Wohltat für die Sinne. Eine Oase schlechten Geschmacks auf hohem Niveau, das Beste, was Fernsehen derzeit zu bieten hat.*

*Henryk M. Broder*

Endlos-Serien sind ein stabiler Faktor der Planung und des Gebrauchs. Für die Produzenten bedeuten sie eine langfristige Produktions- und Abnahmegarantie, für den Zuschauer sind sie berechenbare Angebote, die seinen Tagesablauf regulieren. Was macht denn überhaupt noch den Reiz dieser bis zur Leblosigkeit durchkalkulierten Produkte aus? Die Antwort ist einfach: Gerade die Abweichung von der individuellen Erzählung wird zur Attraktion. Die Endlos-Serien orientieren sich an der absoluten Flachheit des Fotoromans, sie geben ihren Zuschauern das Bewußtsein der totalen Beherrschung des Textes. Ihre Bilder sind penibel ausgeleuchtet und extrem tiefenscharf, ihre Figuren von jeder komplexen Psychologie abgelöst.

Ganz konsequent benötigt auch das Spiel der Darsteller keinen differenzierten Ausdruck, keine Gestaltung der Rolle im alten handwerklichen Sinne. In der Endlos-Serie ist das Verhältnis von Erzählung, Körper und Rolle neu geregelt, die herkömmliche Differenz von Rolle und Schauspieler wird kassiert. »Der Darsteller ist die Figur«, proklamierte Hans W. Geißendörfer, der mit der von ihm produzierten »Lindenstraße« den Prototyp dieses neuen Spiels in das deutsche Fernsehen brachte. Die bloße Präsenz des Körpers, das So-Sein des Schauspielers überlagert den von ihm produzierten Ausdruck. Nicht seine professionelle Leistung, sondern seine körperhafte Existenz, seine Gesten, die mit der Rolle nicht koordiniert sind, der Lebensstil, den er verkörpert, die Äußerlichkeiten des Kostüms, Frisuren und Schminktechniken werden zum Schauobjekt. Diese Figuren wirken um so »glaubwürdiger«, je mehr sie sich von den traditionellen Techniken des Schauspiels entfernen. Gerade weil so »schlecht« gespielt wurde, wurde »Gute Zeiten – Schlechte Zeiten« zum überragenden Erfolg und zum Muster der Gattung.

»Gute Zeiten – Schlechte Zeiten«

»Punkt 12« mit Peter Hilffert und Milena Preradovic

Es kann ja sein, daß Amerikaner wissen, daß Fernsehen dort am schädlichsten ist, wo es versucht, ernsthafte Diskussionen über Nachrichten, Politik, Wissenschaft, Bildung, Wirtschaft oder Religion zu führen. Vielleicht wissen amerikanische Zuschauer ganz instinktiv, daß Fernsehen am nützlichsten ist, wenn es um dummes Zeug geht.
David Letterman

»Wie bitte?!«

# Täglich ran – TV Today

**Der 25. April 1997**

Vom Elend einer Fernsehchronistin in den 90er Jahren

Joan Kristin Bleicher

**Je näher die Gegenwart** rückt, desto mehr verschwimmen die Konturen. Kollektive Fernsehereignisse, die in den 60er Jahren noch für leere Straßen sorgten, finden heute nur noch in den Versprechungen der Trailer statt. Alles, so hat es den Anschein, ist spektakulär, sensationell. Das gerade Gesendete gerät dabei um so schneller in Vergessenheit, was seine kostengünstige Wiederholung erleichtert.

In den 90er Jahren wird die Kommerzialisierung des Programms Alltag. Fernsehen ist nicht mehr primär Kulturmedium, Ort gesellschaftlicher Auseinandersetzungen, sondern Forum der Werbung. Bereits Ende der 80er Jahre setzte über alle Sender hinweg die Ausweitung zum 24-Stunden-Programm ein, Garant für ein Optimum an Werbeleisten. Der Wechsel von der Massenansprache zur Zielgruppenorientierung in der Werbung veränderte seit 1992 auch die Programmplanung der kommerziellen Anbieter.

Innovation und Wiederaufbereitung bilden inzwischen die Pole des Programms. Nutzungsschwache Sendezeiten wie die Nacht und der Vormittag werden Sendeplätze für Wiederholungen, für Beiträge vom Vortag oder aus der vergangenen Woche. Die öffentlich-rechtlichen Sender entdecken ihr Archiv als Materialreservoir und füllen damit Programmflächen. Auch die kommerziellen Anbieter nutzen über die Kaufproduktionen fernsehhistorisches Material. Der Programmwechsel per Fernbedienung gerät zur Zeitreise durch die Film- und Fernseh-Geschichte. Der »Trapp«-Familie (ARD) kann man ebenso wiederbegegnen wie der »Enterprise«-Besatzung der ersten Generation (SAT.1). Mit dem Western »Massaker« erreicht man sogar das Filmjahr 1957.

Eigenproduzierte Serien bieten da eine vergleichsweise kostengünstige und imagefördernde Alternative. Doch auch in diesem Bereich dominiert die Wiederaufbereitung, die alten Erfolgsmuster werden mehrfach variiert. »Die Unzertrennlichen« (SAT.1) sind Arzt- und Familienserie in einem. Man versucht sich – wie einst »Die Unverbesserlichen« – in der harmonischen Bewältigung des Alltags: als Arzt garantiert der Vater Gesundheit, zugleich ist er der Helfer in allen Lebenslagen.

Typische Serienformate der 90er Jahre sind Daily Soaps wie »Alle zusammen und jeder für sich« (RTL 2) oder »Unter uns« (RTL). Sie präsentieren in erster Linie Lifestyle und selbstredend die dazugehörenden Produkte. Die Werbung ist nun selbst Bestandteil der Sendung, die neuesten Artikel und Accessoires der Jugendkultur wandern hier bei den Akteuren von Hand zu Hand.

Sport bleibt der Erfolgsgarant für jeden Sender, der ihn sich leisten kann. Wenn

es an eigenen Lizenzen mangelt, berichtet die ARD auch schon mal vom Training der Formel 1 in Imola. Premiere kann immerhin mit dem Topspiel am Freitag aufwarten. Die restlichen Spiele sind in »täglich ran« (SAT.1) zu sehen.
In allen Teilen des Programms veränderte die Machtübernahme durch die Quote die Blickrichtung der Chronistin. Der Betrachtung qualitativer Höhepunkte steht die Diagnose qualitativer Tiefpunkte gegenüber, eine Arbeit für Masochisten, besonders im Bereich der Game-Shows.
Nichts gibt es in der Show-Geschichte, was nicht recycelt wird. So hat »Wahr oder unwahr« (SAT.1), die Schwindelshow, moderiert von Thomas Koschwitz, eine lange Reihe von Vorläufern, »Sag die Wahrheit« zum Beispiel. Ebenso greift »Bitte lächeln« (RTL 2) das »Pleiten, Pech und Pannen«-Spiel der ARD auf, das die menschliche Schadenfreude als Unterhaltungsfaktor nutzt.
Richtig vulgär geht es oft bei den Show-Innovationen zu. RTL 2-»Cashman« zeigt, wozu Menschen auf der Straße in der Lage sind, wenn man mit 500 DM Belohnung winkt. The »Worst of Kalkofes Mattscheibe« (Premiere) markiert nur vereinzelte Beispiele von Geschmacksüberschreitungen in einer einzigen Programmwoche. Harald Schmidt schließlich zelebriert in seiner Late-Night-Show (SAT.1) Geschmacksüberschreitungen als wiederkehrendes Ritual.
Das Fernsehen selbst hat sich als unerläßliches Stoffreservoir etabliert. »RTL Samstag Nacht« ist eine parodistische Adaption der gesamten Programmstruktur, von den Nachrichten über »Zwei Stühle – eine Meinung« bis zum Werbespot »Kentucky schreit Ficken«.
Der Blick nach außen, in die nicht televisionäre Wirklichkeit, ist ein Blick in die Natur. »Kleine Tiere, großer Spaß« (Super RTL), aber auch »Abenteuer Überleben« (SW 3) in der »Wunderbare(n) Welt« (ZDF) der »Tiere und Pflanzen« (ORB) im »Lebensraum Tierpark« (Bayern).
Ansonsten herrscht eine Mischung aus Alltagsthemen und Porträts besonderer Schicksale vor. Das ZDF setzt sich in »Schnurgerade – bis es kracht« wieder einmal mit dem Problem rasender Autofahrer auseinander. Nur arte wagt die stille Erzählung »Der Indianer« von Rolf Schübel. Ein Dokumentarfilm über einen Krebskranken, der auszog, den Tod im Leben nicht zu fürchten. Auch eine Wiederholung. Und doch für mich der einzige Film, der mir vom 25. April 1997 in Erinnerung bleiben wird.

**An der Grenze des Geschmacks scheiden sich die Geister: Late-Night-Show auf SAT.1 mit Harald Schmidt**

»TV TODAY«-Seiten für den 25. April 1997

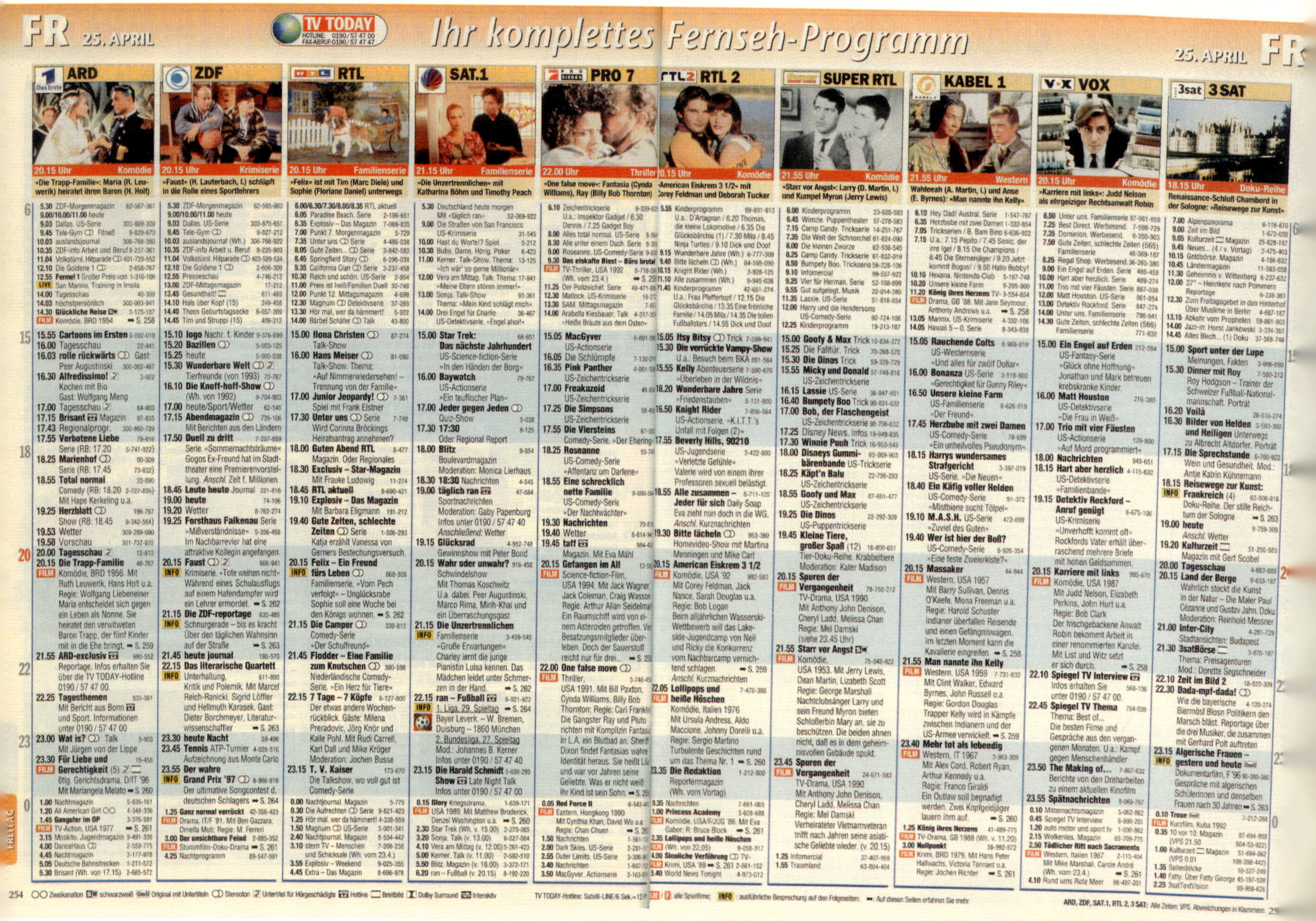
FR 25. APRIL · TV TODAY · HOTLINE: 0190/57 47 00 · FAX-ABRUF: 0190/57 47 47 · Ihr komplettes Fernseh-Programm · 25. APRIL FR

ARD · 20.15 Uhr Komödie · »Die Trapp-Familie«: Maria (R. Leuwerik) heiratet ihren Baron (H. Holt)

ZDF · 20.15 Uhr Krimiserie · »Faust« (H. Lauterbach, l.) schlüpft in die Rolle eines Sportlehrers

RTL · 20.15 Uhr Familienserie · »Felix« ist mit Tim (Marc Diele) und Sophie (Floriane Daniel) unterwegs

SAT.1 · 21.15 Uhr Familienserie · »Die Unzertrennlichen« mit Katharina Böhm und Timothy Peach

PRO 7 · 22.00 Uhr Thriller · »One false move«: Fantasia (Cynda Williams), Ray (Billy Bob Thornton)

RTL 2 · 20.15 Uhr Komödie · »American Eiskrem 3 1/2« mit Corey Feldman und Deborah Tucker

SUPER RTL · 21.55 Uhr Komödie · »Starr vor Angst«: Larry (D. Martin, l.) und Kumpel Myron (Jerry Lewis)

KABEL 1 · 21.55 Uhr Western · Wahleeah (A. Martin, l.) und Anse (E. Byrnes): »Man nannte ihn Kelly«

VOX · 20.15 Uhr Komödie · »Karriere mit links«: Judd Nelson als ehrgeiziger Rechtsanwalt Robin

3SAT · 18.15 Uhr Doku-Reihe · Renaissance-Schloß Chambord in der Sologne: »Reisewege zur Kunst«

Wenn drei sich streiten, freuen sich alle, Zuschauer, Autor und Verleger. Das »Literarische Quartett« (ZDF) mit Sigrid Löffler, Hellmuth Karasek und Marcel Reich-Ranicki

FR 25. APRIL

TV TODAY

Ihr komplettes Fernseh-Programm

25. APRIL FR

ARTE — 22.25 Uhr Doku — »Der Indianer«: Leo Lentz (l.) nach der ersten Bestrahlung

BAYERN — 23.15 Uhr Krimiserie — Paulette (K. Walker) ist »Ein Fall für Mac« (M. O'Keefe)

N3 NORD — 1.00 Uhr Drama — »Der Teufel und die tiefe blaue See«: Stephen Rea, Ling Chu

WDR WEST — 15.30 Uhr Doku — »Indonesien«: Orang-Utans fühlen sich auf Borneo wohl

SW III — 22.20 Uhr Talk-Show — Moderator Wieland Backes lädt ein zum »Nachtcafé«

HESSEN — 22.45 Uhr Krimi — »Auf leisen Sohlen kommt der Tod«: B. Reynolds (l.), R. Welch

MDR — 15 Uhr Show — »... umm gelaufen«: Frank ... nder sucht nach Gästen

ORB — 20.15 Uhr Doku — »Tanna, die unglaubliche Insel« – ein Südseeparadies

ORF 1 — 23.05 Uhr Krimi — »Concrete War«: Jeff (Michael Paré) will seine Frau retten

ORF 2 — 20.15 Uhr Krimiserie — Ist Stephanie (S. Pages, r.) eine Mörderin?: »Ein Fall für zwei«

EUROSPORT — 19.30 Uhr Eishockey — Bei der »WM« will sich Peter Draisaitl (r.) durchsetzen

PREMIERE — 22.15 Uhr Thriller — Angela (S. Bullock) knackt »Das Netz« von Hackern

KINDERKANAL

MTV — VIVA — NICKELODEON — NBC — B1 / SENDER FREIES BERLIN — TM 3 — TRT — DRS — DEUTSCHES SPORTFERNSEHEN — NEWS-SENDER

WETTER UND REISE TELEVISION

257

## Verabredung mit der Wirklichkeit um Mitternacht

Thomas Schadt, »Autobahnkrieg«, 1992

**Autofahrer 1:** *»Ich wurde schon mal provoziert, auf jeden Fall, sehr häufig. Durch zu dichtes Auffahren dann, oder aber daß einer nicht nach rechts rüber gefahren ist. Das ist ja auch eine Provokation ...«*
**Autofahrer 2:** *»Und deshalb sehe ich natürlich auch besonders schnelle Autos, große Autos, oder überhaupt jedes Auto, in der heutigen Zeit, denn jedes Auto, auch die Kleinwagen, haben ihre vierzig, fünfzig PS, als Waffe an.«*
**Autofahrer 3:** *»Geschwindigkeit ist ein Rausch. Das weckt einfach Gefühle. Man sagt ja bei Rennfahrern zum Beispiel, die fahren mit dem Hintern. Das Gefühl kommt also von innen raus.«*

**Zwei Dokumentarfilme** der 90er Jahre, wie sie gegensätzlicher kaum sein können: »Autobahnkrieg« von Thomas Schadt (40) und »Frau Siebert und ihre Schüler« von Hans-Dieter Grabe (60). Beide Filme sind Reaktionen auf die Konkurrenz der Kanäle, das sich ständig steigernde Tempo, die veränderte Wahrnehmung der Zuschauer.

Schadt, der seinen Weg als Dokumentarist mit Hilfe der Südwestfunk-Reihe »Menschen und Straßen« (Redaktion: Ebbo Demant) gemacht hat, begibt sich schon thematisch in die Nähe zur spektakulären Reportage, zum »Reality-TV« des Kommerzfernsehens. Er spielt mit der Sensationslust des Publikums, aber nicht mit ihm selbst. Zwar führt er den alltäglichen Wahnsinn auf Deutschlands Rennpisten vor, gibt aber seinen Adressaten, den Zuschauer, dabei nicht auf. Schadt sucht noch bei Tempo 100 den Augenkontakt, den selbstkritischen Blick in den Rückspiegel. Und die Quote.

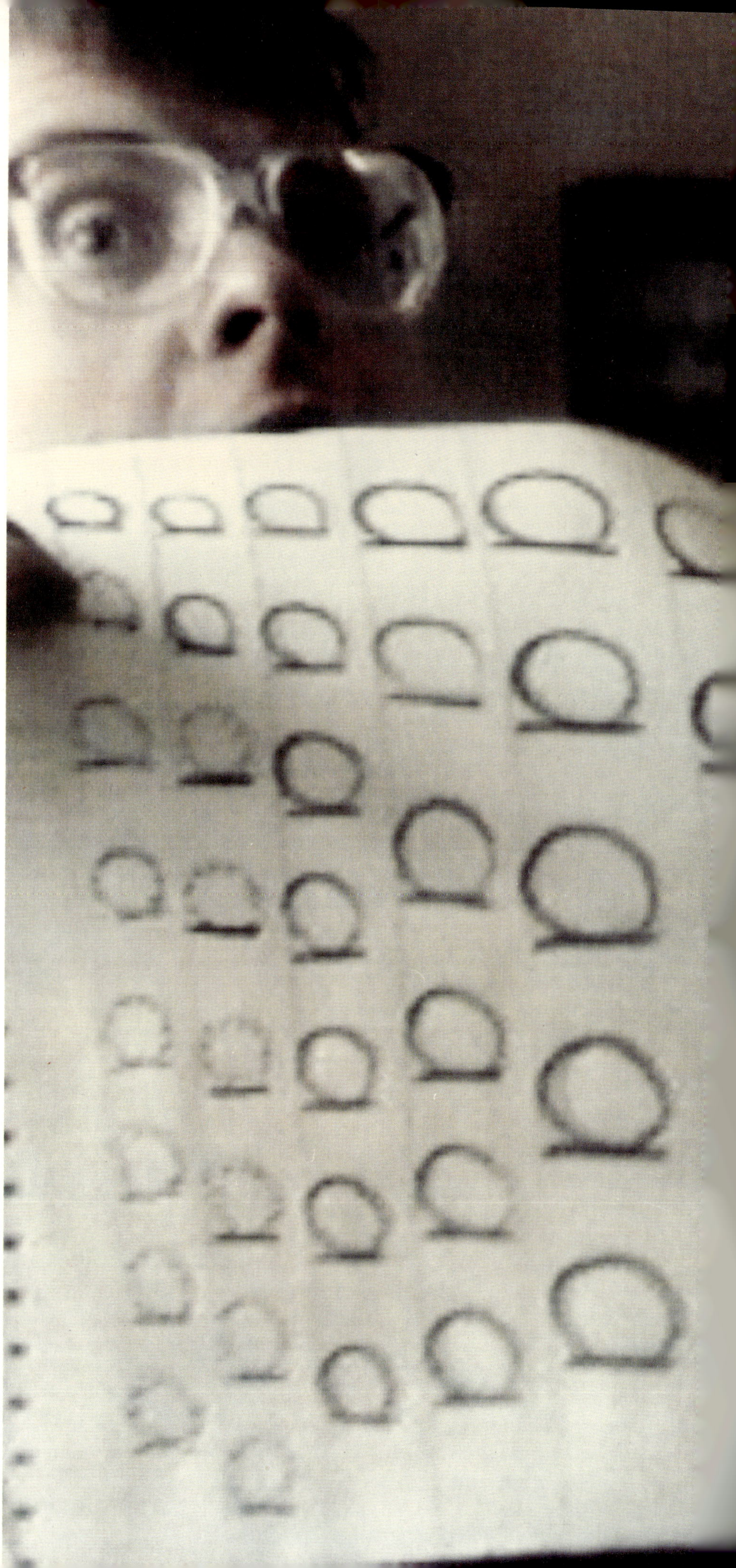

Hans-Dieter Grabe:
»Frau Siebert und ihre
Schüler«, 1996

Grabe setzt die Quote – nicht etwa, weil er sie mißachtet – aufs Spiel. Der Filmemacher (zugleich Redakteur beim ZDF) erhöht nicht die Geschwindigkeit, sondern tritt mit seinem Film »Frau Siebert und ihre Schüler« radikal auf die Bremse. Sein Video über behinderte Jugendliche und die Unendlichkeit des Lernens nähert sich einer alten Dramen-Regel, der Einheit von Zeit und Ort. Die Möglichkeit zur tendenziellen Echtzeit, die vergötterte Größe des Mediums, wird von ihm in den Dienst genommen für eine schlichte, fast schon vergessene Wahrheit: Fernsehen heißt sich Zeit nehmen, statt sie sich stehlen zu lassen. Nahe am Stillstand liegt bei Hans-Dieter Grabe der spannendste Augenblick, das größte Moment der Bewegung. Wer sich die Zeit für diese Entdeckung nicht nimmt, sieht nichts. Grabes zweite »Botschaft«: Im globalen Dorf gibt es kein Fernweh mehr, alles liegt nahe, und das wirkliche Abenteuer vielleicht schon an der nächsten Ecke.
Beide Filme liefen, programmgemäß, zur späten Abendstunde. Ambitionierte »Fernseher« treffen sich in den 90er Jahren um Mitternacht. Oder früher bei arte. Freitags, zur »Tagesschau«-Zeit (!), läuft dort zum Beispiel das Magazin »Brut«. »Brut« zeigt dokumentarische Bilder, drei- bis vierminütige Sequenzen, unkommentiert. Banales läuft da neben Bedeutsamem ab, wie im richtigen Leben. »Brut«, das heißt hier soviel wie die Wirklichkeit im Rohzustand präsentieren, dem Zuschauer das Denken überlassen. In »Brut« kritisiert das Fernsehen das Fernsehen, in »Brut« sind wirklich die Bilder die Nachricht, wer »Brut« sieht, schaut zu, sieht fern. Das Ende ist offen.

Junge Maghrebinerinnen, die gerne freier leben würden. Ein ruandischer Vater, der seine Kinder wiederfindet. Eine Gewerkschafterin, die müde nach Hause fährt. Zwei israelische Leibwächter, die unerkannt bleiben wollen. Eine übereifrige schweizerische Beamtin. Ostdeutsche Küchenfrauen, die Arbeit suchen. Eine Kubanerin, die in ihrer Dusche ein Schwein mästet. Staatschefs aus aller Welt, die eine Pose einnehmen. Ein Firmenberater, der gerne die Zeit beherrschen möchte. Angestellte, die

Universität Paris – Dauphine. Hier werden Wirtschaftsführungskräfte ausgebildet. Ivar Ekeland ist Professor für angewandte Mathematik. Seine neue Vorlesung: Betriebswirtschaftliche Organisationstheorie.

Im Süd-Libanon, nahe der israelischen Grenze. Sie heißt Alia. Ihr Mann ist ein »Mudjahedin« der libanesischen Hisbollah-Miliz, ein »Krieger Gottes«.

Sarajewo. 1995. Ein Kamerareporter filmt eine Stadt im Kriegszustand. Der Mann hinter der Kamera berichtet.

*Ich blieb an der Kreuzung, weil ein Sniper sie unter Beschuß genommen hatte: Die Kreuzung war von Sonnenlicht überflutet. Umso*

Bei Paris. Ein Büro. 15 Uhr 30.

Brüsseler EU-Kommission. Der französische Außenminister informiert seine auf ihn wartenden Mitarbeiter von den Ergebnissen einer Besprechung mit seinen europäischen Amtskollegen. Fragmente.

ihr neues Büro beziehen  Spanische Abgeordnete, die einem Lachanfall erliegen  Ein Zeitungsboss, der seine Journalisten schilt  Eine schwangere Politikerin, die von den Männern und ihrem Bauch spricht  Ein kurdischer Sänger, der seine Landsleute anfeuert  Der Blick eines Mannes, der einen Zug führt  Ein kleiner Kasache, der vor Müdigkeit umfällt  Iraker, die sich bemühen, spontan zu demonstrieren  Ein Reporter, der aus einem Hutu-Lager berichtet  Ein Mathematikprofessor, der den Klassenkampf in eine

*dunkler erschien der Schatten, in dem sich Leute versteckten, bevor sie die Straße überqueren konnten. Zwischen Schatten und Sonne lag also eine sehr klare Grenze. Sicherheit auf der einen, Gefahr auf der anderen Seite … Wir*

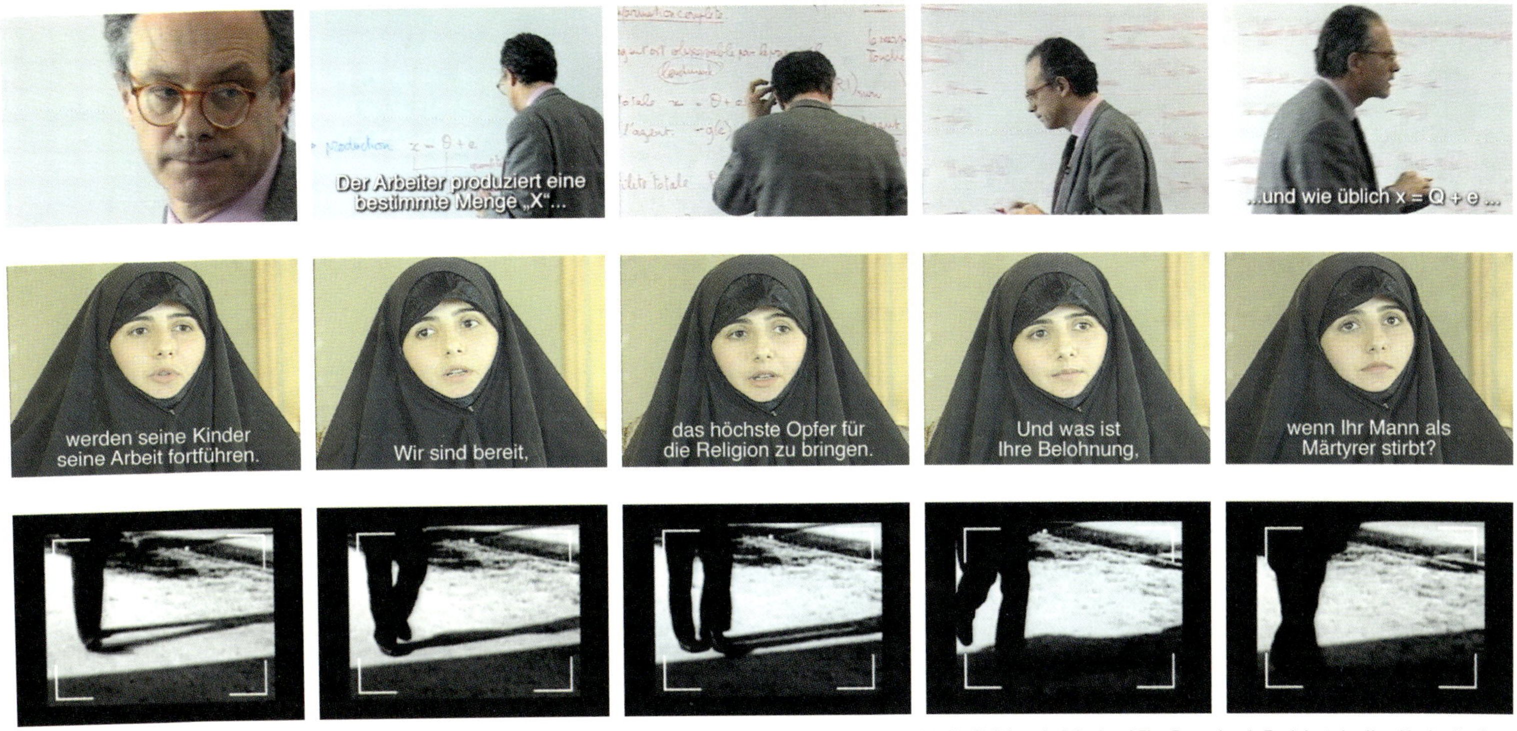


*Kameraleute bezeichnen uns oft als »Shooter«, von »to shoot«: schießen. Genau das war es : Ich »shootete«, schoß also und sagte mir bald : Gleich erwischt's einen! Eine Frau oder ein Typ kriegt eine Kugel in den Kopf und*

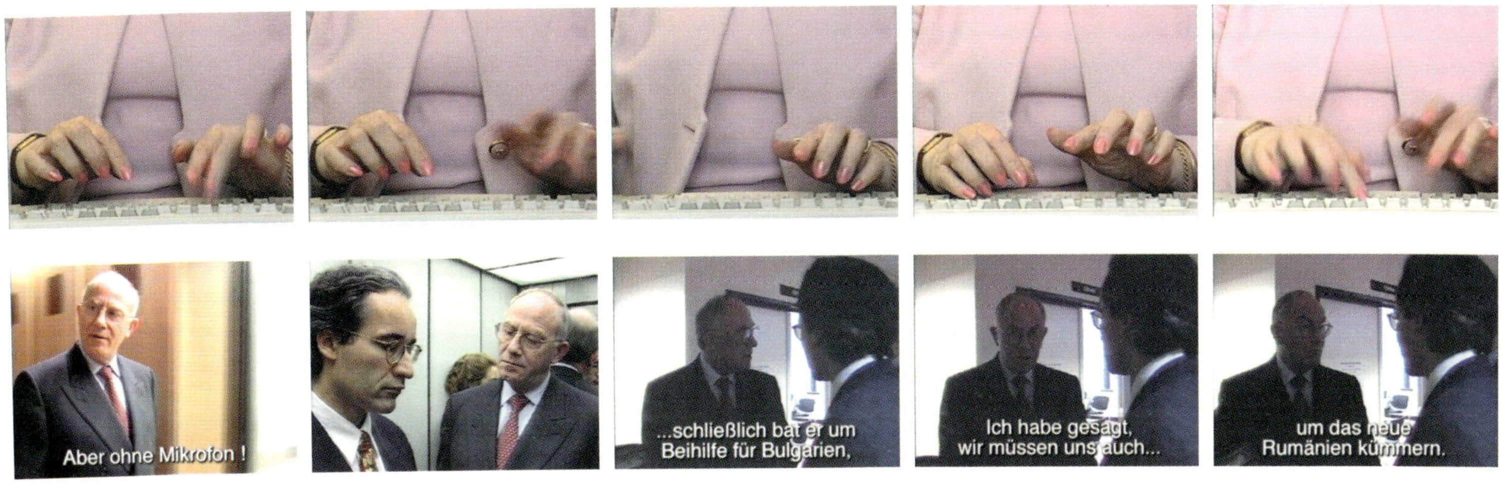

ganzen Tag Eier aufschlägt Zwei Männer, die Frieden schließen Ein Gefangener, der aus der Haft entlassen wird Ein Modeschöpfer, der sehr wütend ist Ein Malier ohne Papiere, der in Frankreich bleiben möchte Ein rechtsextremer Parteichef, der sein wahres Gesicht zeigt Eine Nonne, die sich so auf den Papstbesuch freut Ein Präsident, der sein Mikrofon sucht Die Mutter eines Radsportlers, die von ihrem Sohn schwärmt, und eine Kuh, die uns ansieht …

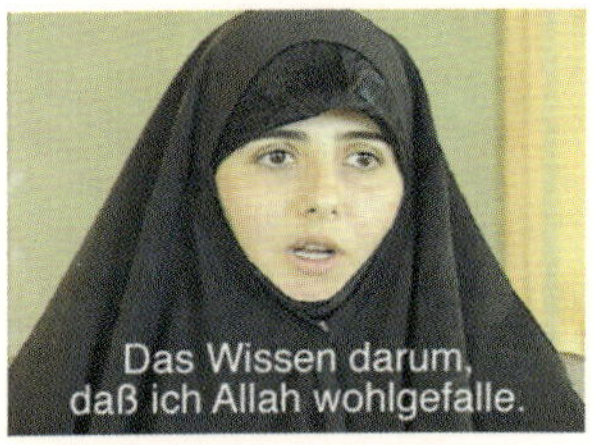


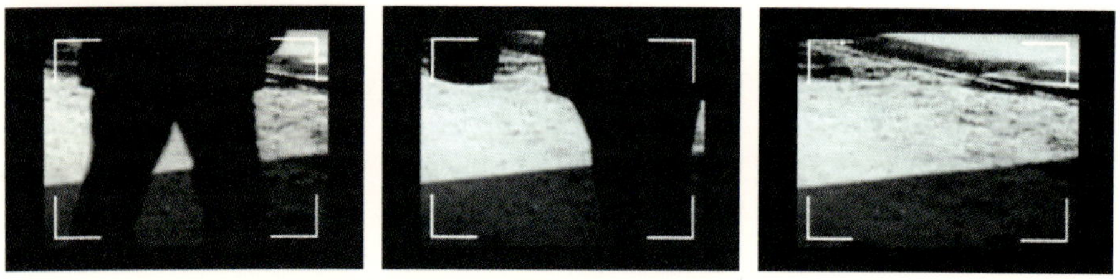

*explodiert direkt vor dir. Dann hast du vielleicht die Super-Bilder … Ich fing an nachzudenken. Schließlich legte ich die Kamera ab.*

**BRUT.** Claire Doutriaux, Paul Ouazan
*der Mathematikprofessor, die Sekretärin, der Außenminister:* Thierry Augé
*der Reporter:* Roger Motte, France 2 – Jean-Pierre Krief
*die Frau des Mudjahedin:* Ali Samra Maher
*Schnitt:* Isabelle Martin, Bernard Sasia, *Grafik:* Jean Zéboulon

Brut

**Als »Zukunftsfernseher« preist die Firma Loewe ihren Fernsehapparat CS 1 an, der seit 1996 im Handel ist. Das TV-Gerät aus Edelstahl und Keramik (Preis: knapp 4 000 DM) ist besonders umweltfreundlich, da fast vollständig wiederzuverwerten. Die elektronischen Bauteile haben in der Regel keinen Kunststoffmantel mehr, der Fernseher kann am Ende seiner Laufzeit komplett in die Schmelze gehen. Auch der Energieverbrauch des CS 1 ist extrem gering.**

# Wir sehen fern – wir träumen weiter

**Wenn wir unseren Standpunkt verlassen, werden wir schwerelos, werden wir unsere Schwere los, verlieren wir den Boden unter den Füßen, verliert die Erde für uns ihre Anziehungskraft.**

Die Bilder, die Voyager uns sendet, jener stumme Bote, den wir, gefüllt mit unseren Botschaften ans andere Ende der Welt geschickt haben, in der Ungewißheit, ob sie jemals andere Lebewesen zu Gesicht bekommen werden, verraten uns nichts. Wir nehmen in ihnen Abschied von uns, ohne ein Gefühl von Wehmut. Allenfalls irritiert uns der ungewohnte Anblick aus dem All. Wir waren auf dem Mond, wir sind auf der Erde, beide Positionen aus einer dritten Perspektive zu betrachten ist uns noch immer befremdlich – aber auch faszinierend für den, der raus will aus dem global network, dem die Welt zu engmaschig geworden ist.

Erst in 40 000 Jahren wird Voyager ein anderes Planetensystem erreicht haben, das Ende der Welt oder die Unendlichkeit. Wir sind schneller, wir benötigen dafür unsere durchschnittliche Lebenserwartung, keine hundert Jahre. Alle Bilder, denen wir in dieser Zeit begegnen, sind von uns Menschen gemacht. Sie sind Selbstzeugnisse, Bilder nach unserem Bild. Und keines gleicht dem anderen. Wir mögen uns in der Welt auskennen bis in den letzten Winkel, in den Bildern von ihr nicht. »We never look at two people/or one person twice/in the same way«. Das wahre Fernsehen führt daher ins Universum der Bilder.

Sammy aus London/Ontario, Kanada, mag das nicht bedacht haben, als er vis-à-vis von seiner kleinen Imbißbude eine Kamera installierte, die Tag und Nacht auf sein Geschäft gerichtet ist. Er mag auch nichts dergleichen in Erwägung gezogen haben, als er die Aufnahmen seiner Kamera ins Internet verlegte, wo sie von nun an Gott und der Welt (unter den Zeichen http://sammy.on.ca/) zugänglich sind. Einfach so. Und doch sind sie in jedem Moment das Fernsehen von heute und morgen: seriell, universell, mit einem Publikum, das sich vor Sammys Bude in Hauptdarsteller verwandelt, und mit Sammy, dem Produzenten und Regisseur all dieser Bilder und Szenen, im Hintergrund: Ein Traum, den schon viele in diesem Jahrhundert geträumt haben.

Als »Flaschenpost im kosmischen Ozean« bezeichnen die Experten der amerikanischen Raumfahrtbehörde NASA die Mission ihrer beiden Sonden Voyager I und Voyager II, die 1977 zu einer langen Reise ins Ungewisse geschickt wurden. Mit knapp 40 000 Stundenkilometern bewegen sich die beiden Raumschiffe seitdem durch das Weltall, ausgerüstet mit Meßgeräten und Kameras, die inzwischen sensationelle Daten über die Planeten unseres Sonnensystems lieferten, über Jupiter, Neptun und Pluto zum Beispiel. Bis zum Jahre 2015 werden die Signale der Sonde Voyager II noch zu empfangen sein, dann wird sie zusammen mit Voyager I lautlos in den Tiefen des Alls verschwinden.
An Bord beider Raumfähren befinden sich Kapseln, die Informationen über das Leben auf der Erde enthalten: Tiergeräusche, Musik aus Asien und Europa, Grüße in 55 Sprachen, Bilder vom Alltag der Menschen im 20. Jahrhundert. Dazu Botschaften des amerikanischen Präsidenten und des Generalsekretärs der Vereinten Nationen. All das für den Fall, daß die Sonden unterwegs auf intelligente Lebewesen stoßen. 40 000 Jahre, vermuten die Wissenschaftler, dürfte es allerdings dauern, dann erst könnten Voyager I und II den »leeren Raum« durchquert haben und sich wieder einem anderen Sonnensystem nähern.

links: Erdaufgang über dem Mond

Voyager-Foto von 1977: die erste Aufnahme aus dem All, auf der Erde und Mond gleichzeitig zu sehen sind

SOUVLAKI
PITA
4:56:40 PM
SOUVLAKI
GYROS
5:48:50 PM
5:51:50 PM
6:01:28 PM
6:04:28 PM
6:28:52 PM
6:32:53 PM
6:33:53 PM
6:50:28 PM
6:51:23 PM
6:53:23 PM

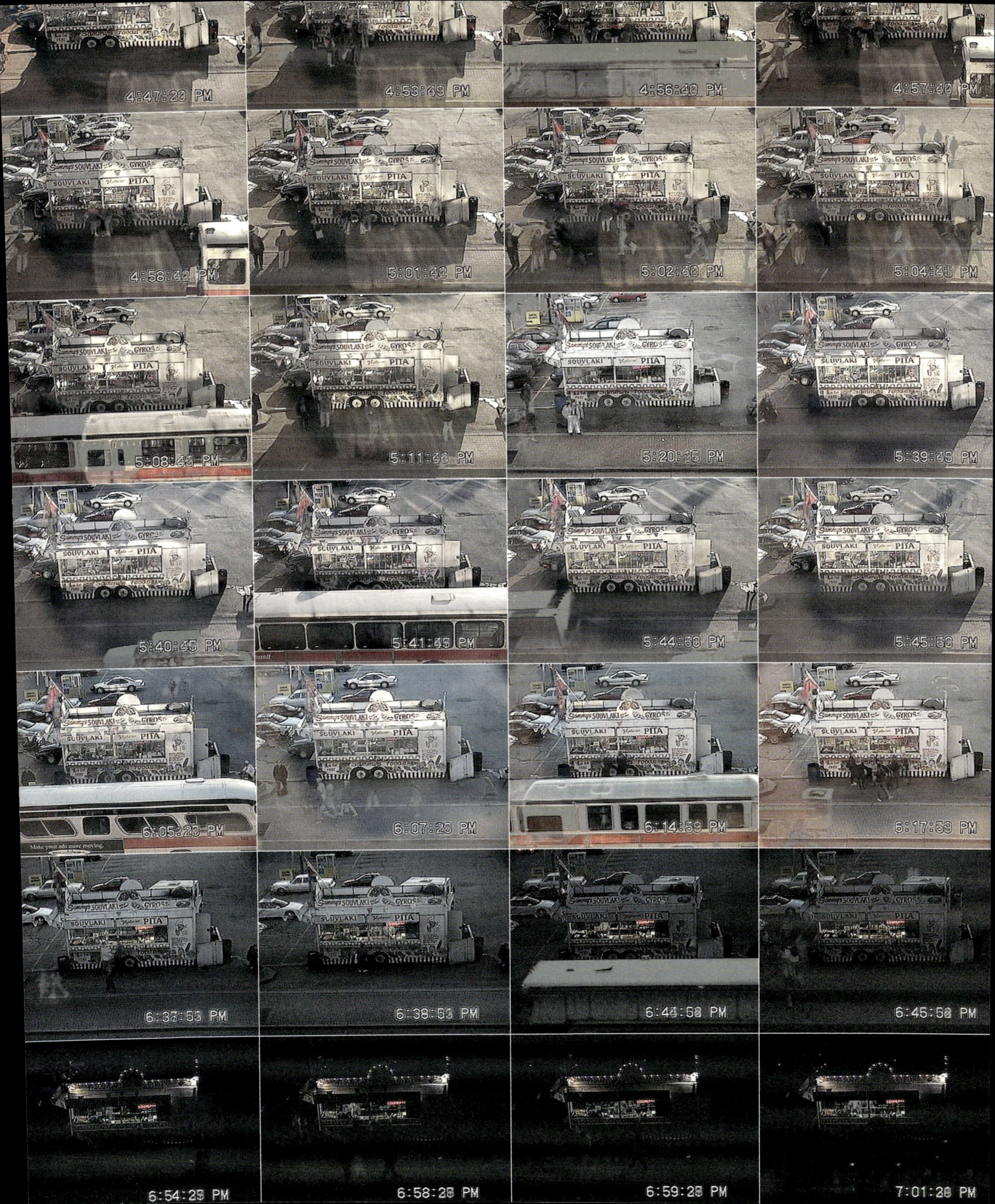
4:47:20 PM
4:53:40 PM
4:56:40 PM
4:57:40 PM
SOUVLAKI
GYROS
PITA
4:58:40 PM
5:01:40 PM
5:02:40 PM
5:04:35 PM
5:08:40 PM
5:11:40 PM
5:20:15 PM
5:39:45 PM
5:40:45 PM
5:41:45 PM
5:44:50 PM
5:45:50 PM
6:05:20 PM
Make your ads more moving.
6:07:20 PM
6:14:50 PM
6:17:50 PM
6:37:50 PM
6:38:50 PM
6:44:50 PM
6:45:50 PM
6:54:20 PM
6:58:20 PM
6:59:20 PM
7:01:20 PM

Als Sammy via Internet davon hörte, daß seine Bilder in diesem Buch abgedruckt würden, bot er an, eine neue Kamera zu installieren, damit alles noch besser sichtbar sei, weniger schemenhaft. Ich lehnte dankend ab. Nicht, daß ich den Fortschritt in London/Ontario aufhalten wollte. Die bessere Auflösung der Bilder im Internet kommt, mit und ohne meinen Einspruch; und ich habe auch nichts dagegen. Im Gegenteil.

Aber die kleine Verweigerung verlängert die Möglichkeit, sich in Sammys Bildern aufzuhalten und, wie in den 30-Zeilen-Bildern der frühen Television, sehend in ihnen zu träumen. Personen und Geschichten zu entdecken, bevor sie sind, wie sie sind (so wie der größte Augenblick einer Erfindung möglicherweise im letzten Moment vor ihrer Realisation liegt, der spannendste allemal). Alles ist eine Frage der Imagination. Perfektion zerstört jedes Bild. Im besten Fall erzeugt sie ein neues.

»Zauberspiegel« nannten voller Begeisterung die Propagandisten des frühen Fernsehens das damals neue Medium der Television. Auch »Fenster zur Welt«. Beide Metaphern haben eines gemeinsam, sie zeigen uns den fundamentalen Wandel, der sich in unserer Welterfahrung vollzogen hat: sie ist zur Weltanschauung geworden. Uns genügt nun ein einziger unserer Sinne, um die Welt zu erfassen. Wir verlassen uns auf unsere Augen. Doch »man sieht nur, was man weiß« (Goethe).

Schon im Zeitalter der Televisionen müssen wir nicht mehr das Haus verlassen, um uns ein Bild davon zu machen, wie es denn »da draußen« in der Welt zugeht. Wie die alten Leute schauen wir aus unserem Fenster hinaus in die Welt, die Ellenbogen auf ein Kissen gestützt, neben uns die Katze.

Im Internet angekommen, verwandeln wir die Katze neben uns zum virtuellen Haustier. Und im Internet scheint auch unser Körper reduziert auf das, was wir mit unseren Augen sehen: Sie sind die neuen Nomaden in einer Welt, in der sich die Erfahrung so beschleunigt hat, daß der träge Körper nicht mehr mitkommt. Und doch entkommen wir ihm nicht. Denn auch das Auge wird müde, flieht vor der Gegenwart und erholt sich in der Erinnerung.

Im 20. Jahrhundert war es das Fernsehen, die Television, die uns die alte Welt neu erschloß. Im nächsten kann, wird es ein anderes »Medium« sein. So liegt denn auch die Zukunft der meisten Bilder, die in diesem Buch und in der Ausstellung »Der Traum vom Sehen« versammelt worden sind, in den Archiven.

Dem einzelnen, dem Individuum ist der Zugang dorthin aber noch versperrt. Der Weg in unsere kollektiven Träume gleicht dem, den die Helden in den Märchen zurücklegen müssen, bevor sie ihr Glück machen. Denn unsere Televisionen, unsere Fernsehbilder von gestern, sind inzwischen pures Gold wert. Wer »die Rechte« an ihnen käuflich erworben hat, wer die Rechte an ihnen hält, bestimmt darüber, was wir sehen, was wir träumen und woran wir uns erinnern werden. Das gilt in letzter Konsequenz auch für dieses Buch.

Deshalb ist es an der Zeit, den kollektiven Bildern des Fernsehens einen kollektiven Ort zu geben: Das Fernsehen des 20. Jahrhunderts gehört ins Museum, ins virtuelle meinetwegen. Es ist, in welcher Form auch immer, bis auf weiteres der einzige Ort, an dem die Sozialisierung von Gemeineigentum, das sich fälschlicherweise in privaten Händen befindet, zum Vorteil aller funktioniert.

Schon verblassen die frühen TV-Bilder, schon sind viele weggeworfen, gelöscht, verloren für immer. Ohne die Möglichkeit, das, was war, wiederzusehen, zerrinnt aber der Traum vom Sehen, wird er bedeutungslos. Auch das spricht für einen neuen Blick auf die Bilder des Fernsehens aus dem 20. Jahrhundert. Die Möglichkeiten, die wir in der Zukunft haben, sind ohne ihre Vergangenheit keine. Jedes Bild hat ein Vorbild, jedes Bild ist ein Vorbild und weist damit über sich hinaus. Nur so nimmt der Traum vom Sehen Gestalt an.

What-has-been and what-is-to-be
To vision form a unity:
The seen hill stays the way it is,
But forecasts greater distances,
And we acknowledge with delight
A so-on after every sight.

Wystan Hugh Auden

Was-war und Was-sein-wird,
Für das Sehen sind sie eins:
Einmal erblickt, bleibt der Hügel, wie er ist,
Und weist doch über sich hinaus,
Und wir begrüßen mit Vergnügen
Ein Weiteres nach jedem Blick.

## Imogen Cohn

Imogen Orkutt, geboren am 26. März 1907 in Düsseldorf-Oberkassel, arbeitete 1925 in einem Berliner Fachgeschäft für Kinderkleider. 25 Mark verdiente sie damals im Monat. 50 Mark zahlte ihr drei Jahre später die Reichspost dafür, daß sie sich – zusammen mit ihrer Freundin Schura von Finkelstein – am Wannsee ablichten ließ. Daß sie mit diesen frühen TV-Aufnahmen einmal »Fernsehgeschichte schreiben« würden, war den beiden jungen Frauen damals natürlich nicht bewußt.
Imogen Orkutt hatte es Mitte der 20er Jahre eher zum Film gezogen. 1925, als ihr die Lehrstelle im Fachgeschäft für Kinderbekleidung nicht mehr behagte, hatte sie sich für kleine Nebenrollen im Film beworben. Der Wechsel in eine neue Existenz schien schwer,

Foto: Wolfgang Maria Weber

ROBIN COOK

aber nicht unmöglich: Sie trat in diversen Werbefilmen auf (verdiente da 900 bis 1000 Mark im Monat, mußte das ganze Geld allerdings zu Hause abgeben) und schaffte sogar den Sprung in den Stummfilm, wo sie auf Stars wie Henny Porten, Heinrich George, Harry Liedke und Otto Gebühr traf.
1929 arbeitete sie auf der Berliner Funkausstellung, ein Engagement für 12 Tage: Fernsehaufnahmen vor Publikum. Etwa zur gleichen Zeit lernte sie Georg Cohn kennen, ihren späteren Mann. Er war 23 Jahre älter, Chirurg von Beruf, Jude. Auf Bitten von Georg Cohn gab sie die Schauspielerei auf und wurde seine Sprechstundenhilfe. 1931 machte Imogen Orkutt den Führerschein, 1932 heirateten die beiden, einer der Trauzeugen war Eva Busch, die Frau des Sängers und Widerstandskämpfers Ernst Busch.
Frau Cohn: »Wir nannten ihn den ›Barrikaden-Tauber‹.«
Mit den Nazis wurde das Leben in Deutschland für Imogen und Georg Cohn zunehmend unerträglich. 1939 verließen sie Deutschland. Sie gingen nach Palästina, zunächst nach Jerusalem (1939 bis 1942), dann nach Tel Aviv (1942 bis 1956). Sie arbeitete wieder als Verkäuferin in einem Modegeschäft, er zeitweise für das englische Militär in Ägypten. 1943 wurde ihr einziges Kind, der Sohn Peter, geboren.
Auf Drängen ihres Mannes kehrten sie 1956 nach Deutschland zurück. In München fand er eine Anstellung als Schularzt und Gerichtsgutachter, doch wenige Monate nach ihrer Ankunft starb Georg Cohn. Imogen Cohn mußte sich nun mit ihrem 13jährigen Sohn allein durchschlagen, übernahm von 1960 bis 1975 die Leitung einer Wäscherei-Filiale und arbeitete danach bis 1990 als Verkäuferin in einem Zeitungs- und Tabakladen in der Münchner Türkenstraße, neben dem legendären ARRI-Kino.

# Chronik

## 1884

■ 6. Januar
Paul Nipkow läßt sich vom Kaiserlichen Patentamt des Deutschen Reiches in Berlin ein »elektronisches Teleskop« patentieren, dessen Zweck es ist, »ein am Orte A befindliches Objekt an einem anderen Orte B sichtbar zu machen«.

## 1928

■ 11. Februar
Es gelingt die erste Übertragung eines Diapositiv-Bildes aus dem Laboratorium von Denes von Mihaly in Berlin Wilmersdorf zum telegraphentechnischen Reichsamt über Fernsprechleitungen. Das Raster besteht aus 30 Zeilen bei 10 Bildwechseln in der Sekunde.

1884
1952

■ 31. August – 9. September
Bis zum 9. September führt Denes von Mihaly auf dem Stand der Reichspost während der 5. Deutschen Rundfunk-Ausstellung in Berlin unter der Bezeichnung »Fernsehschau« Fernsehbilder im Format 4 x 4 cm vor. Das Publikum kann sie durch eine Lupe betrachten. Das Raster besteht aus 900 Bildpunkten. Dies ist die erste Präsentation von Fernsehversuchssendungen. Auf der gleichen Ausstellung zeigt August Karolus die Abtastung von Filmbildern mit 96 Zeilen. Hier beläuft sich die Bildgröße auf 8 x 10 cm.

## 1929

■ 8. März
Die Deutsche Reichspost präsentiert in der Nacht zum 9. März die erste drahtlose Fernsehsendung (ohne Ton) in Deutschland. Es wird von Berlin-Witzleben ein Bild mit 900 Bildpunkten übertragen und in verschiedenen Stadtteilen von Berlin empfangen. Fernsehversuchssendungen finden ab jetzt jeden Tag statt.

## 1930

■ Februar
Das Reichspost-Zentralamt gibt für seine Versuchssendungen den ersten Fernsehfilm in Auftrag, Titel: »Morgenstund' hat Gold im Munde«.

## 1931

■ Das Reichspost-Zentralamt experimentiert für den Fernsehbildschirm mit der Braunschen Röhre. Folgende Beiträge werden im Laufe des Jahres für Fernsehvorführungen von der Filmwirtschaft zur Verfügung gestellt: Wochenschauen, die Ratgebersendungen: »Wochenende«, »Tanz und Gymnastik«, die Filme: »Ramona«, »Liebeswalzer«, »Nie wieder Liebe«, »Im Geheimdienst«, »Der ungetreue Eckehardt«.

## 1933

■ Erste Versuche mit Großbildprojektoren für eine Bildfläche von 3 x 3,5 m finden unter Anwendung des Zwischenfilmverfahrens (mit einer Übertragungsverzögerung von 65 Sekunden) statt.

## 1934

■ Die Produktion von Fernsehempfängern geht in Serie, Preis: 2 500 bis 3 600 Reichsmark. Jetzt sind 180 Zeilen die deutsche Fernsehnorm und die Geräte mit der Braunschen Vakuumröhre ausgestattet, das Bildformat beträgt 23 x 26 cm.

■ Die Schauspielerin Ursula Patzschke wird vom Reichspostzentralamt als erste Fernsehansagerin eingestellt. Außerdem rezitiert sie Gedichte und improvisiert auf engstem Raum mit ihrem Dackel kleine Nummern vor der Kamera. In den Sendepausen arbeitet sie zusätzlich als Cutterin.

## 1935

■ 22. März
Start des regelmäßigen Fernseh-Programmbetriebes in Berlin. An drei Abenden in der Woche werden von 20.00 bis 22.00 Uhr Sendungen ausgestrahlt. Der Sendebetrieb erfolgt durch die Reichspost, für das Programm zeichnet die Reichs-Rundfunk-Gesellschaft verantwortlich.

■ 9. April
Die erste öffentliche Fernsehempfangsstelle im Berliner Reichspostmuseum (Bild 18 x 22 cm) wird eröffnet.

■ 15. Mai
Vier weitere öffentliche »Fernsehstuben« gehen in Berlin in Betrieb.

■ Herbst
Eröffnung der ersten öffentlichen Fernseh-Großbildstelle für rund 300 Zuschauer. Ein Zwischenfilm-Projektionsgerät vergrößert die Bildfläche auf 3 x 4 m.

## 1936

■ 1. – 16. August
Die Olympischen Spiele in Berlin werden mehrmals am Tag in 28 Fernsehstuben übertragen. Erstmals sind elektronische Kameras für Freilichtübertragungen im Einsatz. Die ersten Standempfänger mit vertikaler Braunscher Röhre, deren Bild über einen schräggestellten Spiegel im Deckel verfolgt werden kann, sind auf dem Markt. Die Bildgröße: 31 x 36 cm.

## 1937

■ 22. April
Hans-Jürgen Nierentz tritt sein Amt als neuer Intendant des deutschen Fernsehens an, vorher leitete Curt Boese das Fernsehen. Nach einer Tätigkeit als Redakteur der Wochenzeitschrift »Der Angriff« war Nierentz Abteilungsleiter am Reichssender Berlin. Seit 1936 arbeitete Nierentz als Reichsfilmdramaturg.

■ August
In Berlin werden Fernsehberichte vom Reichsparteitag der NSDAP in Nürnberg über Breitbandkabel übertragen. Die Fernsehnorm beträgt inzwischen 441 Zeilen bei 25 Bildwechseln pro Sekunde.

## 1938

■ 10. August
Die Reichspost-Fernsehgesellschaft erhält den Auftrag, gemeinsam mit fünf deutschen Firmen einen »Deutschen Einheitsempfänger« zu konstruieren.

■ 1. November
Der Studiobetrieb im Berliner Deutschlandhaus wird vollständig aufgenommen. Zur Verfügung stehen ein Hauptstudio und ein zweites Studio, 1941 kommt ein drittes, kleineres hinzu. Der Regieraum hat die Abmessungen 7,5 x 4 m.

## 1939

■ 28. Juli
Der »Deutsche Fernseh-Einheitsempfänger« wird auf der Funkausstellung präsentiert. Der Preis soll 650,– RM betragen und liegt damit deutlich unter dem, was etwa in England und Amerika für ein Gerät zu zahlen ist. Der Kriegsbeginn verhindert die Serienproduktion.

## 1940

■ Die Fernseh-GmbH entwickelt einen elektronischen Sucher. Der Kameramann kann so das tatsächlich Aufgenommene beobachten. Die Reichspost stellt die Entwicklungsarbeiten am Farbfernsehen ein.

## 1941

■ März
Wöchentlich ein- bis zweimal wird die zweistündige Varieté-Sendung »Wir senden Frohsinn – Wir spenden Freude« aus dem Kuppelsaal des Berliner Reichssportfeldes übertragen.

## 1942

■ August
In Paris beginnt die deutsche Besatzungsmacht vom Eiffelturm aus Fernsehsendungen auszustrahlen, die in einem provisorischen Studio produziert worden sind. Intendant des Fernsehsenders ist Kurt Hinzmann.

## 1943

■ 23. November
Das Gebäude des Berliner Fernsehrundfunks wird durch Bomben zerstört.

## 1945

■ 2. Mai
Die Rote Armee besetzt das Berliner Funkhaus.

## 1947

■ 21. November
Die Amerikanische Militärregierung ordnet die Errichtung dezentraler Rundfunkorganisationen an.

## 1948

■ 1. Januar
Gründung des Nordwestdeutschen Rundfunks (NWDR) in der britischen Besatzungszone für die Länder Nordrhein-Westfalen, Niedersachsen, Schleswig-Holstein und Hamburg mit Sitz in Hamburg.

■ 10. August
Gründung des Bayerischen Rundfunks (BR) in der amerikanischen Besatzungszone. Im weiteren Verlauf des Jahres werden der Hessische Rundfunk (HR), der Südwestfunk (SWF) und Radio Bremen (RB) gegründet.

■ 13. August
Die Britische Militärregierung erlaubt dem NWDR, die Entwicklung des Fernsehens wiederaufzunehmen.

■ 22. September
Für den NWDR-Fernsehversuchsbetrieb gilt nun die Norm von 625 Zeilen.

■ 15. November
Der britische Rundfunk-Beauftragte Sir Hugh Charleton Greene übergibt die Amtsgeschäfte an den NWDR-Generaldirektor Adolf Grimme.

## 1949

■ 6. April
Gründung des Süddeutschen Rundfunks (SDR) in der amerikanischen Besatzungszone.

## 1950

■ 9./10. Juni
Die westdeutschen Rundfunkanstalten schließen sich in Bremen zur Arbeitsgemeinschaft der öffentlich-rechtlichen Rundfunkanstalten der Bundesrepublik Deutschland (ARD) zusammen.

■ 12. Juli
Der NWDR sendet das erste deutsche Fernsehversuchsprogramm nach dem Zweiten Weltkrieg.

■ 25. September
Offizielle Inbetriebnahme des NWDR-Fernsehsenders in einem ehemaligen Luftschutzhochbunker auf dem Hamburger Heiligengeistfeld.

■ 25. November
Erstes Versuchsprogramm des DDR-Fernsehens.

■ 27. November
Beginn eines regelmäßigen NWDR-Fernseh-Versuchsprogramms, es wird dreimal pro Woche ausgestrahlt, von 20.00 bis 22.00 Uhr.

## 1951

■ 11. März
Die erste Kinderstunde im NWDR-Fernsehprogramm unter Leitung von Ilse Obrig wird gesendet, mittwochs zwischen 16.00 und 17.00 Uhr. Ilse Obrig war bereits im NS-Fernsehen für Kindersendungen zuständig.

■ 3. August
Adolf Grimme (NWDR) wird ARD-Vorsitzender.

■ 6. September
Das Fernsehen des NWDR erhält den ersten Fernseh-Übertragungswagen, der im Oktober erstmals bei der »Deutschen Industrie-Ausstellung« in Berlin eingesetzt wird.

■ 6.–21. Oktober
12 Industriefirmen präsentieren auf der »Deutschen Industrie-Ausstellung« eine »Fernsehstraße« mit 40 Empfängern.

■ 21. Dezember
Die Geräteindustrie bietet der ARD-Fernsehkommission für die ersten 100 000 Fernsehgeräte die Abgabe von je 50,– DM zur Mitfinanzierung eines erweiterten täglichen Programmbetriebs an, in der Erwartung, ein erweitertes Programm fördere auch einen erweiterten Markt für den Absatz von TV-Geräten.

## 1952

■ 4. Januar
Das NWDR-Fernsehen präsentiert versuchsweise die erste »Tagesschau«.

■ 28./29. Januar
Die ARD stimmt in München der Koordinierung eines Gemeinschaftsprogramms zu.

■ 9. Februar
Die erste Sportsendung des NWDR-Fernsehens ist eine Übertragung vom Amateurboxen in der Hamburger ETV-Halle.

■ 21. März
Die Karikatursendung von Mirko Szewszuk trägt den Titel »Was so geschah« und dient dem Rückblick auf Ereignisse der letzten 14 Tage.

■ 4. April
Jürgen Roland informiert über Neuigkeiten aus der Hansestadt in der neuen Sendereihe »Was ist los in Hamburg?«.

■ 21. Dezember
Das DDR-Fernsehen in Berlin-Adlershof nimmt sein regelmäßiges Versuchsprogramm auf. Premiere der »Aktuellen Kamera«, moderiert von Herbert Köfer.

■ 25. Dezember
Offizieller Beginn des NWDR-Fernsehprogramms. Der NWDR sendet von jetzt ab täglich von 20.00 bis 22.00 (bzw. 22.30) Uhr. Außerdem wird an einzelnen Wochentagen ein halb- bis einstündiges Nachmittagsprogramm für Frauen und Kinder ausgestrahlt.

■ 26. Dezember
Offizieller Start der »Tagesschau« mit zunächst drei Sendungen in der Woche.

## 1953

■ 1. Januar
Die Fernsehgebühr von monatlich 5,– Mark wird eingeführt.

■ 15. Februar
Mit der »Erzählerstaffette« wird die erste eigenständige Spielshow des Deutschen Fernsehens ausgestrahlt.

■ 18. Februar
Das erste Quiz nach dem offiziellen Sendebeginn des Deutschen Fernsehens ist: »Kennst du Europa?«, ein »Fröhliches Raten mit jungen Menschen«, moderiert von Franz Thomale.

■ 20. Februar
Erster Auftritt des Fernsehkochs Clemens Wilmenrod, der in den 50er Jahren zum beliebten TV-Star wird.

1953
1958

■ 27. März
Die ARD-Sender legen fest, welche Anteile jede Anstalt zum Gemeinschaftsprogramm beizusteuern hat: der NWDR 50 %, der BR 20 %, der HR, der SDR und der SWF je 10 %. Radio Bremen bleibt es freigestellt, sich bis zu 5 % an diesem Programm zu beteiligen.

■ 29. Mai
Start des europäischen Fernseh-Gemeinschaftsprogramms.

■ 2. Juni
Eurovisionssendung aus Anlaß der Krönung der englischen Königin Elizabeth II. Die Feierlichkeiten werden für die Fernsehzuschauer in England, Frankreich, Holland und der Bundesrepublik live übertragen.

■ 28. Juli
Die erste Fernsehübertragung einer katholischen Messe löst in Deutschland heftige Diskussionen aus. Vor allem theologische Fragestellungen, etwa die Abbildbarkeit einer Sakramenthandlung, werden debattiert.

■ 29. August
In Düsseldorf findet die erste Funkausstellung nach dem Krieg statt. Werner Höfers »Frühschoppen« hat hier seine Fernsehpremiere. Die weiteren Fernsehstars in Düsseldorf: Hans Joachim Kulenkampff und Peter Frankenfeld.

■ 6. Oktober
Mit der Eröffnungssitzung des neu gewählten Bundestages und der Wahl des Bundeskanzlers am 9. Oktober findet die erste Fernseh-Direktübertragung aus dem Deutschen Bundestag statt.

■ 27. Oktober
Erste Theater-Live-Übertragung im Deutschen Fernsehen aus Köln: »Der Etappenhase« mit Willy Millowitsch.

■ 30. November
Das NWDR-Fernsehen beginnt mit Vermißten-Suchdienstsendungen.

## 1954

■ 31. Januar
Ausstrahlungsbeginn der Quizreihe »1 : 0 für Sie« mit Peter Frankenfeld.

■ 1. April
Zum ersten Mal tritt ein Finanzausgleich zur finanziellen Unterstützung der kleinen durch die größeren ARD-Anstalten in Kraft.

■ 1. Mai
Zum ersten Mal wird im deutschen Fernsehen »Das Wort zum Sonntag« gesprochen.

■ 6. Mai
NWDR-Entwurf eines Wochenschemas für das Fernsehprogramm: Sonntag »gehobene Unterhaltung« (Lustspiel, Oper, Operette), Montag Familienprogramm, Dienstag und Donnerstag Lebensbilder und Dokumentarsendungen, Mittwoch ein gemischtes Programm aus Spielfilmen, leichter Unterhaltung, Features oder Übertragungen, Samstag leichte Unterhaltung.

■ 1. Juni
Der Sender Freies Berlin (SFB) beginnt mit seinen Sendungen.

■ 6. Juni – 4. Juli
Europäische Fernseh-Wochen, offizielle Eröffnung der Eurovision. 45 Fernsehsender in 8 Staaten verbreiten ein Gemeinschaftsprogramm (England, Frankreich, Belgien, Holland, Dänemark, Italien, die Schweiz und die Bundesrepublik). Der Höhepunkt: die Übertragung des Endspiels um die Fußball-Weltmeisterschaft in der Schweiz am 4. Juli.

■ 26. Juni
Alfred Gehris Komödie »Im sechsten Stock« (Regie: John Olden, Hauptdarstellerin: Inge Meysel) wird bei Publikum und Kritik ein großer Erfolg.

■ 15. September
Ausstrahlungsbeginn der ersten Familienserie im Deutschen Fernsehen: »Unsere Nachbarn heute abend: Die Familie Schölermann«.

■ 1. November
Das westdeutsche Fernsehprogramm ist als ARD-Gemeinschaftsprogramm nun unter der Bezeichnung »Deutsches Fernsehen« bundesweit zu empfangen.

■ 2. Dezember
Die ARD zeigt eine Fernsehbearbeitung des Theaterstücks »Unsere kleine Stadt« (SWF) von Thornton Wilder in der Regie von Harald Braun, u. a. mit Mathias Wiemann, Michael Heltau und Liselotte Pulver.

## 1955

■ 2. Januar
Robert Lembke stellt sein heiteres Beruferaten »Was bin ich?« vor.

■ 12. Januar
Vielleicht die erste Talk-Show im Deutschen Fernsehen: Margot Hielscher empfängt in ihrer Schwabinger Dachwohnung – sie wurde im Studio nachgebaut – prominente Gäste wie Romy Schneider, Maurice Chevalier, Max Schmeling und Winnie Markus.

■ 13. Januar
Die ARD zeigt das Fernsehspiel »Nora oder ein Puppenheim« (NWDR) nach dem Schauspiel von Henrik Ibsen in der Regie von Hanns Farenburg. Zu den Darstellern gehören Ewald Balser und Käthe Gold.

■ 16. Februar
Abschluß des Staatsvertrages zur Gründung des NDR.

■ 1. April
Die »Deutsche Wochenschau« kündigt ihren Kooperationsvertrag mit der »Tagesschau«. Für die Inlandsberichterstattung besitzt die »Tagesschau« nur wenige eigene Fernsehkameraleute, die Beschaffung des Auslandsmaterials ist zu diesem Zeitpunkt noch nicht geklärt. Die »Tagesschau« stellt auf Schmalfilm und Magnetton um. Nach der Kündigung des Kooperationsvertrages durch die Kino-Wochenschau liefert die »Tagesschau«-Redaktion in den nächsten beiden Monaten 12 Programmstunden mit Aktualitäten aus aller Welt: 25mal die »Tagesschau«, neunmal den »Wochenspiegel« und sieben Sonderberichte, u. a. von Sportveranstaltungen.

■ 19. April
Fernseh-Premiere des Kabarett-Programms »Die 10 war ihr Schicksal« der Berliner »Stachelschweine« mit Günter Pfitzmann, Achim Strietzel, Klaus Becker, Jo Herbst, Ingeborg Wellmann, Wolfgang Gruner, Inge Wolffberg und Rolf Ulrich.

■ 25. April
Die ARD zeigt das Fernsehspiel »Der Biberpelz« (SFB, Buch und Regie: Werner Völger) nach Gerhart Hauptmanns Schauspiel. Darsteller sind u. a. Bertha Drews, Martin Held, Edith Hancke.

■ 9. – 13. September
Für das Deutsche Fernsehen reisen Walter Schmidt vom NWDR (Kameramann) und Norbert Mai (SFB-Kommentator) nach Moskau, um über die dortigen Verhandlungen von Bundeskanzler Konrad Adenauer mit der sowjetischen Regierung zu berichten.

■ 3. Oktober
Peter von Zahn stellt den ersten Bericht in seiner Reihe »Bilder aus der Neuen Welt« vor.

■ 14. – 16. Oktober
Mitglieder der »Gruppe 47« sind beim SDR zu Gast. Sie diskutieren Kriterien für Fernsehspiele und das Fernsehprogramm.

## 1956

■ 1. Januar
Peter Frankenfeld tritt in seiner neuen Fernsehshow »Bitte recht freundlich« auf.

■ Die Teilung des NWDR in den WDR und NDR ist vollzogen, im Mai werden beide Sender neue Mitglieder der ARD.

■ 3. Januar
Aufnahme des regulären Programmbetriebs des DDR-Fernsehens.

■ 16. Februar
Die amerikanische Serie »Rin-Tin-Tin« eröffnet die lange Reihe der Kaufproduktionen im Deutschen Fernsehen.

■ 4. April
Die ARD zeigt das Fernsehspiel »Der Flüchtling« nach dem Schauspiel von Fritz Hochwälder in der Regie von Fritz Umgelter.

■ 7. April
Die ARD strahlt Hans Gottschalks und Franz Peter Wirths Fernsehbearbeitung von Edgar Wallaces Erzählung »Der Hexer« aus.

■ 28. April
Start der Fernsehlotterie »Die große Chance Nr. 100 000« zugunsten der ärmsten Kinder Berlins. Die Lotterie bekam später den Namen »Ein Platz an der Sonne«.

■ 4. Mai
Der BR führt das Werbefernsehen ein. Der Reinerlös soll kulturellen Zwecken dienen.

■ 1. Oktober
Die »Tagesschau« wird von Montag bis Samstag ausgestrahlt (20.00 bis 20.15 Uhr).

■ 27. Oktober
Im Wunschkonzert »Das Lied meines Lebens« mit Axel von Ambesser können sich Zuschauer von nun an Lieder wünschen, die einen besonderen Bezug zu ihrem Leben haben.

■ 28. Oktober
Die Reihe »Ein Platz für Tiere« (HR) mit Bernhard Grzimek (Zoodirektor Frankfurt a. M.) läuft an. Spenden für den Tierschutz können von den Zuschauern nach den Sendungen auf entsprechende Konten eingezahlt, deren Nummern eingeblendet werden.
ARD-Ausstrahlungsbeginn der neuen Game-Show-Reihe mit Hans Joachim Kulenkampff: »Zwei auf einem Pferd«.

■ Dezember
Die Angleichung der Norm des DDR-Fernsehens an die in der Bundesrepublik ermöglicht den wechselseitigen Empfang der Programme.

## 1957

■ 13. Januar
Die ARD zeigt Peter Beauvais' Fernsehspiel »Schinderhannes« (SWF) nach dem Schauspiel von Carl Zuckmayer. Zu den Mitwirkenden gehören Agnes Fink und Hans Christian Blech.

■ 18. Januar
ARD-Ausstrahlungsbeginn von »Jazz – gehört und gesehen« von und mit Joachim E. Berendt.

■ 28. Januar
Die ARD beginnt mit der Ausstrahlung von »Panorama«, dem ersten zeitkritischen Magazin im Deutschen Fernsehen.

■ 8. Februar
»Der Schallplattendieb« (SDR), ein Fernseh-Musical von Michael Pfleghar und Martin Walser hat Premiere.

■ 11. März
Die ARD zeigt Erich Kubys Fernsehspiel »Der Test. Ein Spiel um Menschen und Elektronengehirne« (BR) in der Regie von Franz Josef Wild.

■ 19. März
Mit dem Programm »... denn Sie müssen nicht, was sie tun« kommt die Münchener Lach- und Schießgesellschaft (mit Klaus Havenstein, Hans Jürgen Diedrich, Ursula Herking und Dieter Hildebrandt; Regie: Sammy Drechsel) erstmals ins Fernsehen.

■ 1. August
In der SDR-Dokumentarfilmreihe »Zeichen der Zeit« wird der Beitrag Dieter Ertels, »Großkampftag«, ausgestrahlt. Ertel setzt sich mit dem kommerziellen Mißbrauch von Sport-Großveranstaltungen auseinander.

■ 3. August
Während der »Großen Deutschen Rundfunk-, Fernseh- und Phonoausstellung« in Frankfurt a. M. tritt zum ersten Mal Otto Höpfner mit seiner Unterhaltungssendung »Zum Blauen Bock« im Samstagnachmittag-Programm auf.

■ 7. September
Das Fernsehen des SDR sendet den ersten abendfüllenden deutschen Fernsehfilm, »Der Richter und sein Henker« von Friedrich Dürrenmatt (Regie: Franz Peter Wirth).

■ 10. September
Mit ihrer Show »Bonsoir Kathrin« beginnt Caterina Valente ihre Fernsehkarriere.

■ 1. Oktober
Jetzt sind in der Bundesrepublik mehr als eine Million Fernsehteilnehmer registriert.

■ 11. Oktober
Beginn der täglichen Ausstrahlung der Nachrichtensendung des DDR-Fernsehens »Aktuelle Kamera«.

■ 20. November
Die ARD zeigt das Fernsehspiel »Draußen vor der Tür« (NWRV) nach dem Hör- und Schauspiel von Wolfgang Borchert in der Regie von Rudolf Noelte.

■ 24. November
Der BR zeigt in der ARD eine dreieinhalbstündige Fernsehinszenierung von Schillers Drama »Don Carlos« in der Regie von Fritz Umgelter.

## 1958

■ »Vater ist der Beste« mit Robert Young ist die erste Erfolgsserie aus den USA im deutschen Werbefernsehen.

■ 23. Februar
ARD-Ausstrahlung des Fernsehspiels »Besuch aus der Zone« (Buch: Dieter Meichsner, H. Pigge, Rainer Wolffhardt).

■ 6. März
Erste Fernseh-Direktübertragung aus Ost-Berlin von der Weltmeisterschaft im Hallenhandball.

■ 14. März
Die Kriminalserie »Stahlnetz«, die sich mit tatsächlichen Kriminalfällen befaßt, beginnt. Die erste von Wolfgang Menge verfaßte Folge trägt den Titel »Nachtrag«, Regie: Jürgen Roland.

■ 6. Juni
In der SDR-Dokumentarfilmreihe »Zeichen der Zeit« wird Dieter Ertels Beitrag »Der große Cannes-Cannes« gesendet, ein kritischer Kommentar zu den Filmfestspielen in Cannes.

■ 12. September
Hans Hass startet seine Dokumentarreihe »Expedition ins Unbekannte«.



■ 3. Oktober
Erstmals kommt das Ampex-Aufzeichnungsgerät im WDR-Regionalprogramm »Hier und Heute« zum Einsatz. Seine Möglichkeiten tragen zu entscheidenden Veränderungen im Bereich der Programmpräsentation bei.

■ 5. Oktober
Start der erfolgreichen amerikanischen Serie »Fury« im Kinderprogramm.

■ 8. Oktober
Das DDR-Fernsehen beginnt mit der Ausstrahlung eines Vormittagsprogramms.

■ 8. Dezember
Industrielle und Zeitungsverleger gründen die »Freies Fernsehen GmbH« mit dem Ziel, in der Bundesrepublik ein werbefinanziertes Programm über eine zweite Fernsehkette aufzubauen.

## 1959

■ Februar
Der Sechsteiler »Soweit die Füße tragen« (Regie: Fritz Umgelter) wird zum Publikumserfolg. Ab 1959 kommt es zur verstärkten Ausstrahlung von Serien und Mehrteilern: u. a. sechsteilige Durbridge-Krimis im WDR, mehrteilige Romanverfilmungen (»Soweit die Füße tragen«, »Am grünen Strand der Spree«, Regie: Fritz Umgelter). Seit diesem Jahr werden vermehrt amerikanische Serien »Lassie«, »Union Pacific«, »Texas Rangers« gesendet.

■ 2. März
Vor Beginn der »Tagesschau« (NDR) werden die Weltnachrichten in einem Fünf-Minuten-Block verlesen. Als Sprecher wird Karl Heinz Köpcke eingesetzt. Damit endet die Zeit der bloßen Kommentierung von Filmausschnitten.

■ 1. April
Nahezu alle Fernsehsender der Bundesrepublik füllen nun die Zeit von 19.30 bis 20.00 Uhr mit Werbung.

■ 16. April
ARD-Ausstrahlung von Paul Verhoevens Fernsehspiel »Nachtasyl« (HR) nach der Vorlage von Maxim Gorki.

■ 21. Mai
Der Saarländische Rundfunk (SR) wird in die ARD aufgenommen.
Die ARD plant ein zweites öffentlich-rechtliches Fernsehprogramm. Bundeskanzler Adenauer lehnt dieses Vorhaben ab.

## 1960

■ 22. Januar
Ausstrahlungsbeginn der zweiten großen Familienserie im deutschen Fernsehen »Die Firma Hesselbach« von und mit Wolf Schmidt (HR), die bis 1967 in drei Staffeln läuft.

■ 1. März
Der HR übernimmt für die ARD die Wettermeldung, die an Werktagen in zwei Minuten Länge als Wetterkarte im Anschluß an die »Tagesschau« gezeigt wird.

■ 22. März
Ausstrahlungsbeginn des Fünfteilers »Am grünen Strand der Spree« von Fritz Umgelter und Reinhart Müller-Freyenfels nach dem gleichnamigen Roman von Hans Scholz in der Regie von Fritz Umgelter.

■ 24. März
Rolf Hädrich inszeniert das Fernsehspiel »Wer überlebt, ist schuldig« (HR) von Axel Eggebrecht.

■ 1. Juni
Die ARD sendet den kabarettistischen Film »Wir Kellerkinder. Ein gesamtdeutscher Heimatfilm von und mit Wolfgang Neuss« (Regie: Jochen Wiedermann).

■ 14. Juli
ARD-Ausstrahlung des Fernsehspiels »Die geliebte Stimme« (BR) nach einem Schauspiel von Jean Cocteau in der Regie von Franz-Josef Wild. Die Hauptrolle spielt Hildegard Knef.

■ 16. Juli
ARD-Start der Spielshow »Nicht nervös werden. Verzwickte Spiele für geschickte Leute«. In dieser Sendung hat Joachim Fuchsberger seinen ersten Auftritt als Quizmaster im Fernsehen.

■ 25. Juli
Bundeskanzler Adenauer unterzeichnet den Vertrag zur Gründung der »Deutschland-Fernsehen-GmbH«. Für die Länder unterzeichnet Bundesjustizminister Schäffer. Zwei Tage später kritisieren die ARD-Intendanten diesen Schritt. Sie warnen vor einem »kommerziellen System«, das die Unabhängigkeit und Objektivität der Fernsehberichterstattung gefährde.

■ 3. Oktober
Ausstrahlungsbeginn des Zweiten DFF-Programms in der DDR.

■ 1. Dezember
Im Nachmittagsprogramm der ARD wird ein klarer gegliedertes Schema eingeführt, künftig ist jeder Nachmittag einer bestimmten Zielgruppe gewidmet. Montags und donnerstags wird eine Kinderstunde, dienstags und freitags eine Jugendstunde und mittwochs eine Frauenstunde eingerichtet.

■ 15. Dezember
Die ARD zeigt »Der Hauptmann von Köpenick« nach dem Schauspiel von Carl Zuckmayer in der Regie von Rainer Wolffhardt.

■ 17. Dezember
Ausstrahlungsbeginn der Show »Hallo Paulchen« mit Paul Kuhn.

## 1961

■ 14. Januar
Beginn der neuen Quizreihe des HR mit Hans Joachim Kulenkampff »Kleine Stadt – ganz groß«, ein Wettkampf mit Mannschaften aus zwei Städten.

■ 17. Januar
Die Inszenierung des Aristophanes-Stückes »Lysistrata« von Fritz Kortner mit Romy Schneider und Barbara Rütting in den Hauptrollen darf in Bayern wegen angeblich anzüglicher Szenen nicht gesendet werden. Sie wird nur vom HR, NDR, RB und dem SFB ausgestrahlt.

■ 4. Februar
Die kleine Talentprobe für jedermann mit Peter Frankenfeld startet unter dem Titel »Toi Toi Toi« in der ARD.

■ 28. Februar
Das Bundesverfassungsgericht erklärt die Gründung einer Fernseh-

anstalt durch den Bund für verfassungswidrig. Die Länder bleiben zuständig für die Organisation von Rundfunkveranstaltungen.

■ 26. März
»Das Fernsehgericht tagt« zum ersten Mal. Nach einem festgelegten Handlungsablauf improvisieren Fachleute wie Richter, Staatsanwälte und Verteidiger gemeinsam mit Berufsschauspielern und Laiendarstellern.

■ 1. Juni
Die ARD strahlt bis zum 31. März 1963 ein zweites gemeinschaftliches Fernsehprogramm aus. Es wird am 1. April 1963 vom ZDF abgelöst.

■ 4. Juni
Mit Ausnahme des WDR, der zu diesem Zeitpunkt sein Regionalprogramm ausstrahlt, senden von nun an alle Fernsehsender der ARD sonntags um 19.00 Uhr die NDR-Sendung »Diesseits und Jenseits der Zonengrenze«.
ARD-Ausstrahlungsbeginn der »Sportschau« um 21.30 Uhr.

■ 6. Juni
Der Staatsvertrag über die Anstalt Zweites Deutsches Fernsehen (ZDF) mit Sitz in Mainz wird in Stuttgart von den Ministerpräsidenten der Länder unterschrieben.

■ 18. Juli
Ausstrahlungsbeginn der Show »Vorsicht Kamera« mit Chris Howland, die der amerikanischen Reihe »Candid Camera« nachempfunden ist. Diese Show wird 1980 unter dem Titel »Verstehen Sie Spaß?« wieder in das ARD-Hauptabendprogramm aufgenommen.

■ 4. September
Das von der ARD beschlossene Fernsehprogramm für Zuschauer in der DDR wird ab sofort täglich vormittags für zwei bis drei Stunden über die Zonenrandsender ausgestrahlt.

■ 2. Oktober
Peter von Zahn produziert eine eigene Sendung mit Auslandsberichterstattung »Die Reporter der Windrose berichten«.

■ 22. Oktober
Ausstrahlungsbeginn von »Musik aus Studio B« mit Chris Howland.

## 1962

■ 4. Januar
Der Durbridge-Mehrteiler »Das Halstuch« wird mit 90 % zum Einschaltquoten-Spitzenreiter der Programmgeschichte. Mit seiner Zeitungsanzeige »Dieter Borsche ist der Mörder« sorgt der Kabarettist Wolfgang Neuss für den Fernseh-Skandal des Jahres.

■ 1. Februar
In der SDR-Dokumentarfilmreihe »Zeichen der Zeit« wird Wilhelm Bittorfs Beitrag »Burschenherrlichkeit« gezeigt.

■ 4. Mai
Die Fernsehdiskussion »Das ungewollte Leben« (BR) über Abtreibung und Geburtenkontrolle greift ein bislang tabuisiertes Thema auf.

■ 22./24./29. Mai
ARD-Ausstrahlung des vieldiskutierten Mehrteilers »Die Revolution entläßt ihre Kinder« von Claus Hubalck in der Regie von Rolf Hädrich. Die Verfilmung basiert auf der Autobiographie von Wolfgang Leonhard.

■ 22. Juli
Das Magazin »Report« wird nun im Wechsel mit »Panorama« ausgestrahlt.

■ 23. Juli
Mit Hilfe des Erdsatelliten »Telstar 1« wird die erste Live-Sendung aus Amerika empfangen, u. a. Präsident Kennedys Pressekonferenz und ein Baseballspiel.

■ 13. September
ARD-Ausstrahlung der Fernsehbearbeitung Wolfgang Staudtes von Joseph Roths »Die Rebellion« (NDR).

■ 26. Oktober
In der ARD startet die Serie »Alle meine Tiere. Eine Familiengeschichte« von Heinz Oskar Wuttig.

## 1963

■ 10./13./15./17./18. Januar
ARD-Ausstrahlung des fünfteiligen Francis-Durbridge-Krimis »Tim Frazer. Der Fall Salinger«.

■ 11. Februar
Nach der Sendung vom 11.2.1963 sieht sich »Panorama« der »Gert von Paczensky-Affäre« ausgesetzt: Der Moderator wird als Ulbricht-Sympathisant diffamiert, die »Bild-Zeitung« fordert: »Der Spitzbart muß weg!«. Bei »Panorama« wechseln die Leiter und Moderatoren: Es kommen Karl-Heinz Wocker, Rüdiger Proske, Jürgen Neven-du-Mont, Werner Baecker und Eugen Kogon.

■ 27. Februar
ARD-Ausstrahlung des Fernsehspiels »Besuch am Nachmittag« (WDR) von Theodor Schübel in der Regie von Hansgünter Heyme.

■ 1. April
Sendebeginn des ZDF. Koordinationsvereinbarungen von ARD und ZDF, um die Konkurrenzsituation in Grenzen zu halten.

■ 4. April
ZDF-Ausstrahlungsbeginn der Sendereihe »Das kleine Fernsehspiel« mit dem Stück »Die Unzufriedenen« von Prosper Mérimeé in der Bearbeitung von Eckart Stein. Mit Eckart Stein entwickelt sich in den nächsten drei Jahrzehnten das »Kleine Fernsehspiel« zur wichtigsten TV-Werkstatt in Film und Fernsehen.

■ 5. April
Erste Sendung des ARD-Auslandsmagazins »Weltspiegel«.

■ 7. April
Beginn der ZDF-Ratgeber-Reihe »Pfarrer Sommerauer antwortet«.

■ 23./24. Juni
Die Übertragung von der Ankunft Präsident Kennedys in Köln-Wahn und die Übertragungen der folgenden Tage seines BRD-Aufenthalts sind die bisher aufwendigsten der ARD. Insgesamt werden für 17 Stunden Live-Sendungen über 400 Ingenieure, Techniker und Kameramänner, 40 elektronische Kameras, 12 Ü-Wagen und ein Hubschrauber eingesetzt.

■ 27. Juni
Das ZDF beginnt mit der Reihe »Journalisten fragen – Politiker antworten«.

■ 24. August
Das ZDF nimmt die Reihe »Das aktuelle Sport-Studio« ins Programm. Die Moderatoren sind Wim Thoelke, Rainer Günzler und Harry Valerien.

■ 12. Oktober
Start der ARD-Reihe »Der Markt – Wirtschaftsberichte für jedermann«.

■ 24. Oktober
Die Live-Übertragung von der Bergung der Überlebenden des Grubenunglücks in Lengede: die ganze Fernsehnation bangt um das Leben von mehr als 100 verschütteten Bergleuten.

## 1964

■ 3. Januar
ZDF-Ausstrahlungsbeginn des »Gesundheitsmagazins PRAXIS« mit Hans Mohl.

■ 16. Januar
Verleihung des ersten Adolf-Grimme-Preises in Marl.

■ 23. Januar
Die ARD zeigt das mehrfach preisgekrönte Dokumentarspiel »In der Sache J. Robert Oppenheimer« von Heinar Kipphardt.

■ 25. Januar
Start der erfolgreichen Show »Einer wird gewinnen« (HR) mit Hans Joachim Kulenkampff.

■ 6. Februar
Die ARD sendet das Fernsehspiel »Dr. Murkes gesammeltes Schweigen« von Dieter Hildebrandt und Rolf Hädrich nach einer Erzählung von Heinrich Böll.

■ 1. April
ZDF-Ausstrahlungsbeginn des Feierabendmagazins »drehscheibe«.

■ 25. Mai
Ein »Panorama«-Bericht über die Zahl von noch immer tätigen Richtern und Staatsanwälten aus der NS-Zeit erregt großes Aufsehen.

■ 18. August
Die ARD zeigt das Fernsehspiel »Flug in Gefahr« (SDR) nach einer Vorlage von Arthur Hailey in der Regie von Theo Mezger mit Hanns Lothar in der Hauptrolle.

■ 2. Oktober
Die HR-Dokumentation »Deutschlands Osten – Polens Westen?« löst heftige Proteste der Vertriebenen-Verbände aus.

■ 9. Oktober
Das ZDF eröffnet seine Unterhaltungssendung »Vergißmeinnicht« zugunsten der »Aktion Sorgenkind« mit Peter Frankenfeld.

■ 4. Dezember
Lou van Burg startet im ZDF die Show »Der Goldene Schuß«.

## 1965

■ 25. Februar
ARD-Ausstrahlung von Wolfgang Menges Kriminalspiel »Verhör am Nachmittag« (WDR) in der Regie von Walter Davy.

■ 6. Mai
ARD-Ausstrahlung von Gunther R. Lys Fernsehspiel »Ein Tag. Bericht aus einem Konzentrationslager« (NDR) in der Regie von Egon Monk.

■ 9. Mai
Die dritte große Familienserie kommt in die ARD: »Die Unverbesserlichen« mit Inge Meysel und Joseph Offenbach.

■ 21. Mai
Die ARD sendet zum ersten Mal das politische Magazin »Monitor« (WDR). Besonderes Kennzeichen ist das »Kreuzfeuer«, in dem Claus Hinrich Casdorff und Rudolf Rohlinger live prominente Persönlichkeiten interviewen.

■ 4. September
Erste »Ziehung der Lottozahlen« mit Karin Dinslage.

■ 25. September
Erster »Beat Club« von Radio Bremen.

■ 29. September
ARD-Ausstrahlungsbeginn der Fernsehserie von Heinz Oskar Wuttig »Der Forellenhof. Eine Familiengeschichte«.

■ 7. Oktober
Walter Schmieding, Leiter der ZDF-Abteilung »Kunst und Literatur« präsentiert für drei Monate den »Kulturbericht«. Dann wird die Sendung in »aspekte« umbenannt.

■ 31. Dezember
ARD-Ausstrahlung von »Schimpf vor zwölf« – ein Silvesterkabarett mit der Münchener Lach- und Schießgesellschaft.

## 1966

■ 3. Januar
Start des gemeinsamen Vormittagsprogramms von ARD und ZDF für die Zuschauer der DDR.

■ 10./12./14. Januar
ARD-Ausstrahlung von Francis Durbridges Mehrteiler »Melissa«.

■ 14. Januar
ZDF-Ausstrahlungsbeginn des Wirtschaftsmagazins »Bilanz«.

■ 8. Februar
Der ARD-Mehrteiler »Die Gentlemen bitten zur Kasse« – ein Kriminalspiel nach authentischer Vorlage – wird zum Straßenfeger. Es spielen u. a. Horst Tappert, Günther Neutze und Siegfried Lowitz.

■ 29. März
ARD-Ausstrahlung des Fernsehspiels »Die Ermittlung« (NDR) nach dem Schauspiel von Peter Weiss in der Regie von Peter Schulze Rohr.

■ 13. April
Die ARD zeigt Samuel Becketts Fernsehspiel »Eh Joe« (SDR) in eigener Regie.

■ 29. Juni
Die ARD sendet das Fernsehspiel »Begründung eines Urteils« (WDR) von Wolfgang Menge in der Regie von Eberhard Itzenplitz.

■ 17. September
Die ARD landet den Hit »Raumpatrouille. Die phantastischen Abenteuer des Raumschiffs ORION« von Rolf Honold und W. G. Larsen in der Regie von Michael Braun und Theo Mezger.

## 1967

■ 22. Januar
ARD-Ausstrahlungsbeginn von »New York, New York«, des Amerika-Magazins unter der Leitung von Werner Baecker.

■ 26./27. Januar
Laut Beschluß der ARD-Intendanten sollen künftig an Wochenenden keine Spielfilme mehr im ARD-Programm gezeigt werden, um die wirtschaftliche Lage der Kinos zu verbessern.

■ 13. Februar
Das ZDF gibt in der Reihe »Ratschlag für Kinogänger« Informationen über das aktuelle Kinoangebot.

■ 26. Juli
In der SDR-Dokumentarfilmreihe »Zeichen der Zeit« wird Roman Brodmanns »Der Polizeistaatsbesuch« gesendet.

■ 25. August
Mit einem symbolischen Knopfdruck eröffnet Willy Brandt auf der Internationalen Funkausstellung in Berlin das Farbfernsehen in der Bundesrepublik Deutschland. Die erste in Farbe ausgestrahlte Sendung ist am gleichen Tag die 25. Folge von »Der goldene Schuß« (erstmals mit Vico Torriani als Moderator).

■ 29. August
Beginn der Ausstrahlung farbiger Werbespots jeweils dienstags und freitags.

■ 20. Oktober
Eduard Zimmermann löst mit Hilfe fahndungsfreudiger Zuschauer erstmals in »Aktenzeichen XY ... ungelöst« ungeklärte Kriminalfälle.

■ 4. Dezember
Die ARD hat ein Kulturmagazin: »Titel, Thesen, Temperamente«.

■ 19. Dezember
Der im ZDF-Programm angekündigte Beitrag »Stimmen von links« (Interviews u. a. mit Gert von Paczensky, Günter Grass und Otto Brenner) wird abgesetzt.

■ 27. Dezember
Der dreiteilige ZDF-Krimi »Der Tod läuft hinterher« erreicht eine Sehbeteiligung von 83 %.

## 1968

■ 15. Januar
Die ARD zeigt »Ein Mann namens Harry Brent«, Francis Durbridges Krimimehrteiler in der Regie von Peter Beauvais.

■ 18. Januar
ARD-Ausstrahlungsbeginn des Magazins »Kontraste« (SFB). Untertitel: »Ein Ost-West-Magazin«.

■ Februar
Die Wettkämpfe der Olympischen Winterspiele in Grenoble werden erstmals als Farbfernsehübertragungen ausgestrahlt.

■ 7. März
In der Regie von Eberhard Fechner zeigt die ARD das Fernsehspiel von Helga Feddersen »Vier Stunden von Elbe 1«.

■ 25. April
Nach einer Vorlage von John Steinbeck inszeniert Rolf Hädrich »Von Mäusen und Menschen«.

■ 9. Juni
In der ARD läuft Klaus Wildenhahns Film »In der Fremde«, Beobachtungen auf einer Baustelle.

■ 11. Juni
Tom Toelle führt Regie im Fernsehspiel »Ganze Tage in den Bäumen« nach dem Schauspiel von Marguerite Duras.

■ 23. Oktober
Das ZDF veranstaltet die ersten »Mainzer Tage der Fernseh-Kritik«.

■ 10. November
ARD-Ausstrahlung des Fernsehspiels »Novemberverbrecher. Eine Erinnerung« (NDR) von Dieter Meichsner und Karlheinz Dederke in der Regie von Carlheinz Caspari.

■ 20. Dezember
Die ARD zeigt Klaus Wildenhahns Dokumentarfilm »Heiligabend auf St. Pauli«.

■ 23. Dezember
Das ZDF zeigt das Fernsehspiel »Prüfung eines Lehrers« von Oliver Storz in der Regie von Eberhard Itzenplitz.

## 1969

■ 1. Januar
Reinhart Hoffmeister übernimmt die Leitung von »aspekte«. Das Kulturmagazin wird zum gesellschaftlichen Diskussionsforum.

■ 3. Januar
ZDF-Ausstrahlungsbeginn der Krimiserie »Der Kommissar« (Autor: Herbert Reinecker) mit Erik Ode in der Hauptrolle.

■ 8. Januar
Das »ZDF-Magazin« unter Leitung von Gerhard Löwenthal kommt neu ins Mainzer Programm.

■ 9. Januar
In der Regie von Eberhard Itzenplitz zeigt Wolfgang Menge (Buch) das Fernsehspiel »Die Dubrowkrise«.

■ 18. Januar
Ausstrahlungsbeginn der »Hitparade im ZDF«, Dieter Thomas Heck moderiert.

■ 29. Januar
In der ARD beginnt die Serie »Salto Mortale. Die Geschichte einer Artistenfamilie«.

■ 21. April
ARD-Ausstrahlung von Tankred Dorsts Schauspiel »Toller« unter dem Titel »Rotmord« (WDR) in der Bearbeitung von Peter Zadek und Wilfried Minks und der Regie von Peter Zadek.

■ 16.–24. Juli
ARD und ZDF berichten in Sondersendungen und Live-Übertragungen vom amerikanischen Apollo-11-Unternehmen, bei dem am 21.7. zum ersten Mal Menschen den Mond betreten.

■ August
Ein »Panorama«-Beitrag über die rechtsradikale NPD führt wochenlang zu heftigen Diskussionen.

■ 18./21. September
Die ARD zeigt das zweiteilige Fernsehspiel »Das Haus nebenan« von Marcel Ophüls.

■ 19. September
ARD-Ausstrahlungsbeginn der SDR-Dokumentarfilmreihe »Notizen vom Nachbarn« (Elmar Hügler).

■ 29. September
Die ARD zeigt Eberhard Fechners Dokumentarfilm »Nachrede auf Klara Heydebreck«.

■ 3. Oktober
Das DDR-Fernsehen startet sein Farb-Programm.

■ 21. Oktober
In der Regie von Reinhard Hauff präsentiert die ARD das Fernsehspiel »Die Revolte«.

■ 20. Dezember
Das Familienspiel »Wünsch Dir was« (Spielleiter: Dietmar Schönherr und Vivi Bach) wird als Gemeinschaftssendung von ZDF, ORF und SRG erstmals ausgestrahlt (insgesamt 24 Sendungen bis 1972).

## 1970

■ 4. Januar
Nach einem Roman von Manes Sperber inszeniert Regisseur Fritz Umgelter den Dreiteiler »Wie eine Träne im Ozean«.

■ 7. Januar
»Ludwig Marcuse. Portrait eines konservativen Anarchisten« heißt ein ARD-Beitrag von Marcel Reich-Ranicki und Michaela Seiffe.

■ 12. Januar
Roman Brodmanns »Der große Grenzverkehr«, ein Film über eine Kopenhagener Sexmesse, wird in der SDR-Dokumentarfilmreihe »Zeichen der Zeit« gesendet.

■ 13. Januar
ARD-Ausstrahlungsbeginn der Reihe »Sterns Stunde«, die sich ungewohnt kritisch mit dem Verhältnis von Tier und Mensch befaßt.

■ 26. Januar
Die ARD-Ausstrahlung des Fernsehspiels »Die Unterdrückung der Frau ist vor allem in dem Verhalten der Frau selber zu erkennen« von Hellmuth Costard verbindet die ARD mit einer TV-Diskussion, in der sich Hausfrauen zu ihrer gesellschaftlichen Rolle äußern.

■ 28. Januar
ARD-Ausstrahlung des Dokumentarfilms »Zwischen Wohlstand und Klassenkampf. Ein Protokoll zum Sein und Bewußtsein junger Arbeiter« von Theo Gallehr und Rolf Schübel.

■ 24. Mai
Die ARD setzt das Fernsehspiel »Bambule« von Ulrike Meinhof wegen

der politischen Aktivitäten der Autorin ab.

■ 10. September
Das ZDF beginnt ein neues unterhaltendes Lotteriespiel »Drei mal Neun« zugunsten der Aktion Sorgenkind mit Wim Thoelke.

■ 20. September
Die Sendung »Halbgott in Weiß« (RB) löst heftige Proteste der Bundesärztekammer aus.

■ 13. Oktober
Die ARD sendet das Fernsehspiel »Ich bin ein Elefant, Madame« von Wolfgang Menge, Robert Müller und Peter Zadek in der Regie von Peter Zadek.

■ 18. Oktober
Die ARD erregt mit Wolfgang Menges Fernsehspiel »Das Millionenspiel« (WDR), der Inszenierung einer skrupellosen Game-Show, bundesweit Aufsehen.

1970
1976

■ 23. Dezember
Das ZDF zeigt »Nicht nur zur Weihnachtszeit«, ein Fernsehspiel nach einer Vorlage von Heinrich Böll in der Regie von Vojtech Jasny.

■ 29. November
Die ARD eröffnet die gemeinsam mit dem ORF produzierte Krimi-Reihe »Tatort« mit der Folge »Taxi nach Leipzig«. Walter Richter spielt den Kommissar Trimmel, der auf eigene Faust den Mörder eines Jungen in der DDR sucht.

## 1971

■ 12. Januar
ARD-Ausstrahlung von Peter Zadeks innovativer Inszenierung des Sean O'Caseys Stücks »Der Pott«.

■ 17./19. Januar
Eberhard Fechner zeigt seinen zweiteiligen Dokumentarfilm »Klassenphoto« in der ARD.

■ 24./28. Januar
Die ARD zeigt das zweiteilige Fernsehspiel »Deutschstunde« nach der Romanvorlage von Siegfried Lenz, Regie: Peter Beauvais.

■ 26. Januar
ARD-Ausstrahlung von Volker Schlöndorffs Fernsehspiel »Der plötzliche Reichtum der armen Leute von Kombach«.

■ 7. März
Sieghard Rupp bereichert als Kommissar Kressin die ARD-»Tatort«-Reihe.

■ 5. – 9. April
Erstsendung der amerikanischen Kinderserie »Sesamstraße« im Dritten Programm der Nordkette.

■ 21. April
Die ARD präsentiert die mit dem ORF koproduzierte Serie »Wenn der Vater mit dem Sohne«.

■ 10. Mai
ARD-Ausstrahlung von Peter Handkes Fernsehspiel »Chronik der laufenden Ereignisse« (WDR), er führt selbst Regie.

■ 12. Mai
Wibke Bruhns, Hamburger Journalistin, tritt als erste Fernsehnachrichtensprecherin der Bundesrepublik in den Spätnachrichten des ZDF auf.

■ 13. Mai
Das ZDF startet den Spielshow-Dauerbrenner »Dalli Dalli« mit Hans Rosenthal.

■ 31. Juli
Die ARD-»Tatort«-Folge »Der Richter in Weiss« (Regie: Peter Schulze-Rohr) begeistert die Fernsehkritik. Zu den Darstellern gehören u.a. Erika Pluhar, Walter Richter, Edgar Hoppe und Helmut Käutner.

■ 9. September
»Kennzeichen D«, das neue politische Magazin des ZDF löst die Sendereihe »drüben« ab.

■ 1. Oktober
Peter Scholl-Latour, Fernsehdirektor des WDR und langjähriger Frankreich-Korrespondent der ARD, wird ZDF-Sonderkorrespondent in Paris.

■ 16. Oktober
Die ARD präsentiert die neue Kulenkampff-Quizreihe »Guten Abend, Nachbarn«.

■ 1. November
Georg Stefan Troller, der bisherige Autor der ARD-Sendung »Pariser Journal«, wird Mitarbeiter des ZDF.

■ November/Dezember
Die ARD zeigt den Durbridge-Dreiteiler »Das Messer«, Regie: Rolf von Sydow.

■ 14. Dezember
In der ARD läuft in gekürzter Fassung der Dokumentarfilm »Rote Fahnen sieht man besser« von Theo Gallehr und Rolf Schübel.

## 1972

■ 23. Januar
ARD-Ausstrahlungsbeginn des WDR-Kindermagazins »Die Sendung mit der Maus«.

■ 25. Februar
SWF und ZDF vereinbaren, künftig statt »Mainz bleibt Mainz« und »Mainz wie es singt und lacht« jährlich wechselnd nur noch eine Karnevalssitzung aus Mainz zu übertragen.

■ 29. Februar
ARD-Ausstrahlung des Fernsehspiels »Die Angst des Tormanns beim Elfmeter« von Wim Wenders nach einem Roman von Peter Handke in der Regie von Wim Wenders.

■ 9. August
ARD-Ausstrahlung von Gerd Ruges »Zwischen Peking und Shanghai. Beobachtungen in China«. Es ist der erste von einem ARD-Team in China gedrehte Filmbericht.

■ 26. August – 11. September
ARD und ZDF übertragen im Wechsel die Ereignisse der XX. Olympischen Sommerspiele in München.

■ 29. Oktober
ARD-Ausstrahlungsbeginn der Familienserie »Acht Stunden sind kein Tag« von Rainer Werner Fassbinder.

■ 15. November
Höhepunkt der Berichterstattung über den Bundestagswahlkampf ist die »Elefantenrunde«, ein Streitgespräch der vier Parteivorsitzenden, das ARD und ZDF gemeinsam ausstrahlen.

■ 13. Dezember
ARD-Ausstrahlungsbeginn der neuen Sendereihe »Musikladen« (RB), der Nachfolgesendung des »Beat Club«.

■ 25. Dezember
Mit der Ausstrahlung der 21. Folge von »Cartoon« (SDR) wird die erfolgreiche Sendereihe Loriots in der ARD eingestellt.

## 1973

■ 8. Januar
Die Vorschulreihe »Sesamstraße« kommt in die ARD.

■ 15. Januar
Im Dritten Programm des WDR läuft die Familienserie »Ein Herz und eine Seele« an.
Die ARD zeigt »Nicht der Homosexu-

elle ist pervers, sondern die Situation, in der er lebt« (Regie: Rosa von Praunheim). Der BR verweigert die Ausstrahlung des Films.

■ 4. März
Beginn der Talkshow-Reihe »Je später der Abend« auf West 3, die schon Ende des Jahres in das ARD-Abendprogramm wechselt.

■ 15. April
Wolfgang Menges Fernsehspiel »Smog« (WDR) löst aufgrund des Realismus der Darstellung heftige Reaktionen beim Publikum aus.

■ 13. Juni
Im ZDF läuft »Im Reservat« von Peter Stripp (Buch) und Peter Beauvais (Regie).

■ Juli
Claus Hinrich Casdorff scheidet aus der Redaktionsleitung von »Monitor« aus. Mit der Umstellung auf die Form der Gruppenmoderation soll der Teamcharakter stärker hervorgehoben werden. Jeder Autor stellt seinen Beitrag selbst vor und macht Zielsetzungen deutlich. Klaus Bresser übernimmt die Redaktionsleitung. Casdorff führt gemeinsam mit Rohlinger die »Kreuzfeuer«-Interviews fort.

■ 5. Oktober
Das ZDF beginnt mit seiner Auslandsreihe »auslandsjournal«.

■ 31. Dezember
Mit Dietmar Schönherrs Talk-Show »Je später der Abend« (WDR) in der ARD hält die amerikanische Programmform »talk-show« ihren Einzug in das deutsche Fernsehprogramm.

## 1974

■ Da NDR-Intendant Martin Neuffer einen Beitrag zum Thema »Abtreibung« zurückzieht, verweigern Peter Merseburger und die übrigen »Panorama«-Autoren die Moderation der Sendung. Ein Ansager verliest die Moderationstexte.

■ 10. Januar
ZDF-Ausstrahlungsbeginn der Reihe »Ehen vor Gericht«.

■ 27. April
ARD-Ausstrahlungsbeginn von Rudi Carells neuer Samstagabend-Live-Unterhaltungsshow »Am laufenden Band«.

■ 8. Juli
Das ZDF beginnt mit der Ausstrahlung des Mehrteilers »Unser Walter. Leben mit einem Sorgenkind«.

■ 20. Oktober
Das ZDF zeigt den allerersten »Derrick«.

■ 18. November
Radio Bremen (RB) etabliert in der ARD die Dritte-Welt-Reihe »Im Namen des Fortschritts«.

■ 19. November
RB eröffnet im Dritten Programm von NDR/RB/SFB eine neue Open-end-Sendereihe unter dem Titel »III nach neun«.

## 1975

■ 14. Januar
Das ZDF zeigt in seiner Reihe »Das kleine Fernsehspiel« Helma Sanders' Fernsehspiel »Unter dem Pflaster ist der Strand«. Im Herbst übernimmt Eckart Stein die Leitung der Redaktion von seinem Vorgänger Hajo Schedlich.

■ 10. April
Offizielle Eröffnung der Studios von ARD und ZDF in Ost-Berlin.

■ 1. Mai
Das ZDF beginnt mit dem Mehrteiler »Tadellöser und Wolf« nach der Romanvorlage von Walter Kempowski, Regie: Eberhard Fechner.

■ 12. Juli
ZDF-Ausstrahlungsbeginn der 20teiligen englischen Familienserie »Das Haus am Eaton Place«.

■ 28. Juli
Der »Monitor«-Beitrag über die Frankfurter Polizei wird vom Programmrat der ARD kritisiert.

■ 1. August
Die Neuregelung des Gesetzes über das Zeugnisverweigerungsrecht der Mitarbeiter von Presse und Rundfunk tritt in Kraft. Die Journalisten erhalten dadurch ein uneingeschränktes Recht auf Aussageverweigerung in gerichtlichen Verfahren.

■ 16. November
Radio Bremen eröffnet in der ARD die Dokumentarreihe »Reservate«.

■ 11. Dezember
Im Rahmen der seit dem 18.3.1974 laufenden medienkundlichen Sendereihe »betrifft: fernsehen« analysiert Bernward Wember am Beispiel der Nordirland-Berichterstattung des ZDF in der Zeit von 1969 bis 1973 Möglichkeiten und Grenzen der Filmberichterstattung.

## 1976

■ 20. Januar
Helma Sanders' Fernsehspiel »Shirins Hochzeit« löst Diskussionen und Proteste der türkischen Bevölkerung aus.

■ 30. Januar
Kommissar Keller (Erik Ode) aus der ZDF-Serie »Der Kommissar« löst mit »Tod im Transit« seinen 97. und letzten Fall.

■ 15. Februar
Der WDR steuert dem ARD-Programm die Reportage-Reihe »48 Stunden« bei.

■ 20. April
Die ARD sendet das Fernsehspiel »Die neuen Leiden des jungen W.« (SWF, Buch: Ulrich Plenzdorf, Regie: Eberhard Itzenplitz).

■ 29. Juni
Die ARD strahlt Bernhard Sinkels Fernsehspiel »Lina Braake. Die Interessen der Bank können nicht die Interessen sein, die Lina Braake hat« (WDR) aus.

■ 8. August
Die ARD übernimmt vom ORF »Kottan ermittelt«, die Verballhornung aller bisherigen und kommenden Krimiserien (Regie: Peter Patzak).

■ 2. September
Das ZDF unternimmt den Versuch, in der Wahlzeit führende Politiker der Bundesparteien durch Gruppen von Bürgern direkt befragen zu lassen. Die Reihe trägt den Titel »Bürger fragen – Politiker antworten«.

■ 20./22./23. September
An drei Abenden sendet das ZDF den schwedischen Fernsehfilm »Szenen einer Ehe« von Ingmar Bergman mit Liv Ullmann und Erland Josephson in den Hauptrollen; eine Diskussion mit dem Autor am 24.9. schließt sich an. Die ungekürzte Ausstrahlung des Films löst heftige Diskussionen aus.

■ 30. September
In einer Live-Gemeinschaftssendung von ZDF und ARD, »Drei Tage vor der Wahl«, diskutieren Reinhard Appel und Heinz Werner Hübner von 20.15 bis 24.00 Uhr mit den Spitzenkandidaten der vier im Bundestag vertretenen Parteien.

■ 27. November
Der Verwaltungsrat des NDR verlangt die Vorlage aller Sendungen des NDR in der Zeit vom 25.10.1976 bis zum

26.11.1976, die das Problem der Versorgung mit Kernenergie und den Bau eines Kernkraftwerks in Brokdorf zum Thema haben, um die Kritik an der Behandlung des Themas »Brokdorf« überprüfen zu können.

■ 22. Dezember
Mit »Die Leute vom Mummelmannsberg« zeigen Horst Königstein und Hans Jürgen Rosenbauer im WDR, NDR, RB und SFB eine Mischform aus Unterhaltungssendung und Dokumentarfilm. Vier Monate lang haben sich Rosenbauer und Königstein im Bezirk Mummelmannsberg eine Wohnung gemietet, in der sie Menschen ihrer Umgebung, von denen sie besucht wurden, porträtierten.

## 1977



■ 15. Januar
ARD-Ausstrahlungsbeginn der Spielshow »Auf los geht's los« (SDR, Spielleiter: Joachim Fuchsberger).

■ 14. Februar
»Panorama« löst mit »Fünf Jahre Gesinnungsschnüffelei«, einem Beitrag über den Radikalenerlaß in Bayern, Proteste der CSU aus.

■ 27. März
Die »Tatort«-Folge »Reifeprüfung« mit Nastassja Kinski in der Hauptrolle wird ein großer Erfolg.

■ 11. April
ZDF-Ausstrahlungsbeginn der Krimiserie »Der Alte«.

■ 19. April
Die ARD zeigt das Fernsehspiel »Der Bauer und der Millionär« von Peter Turrini/Wilhelm Pevny, Regie: Axel Corti.

■ 29./31. Mai
ARD-Ausstrahlung von Eberhard Fechners Dokumentarfilm »Comedian Harmonists« (NDR).

■ 24. Juli
Mit der 208. Folge beendet das ZDF die Ausstrahlung der US-Western-Serie »Bonanza«.

■ 15. Oktober
Die »Tagesschau« sendet das umstrittene Video-Bild des von der RAF entführten Arbeitgeber-Präsidenten Hans Martin Schleyer, der vier Tage später ermordet aufgefunden wird.

■ 8. November
Die ARD zeigt den Homosexuellen-Film »Die Konsequenz« mit Jürgen Prochnow in der Hauptrolle.

## 1978

■ 9. April
Die Vorschulserie »Neues aus Uhlenbusch« richtet sich vor allem an Kinder auf dem Lande. Einzelne Folgen dieser Serie werden 1978 mit mehreren Preisen ausgezeichnet.

■ 30. April
Auftakt zur Ökologie-Reihe »Lebensräume« im ZDF.

■ 1. – 25. Juni
Kooperation zwischen ARD und ZDF bei Planung und Durchführung des Programms zur XI. Fußballweltmeisterschaft 1978 in Argentinien. Die beiden Fernsehgesellschaften wechseln sich täglich in der Übertragung der Spiele und einer Zusammenfassung am darauffolgenden Vormittag ab. Bei der zusätzlichen Berichterstattung erproben beide Teams erstmals die neue Aufnahmetechnik der Elektronischen Berichterstattung (EB) mit sechs mobilen elektronischen Kameras und MAZ-Geräten zur gleichzeitigen Aufzeichnung.

■ 26. Juni
Das ZDF zeigt Rainer Erlers Fernsehspiel »Plutonium«.

■ 8. November
Die ARD zeigt »Aus der Ferne seh ich dieses Land«, eine chilenische Emigrantengeschichte von Antonio Skarmeta (Buch) und Christian Ziewer (Regie).

## 1979

■ 7. Januar
ZDF-Ausstrahlungsbeginn der 13teiligen Sendereihe »Pusteblume«, in der Peter Lustig Kindern Umweltprobleme näherbringt.

■ 22./23./25./26. Januar
Die US-Serie »Holocaust« läuft in allen fünf Dritten Fernsehprogrammen. Im Anschluß an die Ausstrahlung werden Diskussionen gesendet, an denen sich die Zuschauer telefonisch beteiligen können. 23 000 Anrufe gehen beim WDR ein.

■ 4. Februar
In »Aus einem deutschen Leben« (ARD) befaßt sich Regisseur Theodor Kotulla mit der Biographie des KZ-Kommandanten von Auschwitz.

■ 2. März
Die Ausstrahlung der Folge »Auch Fummeln muß man lernen« der WDR-Jugendsendung »Alles klar!?« in der ARD löst Kritik in katholischen Kreisen Bayerns aus.

■ 16. März
Dieter Thomas Heck moderiert die neue Spielshow »Die Pyramide« im ZDF.

■ 30. März
Die ARD zeigt das Fernsehspiel »Winterspelt« von Eberhard Fechner nach dem Roman von Alfred Andersch.

■ 31. März
Harald Juhnke wird Nachfolger des verstorbenen Peter Frankenfeld im Wunschkonzert »Musik ist Trumpf«.

■ 21. Mai
Rainer Erler behandelt im ZDF-Fernsehfilm »Fleisch« das Thema illegaler Organtransplantation.

■ 8. Juli
In der ARD-Reihe »Wir über uns« äußert sich der ARD-Vorsitzende, WDR-Intendant von Sell, kritisch zu den Auseinandersetzungen um den NDR sowie zu den Bestrebungen, privaten Anbietern von Fernseh- und Rundfunkprogrammen den Weg zu ebnen.

■ 5. September
Wim Thoelke eröffnet im ZDF die Wohltätigkeitsshow »Der große Preis«.

■ 5. Oktober
Die ARD beginnt mit der Ausstrahlung der 11teiligen Verfilmung von »Die Buddenbrooks«.

## 1980

■ 28. April
Der BR beginnt – zunächst noch in seinem Dritten Programm – mit der Ausstrahlung der Talk-Reihe »Heut' abend« mit Joachim Fuchsberger, die sich in 300 Folgen bis zum Januar 1991 zu einer der erfolgreichsten Talk-Shows der 80er Jahre entwickelt.

■ 12. Juni
Start der Kabarett-Reihe »Scheibenwischer« in der Regie von Sammy Drechsel in der ARD.

■ 19. September
Das ZDF zeigt Peter Kriegs Dokumentarfilm »Septemberweizen«.

■ 12. Oktober – 29. Dezember
Das bisher größte Serienprojekt des WDR, die 13teilige Verfilmung von Alfred Döblins Roman »Berlin Alexanderplatz« durch Rainer Werner Fassbinder (Hauptrolle: Günter Lamprecht),

wird nach der Uraufführung am Sonntag, dem 12.10., jeweils montags um 21.30 Uhr ausgestrahlt.

■ 27. Oktober
Ein umstrittener und erheblich gekürzter Film über die Atompolitik in der Bundesrepublik am Beispiel von Gorleben kommt ins Dritte Programm des WDR.

## 1981

■ 2. Januar
Ein gemeinsames Vormittagsprogramm von ARD und ZDF wird montags bis freitags von 10.00 bis 13.15 Uhr gesendet.

■ 18. Januar
ZDF-Ausstrahlungsbeginn der Fernsehspielreihe »Tod eines Schülers« von Robert Stromberger.

■ 11. Februar
Aus aktuellem Anlaß veranstaltet das ZDF ein Open-end-Hearing zu dem Thema »Eine neue Jugendrevolte?«, in dem Politiker und Experten mit jugendlichen Hausbesetzern live diskutieren. Dabei kommt es zu heftigen Auseinandersetzungen.

■ 14. Februar
Start der ZDF-live-Unterhaltungsreihe »Wetten, daß ...?« mit Frank Elstner.

■ 15. März
Karl Fruchtmann zeigt in der ARD seinen dokumentarischen Spielfilm »Zeugen«, in dem Überlebende des Holocaust zu Wort kommen.

■ 14. April
Das ZDF beginnt mit der Live-Diskussion »5 nach zehn«.

■ 24. Mai
Die ARD zeigt den Fernsehfilm »Messer im Kopf« von Peter Schneider (Buch) und Reinhard Hauff (Regie). Im Mittelpunkt steht die Kritik an der Terrorismusbekämpfung in der Bundesrepublik.

■ 17. Juni
ARD-Ausstrahlung von »Kalte Heimat« (Buch: Peter Steinbach, Regie: W. Werner Schaefer).

■ 30. Juni
In der ARD läuft die US-Serie »Dallas« an.

■ 12. August
Die ARD zeigt den Fernsehfilm »Die Grenze« (NDR) von Theodor Schübel in der Regie von Jürgen Clauß.

■ 11. September
Mit einem »Vorspiel« beginnt die mit dem üblichen Krimi-Schema brechende ZDF-Krimiserie »Ein Fall für zwei«.

■ 4. Oktober
Peter Lustig moderiert die 13teilige Sendereihe »Löwenzahn« im Kinderprogramm des ZDF.

■ 12. November
Das ZDF sendet Alexander Kluges Film »Die Patriotin«.

■ 22. November
Das ZDF läßt die Serie »Das Traumschiff« vom Stapel.

## 1982

■ 24. Januar
ZDF-Ausstrahlungsbeginn des fünfteiligen Fernsehspiels »Die Bekenntnisse des Hochstaplers Felix Krull« (ZDF, ORF) von Alf Brustellin und Bernhard Sinkel in der Regie von Bernhard Sinkel.

■ 15. März
Dieter Stolte wird ZDF-Intendant.

■ 29. März
Thomas Gottschalk präsentiert die neue ZDF-Show »Na sowas!« als 45minütige Live-Sendung mit prominenten Gästen, Kuriositäten und Musik.

■ 1. April
Das ZDF sendet das neue Feierabendmagazin »tele-illustrierte«.

■ 12. Mai
ARD-Ausstrahlungsbeginn von »Schwarz Rot Gold« (NDR), einer Krimiserie von Dieter Meichsner in der Regie von Dieter Wedel.

■ 22. September
In Hessen streiten sich der HR und die »Grünen« um die Teilnahme der »Grünen« an der Fernsehdiskussion »Vier Tage vor der Wahl«.

■ Oktober
ZDF und ARD beginnen mit der Sendung »Videotext für alle«, die – im ZDF von Montag bis Freitag – zweimal nachmittags allen Zuschauern (auch denen, die ein Fernsehgerät ohne Zusatzteil besitzen) auf etwa 15 Informationstafeln eine Auswahl mit dem täglichen Videotext-Programm anbietet.

■ 27. Oktober
Die ARD zeigt die Dokumentation »Am Anfang war doch nicht der Pflasterstein«, in der jugendliche Hausbesetzer zu Wort kommen.

■ 22. November
Mit der 133. Folge moderiert Ilja Richter zum letzten Mal seine »Disco« im ZDF.

## 1983

■ 30./31. Januar
Aus Anlaß des 50. Jahrestages der Machtergreifung Hitlers strahlt das ZDF den zweiteiligen Fernsehfilm »Die Geschwister Oppermann« (Buch und Regie: Egon Monk) nach dem Roman von Lion Feuchtwanger aus, der das Schicksal einer jüdischen Familie in Berlin Anfang der 30er Jahre behandelt. Die Koproduktion, an der ZDF, BBC, ORF, RAI, SRG und SVT 1 beteiligt sind, wird gleichzeitig – auch in Israel – in deutscher Sprache, versehen mit Untertiteln und einem Off-Kommentar in Englisch, gesendet. Das Deutsche Fernsehen zeigt am Jahrestag der Machtergreifung drei Beiträge zum Thema: die 13. (und letzte) Folge der SDR-Reihe »Europa unterm Hakenkreuz«, den Spielfilm »Mephisto« sowie Ausschnitte aus der Kundgebung im Plenarsaal des Berliner Reichstagsgebäudes unter dem Titel »30. Januar 1933 – 30. Januar 1983«. Die Sendungen bilden den Auftakt zu einer Reihe von Beiträgen, die das Deutsche Fernsehen während des Jahres ausstrahlt, u. a. zum Thema »Bücherverbrennung in Deutschland 1933« (SFB), »Aufstand im Warschauer Ghetto« (WDR), »Die Linke im Dritten Reich« (BR), »Neonazismus heute« (WDR) und »Das Protokoll. Die Vernehmung des Adolf Eichmann« (NDR).

■ 3. März
In der ARD beginnt das mehrteilige Fernsehspiel »Monaco Franze. Der ewige Stenz« (BR) von Franz Geiger, Helmut Dietl und Patrick Süskind in der Regie von Franz Geiger und Helmut Dietl.

■ 2. April
ZDF-Ausstrahlungsbeginn der amerikanischen Familienserie »Der Denver Clan«.

■ 24. April
Die ARD verschiebt den spektakulären Fernsehfilm »Im Zeichen des Kreuzes« von Rainer Boldt auf den 3. Mai und in die Dritten Programme: Boldts Katastrophenszenario, in dem auch die Bundeswehr gegen die Bürger eingesetzt wird, sorgt für großen politischen Wirbel.

■ 23. Oktober
ARD-Ausstrahlungsbeginn der Serie »Rote Erde« (WDR) von Peter Stripp in der Regie von Klaus Emmerich.

■ 30. Oktober
Das ZDF setzt nach zweijähriger Pause mit sechs neuen Folgen die erfolgreiche Unterhaltungsserie »Das Traumschiff« fort.

■ 3. November
Die neue, zunächst vierteilige Unterhaltungsserie des ZDF »Ich heirate eine Familie« von Curt Flatow mit Peter Weck als Regisseur und Hauptdarsteller kommt auf eine Zuschauerbeteiligung von bis zu 48 %.

■ 15. November
ARD-Ausstrahlung einer Kurzfassung des Fernsehspiels »Das Beil von Wandsbek« (NDR, WDR) von Horst Königstein und Heinrich Breloer nach dem Roman von Arnold Zweig.



■ 25. – 30. Dezember
Das ZDF zeigt über die Weihnachtsfeiertage die sechsteilige Serie »Nesthäkchen« nach den Kinderbüchern von Else Ury und sendet bis zum 15.1. die sechsteilige Familienserie »Diese Drombuschs« von Robert Stromberger in der Regie von Claus Peter Witt und Michael Meyer.

## 1984

■ 2. Januar
Der private Programmanbieter RTL Plus ist fortan im deutschsprachigen Raum über Kabel zu empfangen.

■ 10. Januar
Das ZDF zeigt Rainer Erlers Fernsehspiel »Das schöne Ende dieser Welt«.

■ 1. April
An diesem Tag beginnt offiziell das Satelliten-Fernsehen in der Bundesrepublik. Die Sendungen der Ludwigshafener »Programmgesellschaft für Kabel- und Satellitenrundfunk« (PKS) werden nun via Satellit zum Münchner Pilotprojekt übertragen.

■ 12. April
Bis zum 20.4. strahlt das ZDF die dreiteilige Fernsehfassung des Films »Der Zauberberg« von Hans W. Geißendörfer aus, der – in Anlehnung an den gleichnamigen Roman von Thomas Mann – in Zusammenarbeit von ZDF und ORF entstanden ist.

■ 22. Mai
Der ARD-Vorsitzende, NDR-Intendant Friedrich Wilhelm Räuker, übermittelt den Regierungschefs der Länder die Vorstellungen der ARD zur Nutzung von Satellitenkapazitäten. U. a. sieht das Konzept die Ausstrahlung eines deutschsprachigen Fernsehprogramms vor, das als ein Kulturprogramm für Europa unter der Bezeichnung EINS PLUS gestaltet werden soll.

■ 16. September – 24. Oktober
ARD-Ausstrahlung der Serie »Heimat – Eine Chronik in elf Teilen« (WDR, SFB) jeweils sonntags und mittwochs ab 20.15 Uhr. Im Durchschnitt werden neun Millionen Zuschauer erreicht, insgesamt haben 25 Millionen Zuschauer eine oder mehrere Folgen von »Heimat« gesehen. In etlichen Fernsehsendungen wird über die Dreharbeiten zu »Heimat« informiert.

■ 17. September
Ausstrahlungsbeginn der Serie »Die Wiesingers« (BR) von Leopold Ahlsen in der Regie von Bernd Fischerauer.

■ 1. Oktober
Das ARD-Fernsehgemeinschaftsprogramm heißt nun »Erstes Deutsches Fernsehen«.

■ 1. November
Die ARD sendet eine Diskussionsrunde zur Parteispenden-Affäre (Flick).

■ 1. Dezember
Start des Programms von 3sat mit der Sendung »Das ist 3sat«, die aus dem 3sat-Studio im ZDF-Sendezentrum Mainz kommt, moderiert von Vertretern der drei Anstalten ZDF/ORF/SRG.

■ 15. Dezember
Zum letzten Mal moderiert Dieter Thomas Heck die »Hitparade im ZDF«.

## 1985

■ 1. Januar
Das privatwirtschaftliche Satellitenprogramm SAT.1 geht auf Sendung. Das Programm, das werktags ab 13.30 Uhr und sonntags von 12 Uhr bis Mitternacht über den europäischen Fernmeldesatelliten ECS 1 ausgestrahlt wird, ist ausschließlich durch Werbung finanziert, die maximal 20 % der gesamten Sendezeit einnehmen darf.

■ 13. Januar
Mit der ARD-Ausstrahlung des Fernsehfilms »Die Ehe der Maria Braun« (WDR) von Peter Märtesheimer und Pea Fröhlich nach einer Idee von Rainer Werner Fassbinder, der auch Regie führt, beginnt eine Reihe von Fassbinder-Filmen.

■ 23. Januar
Anläßlich des »Tages für Afrika« stellt die ARD ihr Programm um. Am Nachmittag wird u. a. live aus dem Deutschen Bundestag die Plenardebatte über die Ernährungssituation in Afrika übertragen. Ab 20.15 Uhr ist die 90minütige Dokumentation »Äthiopien – Kampf dem Hunger« zu sehen, und ab 21.45 Uhr treten 45 Minuten lang Schauspieler und Fernsehprominente in der Unterhaltungssendung »Deutsche Künstler helfen helfen« auf. An fünf Abenden zuvor hatte die ARD in jeweils einminütigen, nach der 20.00 Uhr-»Tagesschau« ausgestrahlten Spots den Tag publizistisch vorbereitet.

■ 24. Februar – 3. März
In der ARD läuft die dreiteilige Fernsehfassung des Kinoerfolgs »Das Boot« (WDR/SDR), Regie: Wolfgang Petersen.

■ 28. März
Die ARD befaßt sich in der WDR-Reihe »Gesucht wird ...« mit der Spendenpraxis von Hilfswerken, die sich mit dem Hunger in der Dritten Welt auseinandersetzen. Die Hilfswerke erzwingen eine TV-Diskussion zu diesem Thema.

■ 18. April – 5. Mai
ARD-Ausstrahlung der sechsteiligen Dokumentarreihe »Die Deutschen im Zweiten Weltkrieg« (BR).

■ 7. Mai
Aus dem 3sat-Studio des ZDF-Sendezentrums Mainz wird zum ersten Mal die österreichische Diskussionssendung »Club 2« live via Satellit übertragen.

■ 29./30. Mai
Das ZDF bricht die Live-Berichterstattung von dem Europapokalspiel zwischen den beiden Landesmeistern Juventus Turin und FC Liverpool noch vor dem Anpfiff ab. Millionen Fernsehzuschauer sahen zuvor Ausschreitungen britischer Fußballfanatiker, bei denen zahlreiche Menschen ums Leben kamen. In der für den 30.5. kurzfristig anberaumten Live-Diskussion »Brüssel und die Folgen« geht das ZDF auf diese Ereignisse ein.

■ 1. Oktober
Auf Beschluß der Intendanten der ARD-Anstalten werden die »Tagesthemen« in neuer Form präsentiert. Es gibt jetzt die Position eines Ersten und eines Zweiten Moderators. Beide lösen sich im Wochenrhythmus ab und sind Mit-

glieder der Redaktion von »ARD-Aktuell«. Hanns Joachim Friedrichs wird Erster Moderator, Ulrike Wolf Zweite Moderatorin.

■ 3. Oktober
Ausstrahlungsbeginn der Vorabendserie »Der Fahnder« (WDR).

■ 22. Oktober
Das ZDF beginnt mit der Ausstrahlung der Krankenhausserie »Schwarzwaldklinik«. Durchschnittlich 25 Millionen Zuschauer (60 %) erreicht der ZDF-Hit.

■ 8. Dezember
ARD-Ausstrahlungsbeginn der ersten auf mehrere Jahre geplanten Familienserie: Hans W. Geißendörfers »Lindenstraße«. Die »Lindenstraße«, an deren Produktion alle neun Landesrundfunkanstalten und der ORF beteiligt sind, wird zur Kultserie und in Absprache mit dem ZDF sonntags von 18.40 bis 19.10 ausgestrahlt. Alle Dritten Fernsehprogramme bieten ihren Zuschauern im Verlauf der Woche eine Wiederholung der Sendung vom Sonntag an.

■ 25. Dezember
Die vier Folgen der ARD-Fernsehserie »Royalty«, in der sich Rolf Seelmann-Eggebrecht mit dem englischen Königshaus beschäftigt, erzielen um den Jahreswechsel hohe Einschaltquoten.

## 1986

■ 17. Februar – 24. März
Das Berlin der 80er Jahre ist Schauplatz der Reihe »Liebling – Kreuzberg«, die der SFB zunächst in sechs Folgen ausstrahlt. Manfred Krug spielt den Rechtsanwalt und Notar Robert Liebling, das Buch schrieb Jurek Becker.

■ März/April
Die Dritten Programme senden im Original mit deutschen Untertiteln Claude Lanzmanns 9 1/2stündigen Dokumentarfilm »Shoah«, der sich mit der Vernichtung des europäischen Judentums auseinandersetzt.

■ 29. März
Die ARD beginnt mit der Ausstrahlung ihres Satellitenprogramms EINS PLUS, das sie in Zusammenarbeit mit der SRG als kulturelles Kontrastprogramm konzipiert hat.

■ 25. April
Tschernobyl: Der bisher größte Unfall bei der »friedlichen Nutzung der Kernenergie« wird für Wochen das Thema der aktuellen Fernsehberichterstattung.

■ 23. Juni – 6. Juli
ZDF und ARD berichten alternierend von der 100. All England-Championship in Wimbledon.

■ 22. September – 27. Oktober
ARD-Ausstrahlung von »Kir Royal« (Drehbuch: Patrick Süskind, Helmut Dietl) mit Franz Xaver Kroetz in der Rolle des Klatschreporters Baby Schimmerlos.

■ 28. September – 5. Oktober
ZDF-Schwerpunktthema zu Drogen und Sucht.

■ 6. – 12. Oktober
ARD-Sonderprogramm zur »Woche der Welthungerhilfe«.
Die Redaktionen von »Report« und »Weltspiegel« widmen je eine ganze Ausgabe ihrer Magazine entwicklungspolitischen Themen.

■ 1. November
Das Pay-TV hat in der Bundesrepublik Premiere: die »Teleclub GmbH« startet in Hannover ihr Programm.

■ 4. November
Das Karlsruher Bundesverfassungsgericht verkündet das »Vierte Fernsehurteil«: Es weist den öffentlich-rechtlichen Rundfunkanstalten die »Grundversorgung« zu, verlangt aber auch vom privaten Rundfunk einen »Grundstandard gleichgewichtiger Vielfalt«.

■ 12. – 23. November
Bernhard Sinkels Vierteiler »Väter und Söhne« schildert Aufstieg und Niedergang einer deutschen Industriellenfamilie zwischen 1911 und 1946 sowie die Rolle der chemischen Industrie im Nazi-Deutschland. Der HR ergänzt den ARD-Film mit der Dokumentation »Schaltstelle der Macht« über das IG-Farben-Haus in Frankfurt am Main.

■ 27. November
Die ARD zeigt Gert Monheims Reportage »Gesucht wird ... eine Todesursache«.

■ 6. Dezember
Mit »Miami Vice« erreicht die ARD fast die Sehbeteiligung von »Dallas«. In 24 Folgen kämpfen Polizeidetektive mit ungewöhnlichen Mitteln gegen illegale Drogengeschäfte und Korruption.

## 1987

■ 29. Januar
Das ZDF startet seine Familienserie »Das Erbe der Guldenburgs«.

■ 4. April
Frank Elstner moderiert vor 21,5 Mill. Fernsehzuschauern zum letzten Mal die Sendung »Wetten, daß ...?«. Sein Nachfolger wird Thomas Gottschalk.

■ 10. Juni
Die ARD beginnt mit ihrer Vorabendserie »Praxis Bülowbogen«.

■ 10. Juni
Letzte Sendung des ZDF-Jugendmagazins »direkt«. Nachfolgesendung wird das Jugendjournal »Doppelpunkt«.

■ 26. August
Die ARD sendet das sechsteilige Fernsehspiel »Sommer in Lesmona« (RB) von Reinhard Baumgart und Peter Beauvais (Regie).

■ 9. Oktober
Zum ersten Mal übernimmt das DDR-Fernsehen ungekürzt einen politischen Beitrag aus der Bundesrepublik: die am 11.9. live ausgestrahlte ZDF-Sendung »Honecker war da«.

■ 21./25. Oktober
ARD-Ausstrahlung des zweiteiligen Fernsehspiels »Reichshauptstadt – privat« (SFB/NDR) von Wolfgang Menge in der Regie von Horst Königstein.

■ 25. November
Im ZDF startet das Jugendjournal »Doppelpunkt« mit einer Sendung über AIDS, Titel: »Muß denn Liebe Sünde sein?«.

■ 27. Dezember
Der WDR eröffnet den »Presseclub«, der den von Werner Höfer moderierten »Internationalen Frühschoppen« ablöst.

## 1988

■ 4. Februar
Geert Müller Gerbes moderiert erstmals die RTL plus-Talk-Show »Die Woche«.

■ 25. März
Auftakt für »Das literarische Quartett« im ZDF mit Marcel Reich-Ranicki (FAZ), Sigrid Löffler (Profil) und Hellmuth Karasek (Der Spiegel).

■ April
Start der RTL-Game-Show »Alles Nichts oder?« mit Hugo Egon Balder und Hella von Sinnen.

■ 17. April
Mit »ML – Mona Lisa« startet das ZDF ein 40minütiges Frauenjournal, das Maria von Welser moderiert.

■ 25. Mai
Der Vorstand des Deutschen Fußballbundes beschließt, die Rechte zur Fernsehübertragung von Bundesligaspielen für die nächsten drei Jahre für 135 Mill. DM an einen privaten Anbieter zu verkaufen.

■ Sommer
»ZDF-Fernsehgarten« mit Ilona Christen.

■ 4. September
Via Satellit schlägt das ZDF für 90 Minuten eine Fernsehbrücke nach Shanghai.

1988
1992

■ 19. Oktober
Günther Jauch löst Harry Valerien als Moderator des »Aktuellen Sportstudios« ab.

■ 31. Oktober – 8. November
Die Ausstrahlung des fünfteiligen, international koproduzierten Fernsehfilms »Die Bertinis« wird ein großer Publikumserfolg. Das Buch schrieb – nach dem Roman von Ralph Giordano – Egon Monk, der auch Regie führte.

■ November
SAT.1 startet die Game-Show »Das Glücksrad«.

■ 4. Dezember
Das ZDF beginnt mit der Kinderserie »Siebenstein«.

■ 18. Dezember
In dem dreiteiligen ARD-Fernsehspiel »Wilder Westen inclusive« karikiert Dieter Wedel deutsche Touristen in den USA.

## 1989

■ 4. Januar
Klaus Löwitsch mimt in der ARD-Krimiserie den Macho »Peter Strohm«.

■ 16. Januar
Der WDR startet die dokumentarische Langzeitbeobachtung »Berlin – Ecke Bundesplatz«. Die Berliner Filmemacher Hans-Georg Ullrich und Detlef Gumm dokumentieren darin das Leben in einem Berliner Stadtviertel bis zum Jahr 2 000.

■ 17. Januar
»Die Goldene 1« ist der Titel der neu gestalteten Sendung zur ARD-Fernsehlotterie.

■ 17. April
In der ARD läuft die Serie »Reporter« an.

■ 1. Juni
Die ARD zeigt die Dokumentation »Die Erben des Dr. Barschel« von Cordt Schnibben und Christian Berg in der Radio-Bremen-Reihe »Unter deutschen Dächern«.

■ 10. – 15. Juni
ARD und ZDF berichten vom Staatsbesuch des sowjetischen Präsidenten Gorbatschow in der Bundesrepublik.

■ 11. Juli
Die ARD eröffnet die Sendereihe »Der Dokumentarfilm«.

■ 1. September
Sendebeginn des Jugendfernsehprogramms der DDR »Elf99«.

■ 5. September – 25. November
Das ZDF zeigt die neue Serie »Mit Leib und Seele« mit Günter Strack als katholischem Pfarrer in der Hauptrolle.

■ 2. Oktober
Gemeinsam schließen ARD und ZDF mit einem »Mittagsmagazin« die Lücke zwischen Vormittags- und Nachmittagsprogramm.

■ 5. Oktober
Die »NDR Talk-Show« feiert am 21.7. und 4.8. ihr 10jähriges Bestehen im Dritten Fernsehprogramm von NDR, RB und SFB.

■ 30. Oktober
Karl Eduard von Schnitzlers »Der Schwarze Kanal« wird aus dem Programm des DDR-Fernsehens genommen. Schnitzler erhält fünf Minuten Sendezeit für eine abschließende Stellungnahme.

■ 9./10. November
Die Öffnung der deutsch-deutschen Grenze in der Nacht vom 9. auf den 10.11. durch die DDR ist Thema zahlreicher Sondersendungen in Hörfunk und Fernsehen. Die ARD zeigt eine auf 45 Minuten erweiterte »Tagesthemen«-Ausgabe und einen »Brennpunkt Extra«, den über 11 Mill. Zuschauer verfolgen. Gegen 1.35 Uhr gibt es eine Live-Reportage von den volksfestartigen Szenen an den Berliner Grenzübergängen.

■ 16. November
Erstmals veröffentlichen DDR-Zeitschriften bundesdeutsche Fernsehprogramme.

■ 25. November
Im Jugendmagazin des DDR-Fernsehens »Elf99« wird ein Bericht aus der Waldsiedlung der ehemaligen Partei- und Staatsführung in Wandlitz gezeigt. Der Beitrag wird von westlichen Nachrichtensendungen und Magazinen übernommen.

■ 1. Dezember
Hans Bentzien wird von DDR-Ministerpräsident Modrow zum Intendanten des DDR-Fernsehens berufen.

■ 5. Dezember
Das ZDF zeigt Rolf Schübels mehrfach ausgezeichneten Dokumentarfilm »Der Indianer«.

■ 21. Dezember
Der Ministerrat der DDR löst das »Staatliche Komitee für Rundfunk« und das »Staatliche Komitee für Fernsehen« auf.

## 1990

■ RTL plus erreicht 1990 erstmals die Gewinnzone.

■ 7. Januar
Ausstrahlungsbeginn der Polit-Talk-Show »Talk im Turm« mit dem ehemaligen Spiegel-Chefredakteur Erich Böhme bei SAT.1.

■ 14. März
Das Fernsehen der DDR erhält wieder den Namen »Deutscher Fernsehfunk«.

■ 4. April
Ausstrahlungsbeginn des Politmagazins »Stern TV« bei RTL plus mit Günther Jauch als Moderator.

■ 20. – 26. Mai
ARD und ZDF veranstalten gemeinsam mit zahlreichen ausländischen Fernsehorganisationen die Programmwoche »Eine Welt für alle« mit Informationen über die Probleme der Dritten Welt.

■ 2. Oktober
Die Ministerpräsidenten der Länder und der französische Kultusminister unterzeichnen den Vertrag über den Europäischen Kulturkanal (EKK). ARD, ZDF und La Sept wird Programmverantwortung und Beteiligung an der Programmplanung zugesichert.

■ 15. Oktober
Rudolf Mühlfenzl wird Rundfunkbeauftragter in den neuen Bundesländern und betreibt die Auflösung des bisherigen DDR-Rundfunks.

■ 28. Oktober
Die ARD zeigt die vom WDR und DFF gemeinsam produzierte »Tatort«-Folge »Unter Brüdern«. Die West-Kommissare Schimanski und Thanner treten gemeinsam auf mit den aus der Serie »Polizeiruf 110« bekannten Ost-Kommissaren Fuchs und Grawe.

■ 9. November
Zum Jahrestag der Maueröffnung zeigt die ARD Cordt Schnibbens Fernsehspiel mit Dokumentareinlagen »Wer zu spät kommt. Das Politbüro erlebt die Deutsche Revolution« (WDR) in der Regie von Jürgen Flimm und Claudia Rohe. Darsteller sind auch Hanns Joachim Friedrichs und Christoph Bantzer.

■ 2. Dezember
ARD und ZDF berichten in Sondersendungen über die erste gesamtdeutsche Bundestagswahl. Die zeitversetzt ausgestrahlte Folge der »Lindenstraße« kommentiert den Verlauf der Bundestagswahl vom gleichen Tag und enthält auch Ausschnitte aus der Bonner Diskussionsrunde des gleichen Abends. In der Bundestagsrunde sind erstmals auch ostdeutsche Politiker vertreten.

■ 11. Dezember
SWF-Intendant Willibald Hilf und ZDF-Intendant Stolte unterzeichnen den Vertrag über die Gründung von arte Deutschland TV GmbH, einer nationalen Koordinierungsstelle für den Europäischen Kulturkanal.

## 1991

■ Januar
Auch SAT.1 übt sich in der Berichterstattung zum Golf-Krieg. Zwischen »Glücksrad« und Spielfilm gibt es Kurzmeldungen, am späteren Abend 25 Minuten zusätzliche Nachrichten. ARD und ZDF beginnen ihre aktuelle Berichterstattung mit einer Programmverlängerung der ARD bis 4.00 Uhr. Bis zum 1. März berichten beide Sender regelmäßig im Frühstücksfernsehen über den Golf-Krieg.

■ 27. März
SAT.1 verhindert mit rechtlichen Schritten, daß RTL plus am 1. Mai, drei Tage vor der SAT.1-Ausstrahlung von »Top Gun – Sie fürchten weder Tod noch Teufel« den Film »War Birds« unter dem Titel »Top Gun – Piloten im Einsatz« ausstrahlt.

■ 7. April
Das Verwaltungsgericht Neustadt entscheidet, daß die SAT.1-Sendung »Glücksrad« als »Dauerwerbesendung« zu kennzeichnen ist.

■ 18. April
Friedrich Nowottny fordert für die öffentlich-rechtlichen Programme eine Öffnung der Werbegrenzen um 20.00 Uhr.

■ 30. Mai
Die Ministerpräsidenten von Sachsen, Thüringen und Sachsen-Anhalt unterzeichnen den Staatsvertrag über den Mitteldeutschen Rundfunk (MDR).

■ 1. August
Pro 7 darf nach einem Gerichtsurteil seine Nachrichtensendung nicht mehr »Tagesbild« nennen, da eine Verwechslung mit »Tagesschau« und »Tagesthemen« nicht ausgeschlossen werden kann.

■ 15. November
Nach einem Beschluß des Rundfunkrats soll Radio Brandenburg (RBr) künftig Ostdeutscher Rundfunk (ODR) heißen. Im Dezember 1991 einigt man sich schließlich auf den Namen Ostdeutscher Rundfunk Brandenburg (ORB).

■ 27. November
Die ARD versucht mit rechtlichen Schritten gegen RTL plus zu erreichen, daß der Sender seine vergleichende Werbung »Bei RTL plus sitzen Sie vor der ersten Reihe« nicht länger auf den ARD-Slogan »Bei ARD und ZDF sitzen Sie in der ersten Reihe« bezieht.

## 1992

■ 1. Januar
Der Mitteldeutsche Rundfunk (MDR) und der Ostdeutsche Rundfunk Brandenburg (ORB) werden Mitglieder der ARD.

■ 11. Januar
SAT.1 beginnt mit der Ausstrahlung der Game-Show-Reihe »Mann-O-Mann«, moderiert von Peer Augustinski. Zuschauerinnen wählen den attraktivsten Mann einer Region. Die Kandidaten müssen sich neben dem Nachweis besonderer Talente in unterschiedlichen Spielen bewähren und werden bei Mißfallen von einer Damenjury in einem Swimmingpool versenkt.

■ 12. Januar
Als erster Sender im Deutschen Fernsehen nimmt Tele 5 eine Reality-TV-Sendereihe ins Programm, Titel: »Polizeireport Deutschland«, Moderation: Michael Harder.

■ 19. Januar
Mit der Spiel-Show-Reihe »Traumhochzeit«, moderiert von Linda de Mol, startet eine der erfolgreichsten Shows des kommerziellen Anbieters RTL plus.

■ 6. Februar
RTL plus-Ausstrahlungsbeginn von »Notruf«. Wie im US-Vorbild »Rescue 911« werden Unglücksfälle nach Augenzeugenberichten nachgestellt.

■ 11. Mai
Start der ersten Daily Soap »Gute Zeiten, schlechte Zeiten« auf RTL plus. Das Drehbuch schreiben nach der australischen Vorlage »The Restless Years« Felix Huby und ein Autorenteam.
Mit der täglichen Ausstrahlung von »Explosiv – Das Magazin« bei RTL plus etabliert sich das Format des Boulevardmagazins.

■ 30. Mai
Ausstrahlungsbeginn des deutsch-französischen Kulturkanals arte. Charakteristisch für das zweisprachige Programmangebot sind die »Themenabende«, die Beiträge aus beiden Ländern zu einem Thema präsentieren.

■ 4. September
Mit dem Start der Talk-Show »Hans Meiser« gewinnt RTL plus an den Werktagen zusätzliche Zuschauer für das Nachmittagsprogramm.

■ 28. September
RTL-Ausstrahlungsbeginn der Talk-Show »Gottschalk Late Night« mit Thomas Gottschalk.

■ 30. November
Der Nachrichtenkanal n-tv nimmt seinen Sendebetrieb auf. Zu den Gesellschaftern gehören Time Warner und die Familie Nixdorf.

■ 2. Dezember
ARD-Ausstrahlung des später preisgekrönten Fernsehfilms »Hamburger Gift« (NDR) in der Regie von Horst Königstein.

■ 6. Dezember
Das ZDF zeigt Andreas Kleinerts Fernsehfilm »Verlorene Landschaft«, der sich mit Beziehungen zwischen ost- und westdeutschen Bürgern befaßt.

■ 7. Dezember
RTL plus ändert seine Programmstruktur nach dem Key-Demographics-Prinzip. Die Game-Shows »Der Preis ist heiß« und »Riskant« werden aus dem Vorabendprogramm in das Vormittagsprogramm (10.30 Uhr)

verlagert. Programmdirektor Marc Conrad führt als Begründung an: »Ich verlege sie, weil ihre Zuschauer mir insgesamt zu alt sind.« Den Sendeplatz im Vorabendprogramm erhalten Sitcoms wie »Eine schrecklich nette Familie«, die ein jüngeres Publikum ansprechen.

## 1993

■ 1. Januar
Das ZDF beginnt mit der Ausstrahlung von Dieter Wedels vierteiligem Fernsehfilm »Der große Bellheim«. Mario Adorf, Günter Korte, Heinz Schubert und Will Quadflieg spielen die Hauptrollen in dieser Saga um einen Kaufhausunternehmer.
Start des europäischen Nachrichten- und Informationsprogramms Euronews, das von der Union der Europäischen Rundfunkanstalten (EUR) veranstaltet wird. Das Deutsche Sportfernsehen (DSF) nimmt mit der Lizenz der BLM seinen Sendebetrieb auf. Vorgänger des neuen Senders ist Tele 5. Der Übergang vom Vollprogramm Tele 5 zum Spartenprogramm DSF stößt auf die Kritik vieler Landesmedienanstalten.



■ 3. Januar
SAT.1-Ausstrahlungsbeginn der Showreihe »Ich bekenne«, moderiert von Sibylle Storkebaum. In 30minütigen Gesprächen berichten anonym bleibende Menschen von ihren Geheimnissen, Schicksalen und Perversitäten.

■ 25. Januar
Der als »Ereignisfernsehen« propagierte Spartenkanal VOX nimmt seinen Programmbetrieb auf.

■ 2. Februar
Die ARD beginnt mit der Ausstrahlung von Wolfgang Menges Sitcom-Reihe »Motzki« (WDR), einer Ostvariante seines Ekels Alfred.

■ 8. Juli
Vertreter von ZDF, ARD, SRG und ORF unterzeichnen einen neuen 3sat-Vertrag. Ab dem 1.12.1993 wird sich die ARD mit 30 % Programmanteil an 3sat beteiligen. Das ARD-Satellitenprogramm EINS PLUS soll aus Kostengründen eingestellt werden.

■ 4. Oktober
Die ZDF-Reihe »Fernsehfilm der Woche« wird mit Rainer Kaufmanns »Dann eben mit Gewalt« (Buch: Klaus Richter) eröffnet. Auf dem Sendeplatz am Montagabend um 19.25 Uhr sollen künftig »starke Geschichten (...) vom Fernsehen und fürs Fernsehen erzählt« werden.

■ 10. Oktober
RTL-Ausstrahlungsbeginn der Spiel-Show »Die 100 000-Mark-Show« mit Ulla Kock am Brink: körperlich harte Spiele, geringe Gewinnchancen.

■ 21. Oktober
RTL-Comeback für Frank Elstner mit der Game-Show »Aber Hallo«.

■ 6. November
Start der Comedy-Show »Samstag Nacht« auf RTL mit den Nachwuchskünstlern Sabine Aumann, Wigald Boning, Olli Dietrich, Stefan Jürgens, Mirko Nontschew, Tanja Schumann und Esther Schweins.

■ 7. November
Die ARD beginnt mit der Ausstrahlung von Thorsten Nähes vierteiligem Fernsehfilm »Die Bombe tickt«. Eine junge Radiomoderatorin (Julia Grimpe) wird Zeugin, wie sich ihr Bruder Ralph (Frank Stieren) in Mecklenburg einer Gruppe Rechtsradikaler anschließt und immer mehr in kriminelle Aktivitäten verstrickt wird.
Das ZDF zeigt den Fernsehfilm »Schlußabrechnung« von Friedemann Schulz in der Regie von Petra Haffter. Heinz Reincke und Inge Meysel spielen ein Paar, das sich nach langen Jahren wiederbegegnet und Ereignisse aus der NS-Zeit aufzuarbeiten versucht.
RTL plus eröffnet am Sonntagabend eine Reihe mit Spielfilmen aus der eigenen Produktion. Zunächst wird der Abenteuerfilm »Der blaue Diamant« in der Regie von Otto W. Retzer gesendet. Hauptdarsteller sind Pierre Brice, Sonja Kirchberger und Ernest Borgnine.

■ 11. November
Die ARD zeigt »Herzfeuer. Geschichten von Sex und Liebe« von Mischka Popp und Thomas Bergmann. Die umstrittene Dokumentation über das Sexualverhalten der Deutschen wurde vom ursprünglichen Sendeplatz am Hauptabend in das Nachtprogramm verlegt.

■ 27. November
Zum letzten Mal moderiert Wolfgang Lippert »Wetten, daß ...?«. Thomas Gottschalk kehrt in seine alte Erfolgssendung zurück. Ab Januar 1994 wird Lippert die Moderation der neuen Showreihe »Goldmillion« übernehmen, der Nachfolgesendung von »Der Große Preis«.

■ 28. November
IA, der erste Regionalsender mit terrestrischen Frequenzen (für Berlin und Brandenburg), nimmt seinen Sendebetrieb auf. Geschäftsführer Ulrich Schamoni strebt im Programmangebot u. a. die Entwicklung neuer kostengünstiger Werbeformen an.

■ 14. Dezember
Die ARD beginnt mit der Ausstrahlung der Serie »Trotzki« (MDR), die als ostdeutsches Gegenstück zu Wolfgang Menges »Motzki« gedacht ist.

## 1994

■ 1. Januar
West3 beginnt mit der Ausstrahlung eines 24-Stunden-Vollprogramms. Das Nachtprogramm wird vor allem durch Wiederholungen bestritten.
Im ZDF beginnt nach Aussage von Autor Robert Stromberger die letzte Staffel von »Diese Drombuschs«. Hauptdarsteller sind Witta Pohl und Günter Strack.

■ 3. Januar
ARD-Ausstrahlungsbeginn des Boulevardmagazins »Brisant« (MDR, Sendeleitung: Jörg Howe) im Nachmittagsprogramm von 17.10 bis 17.40 Uhr. Die Sendung wird von ehemaligen Mitarbeitern kommerzieller Programmanbieter moderiert und ist auch in ihrem Erscheinungsbild vergleichbaren Boulevardmagazinen kommerzieller Anbieter angepaßt.
Auf RTL startet das Nachrichtenmagazin »Nightline«. Es wird werktags von 0.00 bis 0.30 Uhr ausgestrahlt und ist zentraler Bestandteil der von Helmut Thoma angekündigten »Informationsoffensive« von RTL.

■ 4. Januar
Die ARD sendet eine neue Staffel der Erfolgsserie »Liebling Kreuzberg« in der Regie von Werner Masten. Autor der Serie ist Ulrich Plenzdorf, der Jurek Becker ablöst.

■ 14. Januar
RTL-Ausstrahlungsbeginn der Comedy-Sendereihe »Cheese«, moderiert von Hape Kerkeling.

■ 15. Januar
Die ARD übernimmt die subversive satirische Sendereihe »Schmidteinander« (WDR), von und mit Harald Schmidt und Herbert Feuerstein, die bereits im Dritten Programm des WDR sehr erfolgreich gelaufen ist.

■ 10. Februar
SAT.1 eröffnet die Krimiserie »Schwarz greift ein«. Ex-Fahnder Klaus Jürgen Wennemann spielt einen ehemaligen Polizisten, der nun als Priester immer noch in Kriminalfällen ermittelt.

■ 26. März
Der Hamburger Autor und Regisseur Max Färberböck (»Schlafende Hunde«) präsentiert im ZDF »Bella Block – Die Kommissarin«.

■ 4. April
Bisherige Rekord-Einschaltquote von 12,36 Mill. für RTL plus mit der Ausstrahlung der US-Filmkomödie »Kindergarten Cop« mit Arnold Schwarzenegger und Danny de Vito.

■ 9. Juni
Das RTL-»Nachtjournal« strahlt ein Interview mit der Mutter des kleinen Kevin aus, die gerade die Nachricht von der Ermordung ihres Sohnes erhalten hat. Ein Reporter befragt die offensichtlich unter Schock stehende Frau nach ihren Rachegefühlen. Dieses Interview löst heftige Proteste aus und führt zu einer Anzeige beim Presserat.

■ 20. September
RTL beginnt mit der Ausstrahlung der Serie »Doppelter Einsatz«. Erzählt werden die Erlebnisse zweier Polizistinnen in Hamburg. Am gleichen Abend startet eine zweite Krimiserie »Im Namen des Gesetzes«. Zwei Kommissare und zwei Staatsanwälte ermitteln in Berlin gemeinsam gegen Verbrecher. Autor der Serie ist der Altmeister des deutschen Fernsehkrimis Harald Vock.

■ 5. September
SAT.1 zeigt den Fernsehfilm »Das Phantom – Die Jagd nach Dagobert« in der Regie von Roland Suso Richter. Der Film erzählt von den zahlreichen Pannen der Polizeiermittlung gegen den Berliner Kaufhauserpresser Dagobert. Kurz vor Abschluß des Films wird »Dagobert« gefaßt. Das Filmende muß umgeschrieben werden. Hauptdarsteller sind Dieter Pfaff und Jörg Gudzuhn.

■ 29. Oktober
RTL-Ausstrahlungsbeginn der »Surprise Show«, moderiert von Linda de Mol. Nach dem Vorbild der »Rudi Carell Show« (ARD) werden hier Kandidaten »überraschend« ihre Herzenswünsche erfüllt.

■ 1. November
Mit der Folge »Jenseits der Schattengrenze. Ein Vietnam-Soldat kann nicht vergessen« eröffnet das ZDF die Dokumentationsreihe »37 Grad«.

■ 5. November
Das ZDF zeigt den Fernsehkrimi »Rosa Roth: In Liebe und Tod«, nach einer Idee von Felix Huby, geschrieben von Matthias Herbert, in der Regie von Carola Rola.

■ 7. November
n-tv ändert sein Programmschema. Statt der bisherigen Nachrichten wird künftig eine Mischung aus »News plus Hintergrund, plus Interview, plus Wirtschaft« gesendet. Die Sendezeit der stündlichen Nachrichtensendung wird um 30 Minuten erweitert. Dann folgen jeweils 30 Minuten Talk-Shows, Analysen oder der tägliche Bericht »Villa Bonn«. Der Anteil der Wirtschaftsberichterstattung wird verstärkt.

■ 28. November
RTL gibt aufgrund ständig sinkender Einschaltquoten sein Frühstücksfernsehen auf. Als Ersatz werden jugendorientierte Serien und Cartoons im 30minütigen Wechsel mit Kurznachrichten ausgestrahlt.
RTL startet seine zweite Daily Soap »Unter uns«. Nach dem Vorbild der »Lindenstraße« und des »Marienhofs« werden Geschichten rund um die Bewohner des Hauses Schillerstr. 10 in Köln erzählt.

■ 12. Dezember
SAT.1 stellt sein Frühstücksfernsehen ein. An diesen Sendeplatz tritt unter dem Titel »Brunch-TV« ein »unterhaltsames Vollprogramm«.

■ 15. Dezember
RTL2 Ausstrahlungsbeginn des Nachrichtenmagazins »Die Redaktion«, moderiert von Joachim Steinhöfel. Die Sendereihe richtet sich an ein jugendliches Zielpublikum und informiert über aktuelle Themen und spannende Ereignisse. Auch die Arbeit der Journalisten selbst wird thematisiert.

■ 18. Dezember
ARD-Ausstrahlungsbeginn von Jurek Beckers Serie »Wir sind auch nur ein Volk«. Die Programmdirektoren der ARD beschließen die Produktion einer Familienserie, die das Verständnis zwischen Wessis und Ossis verbessern soll, und betrauen den Autor Steinheim (Dietrich Mattausch) mit der Abfassung der Drehbücher. Für seine Recherchen stellt ihm Produzent Meister (Hans Korte) eine Ostfamilie als Studienobjekt zur Verfügung. Manfred Krug spielt den arbeitslosen Familienvater. Konflikte zwischen Westautor und Ostfamilie bleiben nicht aus.

■ 18. Dezember
Pro7 startet die Serie »Der Gletscherclan«. Erzählt wird von Intrigen und Leidenschaften der Industriellenfamilie Jauffenberg. Aufgrund niedriger Einschaltquoten wird die Serie vorzeitig abgesetzt.

■ 21. Dezember
Die ARD zeigt die Dokumentation »Kirch Royal« über den Medienzar Leo Kirch und sein Imperium in der Reihe »Zeichen der Zeit«.

■ 21. Dezember
SAT.1 sendet den Fernsehfilm »Robert darf nicht sterben« in der Regie von Thomas Jacob. Das Melodram erzählt von dem Schicksal des schwerkranken Jungen Robert (Robert Grober), der sich den Hengst Blizzard wünscht. Nur der hartherzige Feinkosthändler Obermayr (Gerhard Lippert) könnte ihm diesen Wunsch erfüllen.

■ 25. Dezember
Die ARD zeigt den ersten Teil des zweiteiligen Fernsehfilms von Axel Corti und Gernot Roll »Radetzkymarsch« nach dem gleichnamigen Roman von Josef Roth. In den Hauptrollen sind Max von Sydow und Tilman Günther zu sehen. Regisseur Axel Corti war kurz nach dem Abschluß der Dreharbeiten gestorben.

■ 26. Dezember
Das ZDF beginnt mit der Ausstrahlung der Serie »Frauenarzt Dr. Merthin« mit Sascha Hehn als Hauptdarsteller. Am gleichen Abend beginnt das ZDF mit der Ausstrahlung einer weiteren Staffel der Erfolgsserie »Das Traumschiff«.

■ 27. Dezember
Die ARD eröffnet eine Reihe von Kochsendungen mit Alfred Biolek und prominenten Gästen: »Alfredissimo«.

## 1995

■ 2. Januar
Die Sendeanstalten der ARD beginnen in ihrem harmonisierten Vorabendprogramm mit der Ausstrahlung von zwei Daily Soaps: »Verbotene Liebe« und »Marienhof«. Die bisher zweimal wöchentlich plazierte Serie »Marienhof« wurde für die tägliche Ausstrahlung umgeschrieben.

■ 31. Januar
SAT.1 startet die Krimiserie »A.S.« von Karl Heinz Willschrei, in der Regie von Ilse Hofmann. Hauptdarsteller ist Klaus J. Behrendt.

1995
1996

■ 12. Januar
SAT.1 sendet Rainer Bärs Fernsehthriller »Eingeschlossen – Die Nacht mit einem Mörder«. Drei Menschen, die etwas zu verbergen haben, werden auf einer Burg eingeschlossen.

■ 24. Januar
Pro 7 strahlt den Fernsehthriller von John Brown »Fatale Mutterliebe« in der Regie von Michael Keusch aus. Hauptdarsteller sind Veronika Ferres und Ralph Richter.

■ 12. Februar
SAT.1 zeigt Karl Heinz Willschreis Fernsehfilm »Die Falle« in der Regie von Michael Lähn.

■ 1. März
Die ARD beginnt mit der Ausstrahlung der Vorabend-Krimiserie »Zappek« mit Uwe Kokisch. Schauplatz der Serie ist Berlin. Auch die Wiedervereinigung wird in verschiedenen Episoden thematisiert. Die ARD startet das »Nachtmagazin«, eine Mischung aus Nachrichten, Sport, Kultur und einem bunten Rausschmeißer.

■ 2. März
Auf RTL beginnt die in Eigenproduktion entstandene Arzt-Serie »Dr. Stefan Frank – Der Arzt, dem die Frauen vertrauen«.

■ 19. März
SAT.1 zeigt den dreiteiligen Fernsehfilm »Das Schwein – eine deutsche Karriere« von Karl Heinz Willschrei in der Regie von Ilse Hoffmann. Götz George spielt einen skrupellosen Aufsteiger.

■ 20. März
Das ZDF sendet das Roadmovie »Abgefahren« in der Regie von Uwe Frießner. Erzählt wird von einer Bande jugendlicher Autoknacker.

■ 21. März
RTL startet die Krimiserie »Balko« von Leo P. Ard und Michael Illner in der Regie von Wolfgang F. Henschel und Nico Hoffmann, mit Jochen Horst in der Hauptrolle.

■ 27. März
Das ZDF zeigt den Fernsehfilm »Der Verräter« in der Regie von Diethard Klante. In den Hauptrollen sind Frank Giering und Peter Lohmeyer zu sehen. Ein Jugendlicher sucht in einer rechtsradikalen Gruppe Anerkennung.

■ 29. März
RTL sendet das Dokudrama »5 Stunden Angst – Geiselnahme im Kindergarten« in der Regie von Peter Keglevic. Hannes Jaenicke spielt einen todkranken Bankräuber, der sich nach einem erfolglosen Überfall in einem Kindergarten verschanzt.

■ 3. April
Das ZDF zeigt die Fernsehkomödie »Der Neger Weiß« in der Regie von Michael Günther. Gunter Berger spielt einen Rassisten, der über Nacht selbst eine schwarze Hautfarbe annimmt und mit den Reaktionen seiner Umwelt fertig werden muß.

■ 8. April
Die drastische ARD-Parodie auf Erscheinungsformen von Game-Shows kommerzieller Anbieter »Private Life-Show« wird von vielen Zuschauern als tatsächliche Live-Sendung mißverstanden. Als Moderator Burkhard Driest von einem Studiogast erstochen wird, gehen bei der Polizei zahlreiche Telefonanrufe ein.

■ 12. April
RTL sendet das Melodram »Schlag weiter, kleines Kinderherz« in der Regie von Michael Werlin. Hauptdarsteller sind Jacques Breuer und Anne Kaspri. Als Eltern kämpfen sie um das Leben ihres herzkranken Babys.

■ 17. April
SAT.1 sendet den Fernsehfilm »Ich begehre Dich« in der Regie von Peter Weck. Christiane Hörbiger spielt die elegante Chefin einer Modefirma, die sich in einen jungen Musiker (Francis Fulton-Smith) verliebt.

■ 25. April
SAT.1 strahlt Peter Steinbachs Fernsehfilm »Nächste Woche ist Frieden« in der Regie von Peter Schulze-Rohr aus. Erzählt wird die Geschichte der kleinen Jüdin Ruthi, die sich vor den Nazis verstecken muß.

■ 2. Mai
Thomas Koschwitz tritt die Nachfolge von Thomas Gottschalk in der »RTL-Nachtshow« an.

■ 3. Mai
ARD-Ausstrahlung von Heinrich Breloers Fernsehfilm »Einmal Macht und zurück – Engholms Fall«. Engholm wird von Burkhard Klausner dargestellt, Hermann Lause spielt Reiner Pfeiffer.

■ 8. Mai
Die ARD zeigt Oliver Storz' Fernsehfilm »Drei Tage im April«. Ein Waggon mit KZ-Häftlingen wird auf einem Dorfbahnhof abgekoppelt. Nach drei Tagen kontroverser Auseinandersetzungen schieben Dorfbewohner den Waggon in ein Tal. Das Schicksal der Insassen bleibt ungewiß.
Das ZDF beginnt mit der Ausstrahlung des dreiteiligen Fernsehfilms »Deutschlandlied« in der Regie von Tom Toelle.

■ 15. Mai
SAT.1 startet die Krankenschwester-Serie »Für alle Fälle Stefanie« in der Regie von Werner Masten alias Matthias Golke.

■ 8. Juni
RTL-Ausstrahlungsbeginn der Krankenhaus-Serie »Notaufnahme«, einer Adaption der BBC-Serie »Casualty«.

■ 28. August
Start der RTL-Krimiserie »Eine Frau wird gejagt« von Ralf Huttanus in der Regie von Vadim Glowna nach dem Vorbild von »Richard Kimble auf der Flucht«.

■ 16. – 27. September
SAT.1-Ausstrahlung des mehrteiligen Fernsehfilms »Der Clan der Anna Voss« von Knut Boeser in der Regie von Herbert Ballmann. Maria Schell spielt die Hauptrolle neben Friedrich Bauschulte, Horst Buchholz und Eleonore Weissgerber.

■ 1. Oktober
SAT.1 zeigt den zweiteiligen Fernsehfilm »Ich klage an« in der Regie von Frank Guthke. Thekla Carola Wied spielt eine Mutter, deren Kind in der DDR während eines Urlaubs plötzlich verschwindet.

■ 4. Oktober
ARD-Ausstrahlungsbeginn der Vorabendserie »Die Partner«. Diese Krimiserie ist an das Vorbild der US-Serie »NYPD Blue« angelehnt und hat u. a. deren innovative Kameraführung übernommen.
Die ARD zeigt den Fernsehfilm »Kinder des Satans« in der Regie von Jürgen Dünnwald und Bernd Schadewald. Hauptdarsteller in dieser Geschichte über eine Satanisten-Sekte sind Nicolette Krebitz, Moritz Bleibtreu und Katja Studt.
RTL sendet das Melodram »Tödliches Leben« in der Regie von Richard Engel. Bernd Herzsprung spielt einen Architekten, dem ein Gehirntumor entfernt wird. Sollte er überleben, will er mit seiner Geliebten eine Familie gründen.

■ 5. Oktober
RTL2 sendet Nico Hoffmanns Thriller »Der Sandmann«. Götz George spielt einen Bestsellerautor, der von einer Journalistin verdächtigt wird, ein psychopathischer Serienkiller zu sein.

■ 13. Oktober
Das ZDF startet »Das ist Liebe«, eine Showreihe für Ehepaare, die sich schon immer sagen wollten, was ihnen stinkt, moderiert von Thomas Aigner.

■ 17. Oktober
arte zeigt Frank Beyers mehrteiligen Fernsehfilm »Nikolaikirche« nach einer Romanvorlage von Erich Loest. Hauptdarsteller sind Ulrich Tukur und Ulrich Mühe.

■ 12. November
Auf SAT.1 beginnt die Serie »Schwurgericht«, in der von spannenden Prozessen erzählt wird. Als Staatsanwältin Dorn ist Jenny Gröllmann zu sehen.

■ 16. November
Die ARD zeigt Michael Klofts Dokumentation »Der Nürnberger Prozeß«.

■ 22. November
SAT.1 strahlt Holger Karsten Schmidts Film »Risiko Null – Der Tod steht auf dem Speiseplan« in der Regie von Roland Suso Richter aus. Maria Schrader spielt eine Journalistin, die einem Fall von BSE auf der Spur ist. Am gleichen Abend befaßt sich die SAT.1-Sendung »Talk im Turm« ebenfalls mit dem Thema Rinderwahnsinn.

■ 26. November
In der ARD wird Dominik Grafs »Tatort«-Beitrag »Frau Bu lacht« gesendet.

■ 5. Dezember
SAT.1 startet die »Harald Schmidt Show«, eine Late-Night-Show nach dem Vorbild des amerikanischen Showmasters David Letterman.

■ 6. Dezember
Die ARD sendet Ulrich Plenzdorfs Fernsehfilm »Der Trinker« nach einem Roman von Hans Fallada, in der Regie von Tom Toelle. Harald Juhnke spielt die Rolle seines Lebens.

## 1996

■ 1. Januar
Das ZDF beginnt mit der Ausstrahlung des fünfteiligen Fernsehfilms »Der Schattenmann«, Buch und Regie: Dieter Wedel. Darsteller: Stefan Jakob, Heinz Hoernig, Mario Adorf, Heiner Lauterbach, Jennifer Nitsch.

■ 7. Januar
SAT.1 beginnt mit der Ausstrahlung der »Glücksspirale«, moderiert von Kai Pflaume. Nach 25 Jahren bei ARD und ZDF wird diese Lotteriesendung nun von SAT.1 präsentiert.

■ 8. Januar
SAT.1 startet mit »Kerner« eine Confrontainment-Talkshow-Reihe im Nachmittagsprogramm. Johannes Kerner, Moderator der Sportsendung »ran«, ist Gesprächsleiter.

■ 22. Januar
SAT.1 startet eine weitere Talkshow-Reihe »Vera am Mittag«. Die Diskussionsleiterin Vera Intveen war bislang als Publikumsanimateurin in SAT.1 Fernsehshows tätig. SAT.1 hat nun sein Programm zur Mittagszeit mit Talk-Showreihen belegt.

■ 3. April
Die ARD zeigt Rainer Bergs Fernsehfilm »Angst hat eine kalte Hand« (WDR) in der Regie von Matti Geschonnek. Hauptdarsteller: Cornelia Froboess, Katja Riemann und Udo Samel.

■ 1. September
Die Auslandsredaktion des WDR bringt in das ARD-Programm eine Sondersendung zum Tschetschenien-Krieg ein: »Zar Boris und die Brandstifter«.

■ 16. September
Das ZDF strahlt das zweiteilige Fernsehdrama »Nadja – Heimkehr in die Fremde« in der Regie von Thorsten Näter aus. Erzählt wird das Schicksal einer jungen Rußlanddeutschen.

■ 21. September
Mit der Folge »Im Zwiespalt der Gefühle« startet im ZDF die Krimireihe »Beckmann und Markowski« in der Regie von Kal Wessel. Gottfried John spielt einen müden Kommissar mit Alkoholproblemen.

■ 3. Oktober
Die ARD zeigt die Fernsehkomödie »Reise nach Weimar« in der Regie von Dominik Graf. Erzählt wird die Liebesgeschichte zwischen einem Kommunisten und einer Kapitalistin. In den Hauptrollen sind Barbara Auer und Sylvester Groth zu sehen.

■ 10. November
SAT.1 sendet den Actionfilm »Tor des Feuers« in der Regie von Kaspar Heidelbach. Götz George spielt den EX-BND-Agenten Kowa, der als Leibwächter für einen befreundeten Politiker arbeitet. Als er im Zweikampf einen BKA-Beamten in Zivil erschießt, gerät er unter Mordverdacht. Nur seine Tochter kann ihm helfen.

■ 17. November
RTL strahlt den Action-Thriller »Adrenalin« in der Regie von Dominique Otheinin Girard aus. Hauptdarsteller sind Til Schweiger und Geno Lechner. SEK-Mann Renner erschießt bei der Verhaftung den Mörder seiner Frau, einen Terroristen. Renner muß für diese Tat ins Gefängnis. Nach der Entlassung werden er und seine Tochter Opfer eines Racheaktes.

■ 20. November
Die ARD zeigt den Fernsehfilm »Gefährliche Freundin« in der Regie von Hermine Huntgeburth. Katharina Thalbach und Corinna Harfouch spielen zwei Freundinnen, die eine wilde Nacht mit zwei Fernfahrern teuer bezahlen müssen.

■ 22. November
ARD-Start des dreiteiligen Fernsehfilms »Klinik unter Palmen« in der Regie von Otto W. Retzer. Hauptdarsteller sind Klausjürgen Wussow, Raimund Harmstorf und Gregor Loeb. Der Mehrteiler wurde von einer Bundesbehörde mitfinanziert.

■ 21. Dezember
SAT.1-Ausstrahlung von Urs Eggers Remake »Die Halbstarken« in der Reihe »German Classics«. Zu den Hauptdarstellern gehören Til Schweiger und Sandra Speichert.

■ 25. Dezember
Die ARD beginnt mit der Ausstrahlung der aufwendigen, von Leo Kirch produzierten Bibelverfilmung »Moses« in der Regie von Roger Young. Zu den Darstellern gehört auch Ben Kingsley.

■ 27. Dezember
SAT.1-Ausstrahlungsbeginn des dreiteiligen Fernsehkrimis »Tresko – Im Visier der Drogenmafia« in der Regie von Hartmut Griesmayr, Günter Gräwert und Hajo Gies. Hauptdarsteller sind Mario Adorf, Gudrun Landgrebe, Juraj Kukura. Erzählt werden verschiedene Fälle des BND-Mitarbeiters Jo Tresko.

■ 28. Dezember
In der SAT.1-Reihe »German Classics« wird Sönke Wortmanns Neuverfilmung von »Charleys Tante« gezeigt.

*Informationsquellen: Jahrbücher von ARD und ZDF; Aktualisierte Fassung der »Chronik der Programmgeschichte des deutschen Fernsehens« von Joan Kristin Bleicher (Universität-GH Siegen, 1992); »Medienbox« von ARD und ZDF, 1996; Genealogie der Fernsehtechnik von Joseph Hoppe in »TV-Kultur«, Verlag der Kunst, Berlin 1997; RTL Television, 1997.*

**Motor gesellschaftlicher Veränderungen**

Fernsehen spiegelt schneller als andere Medien Entwicklungsprozesse in unserer Gesellschaft wider und verändert selbst zugleich die Gesellschaft: von den ersten Versuchen, Ereignisse über größere Entfernungen zu übertragen, bis zu einer Situation, in der es die moderne Telekommunikationstechnik ermöglicht, daß jeder mit jedem zu jeder Zeit an jedem Ort der Welt Informationen austauscht. Deshalb ist die Ausstellung »Der Traum vom Sehen. Zeitalter der Televisionen« für die ARD besonders spannend. Sie zeichnet nicht nur die Technik- und Mediengeschichte nach, sondern zeigt auch die kulturellen Wirkungen auf.
Fernsehen ist Ergebnis und Motor gesellschaftlicher Veränderungen.
Das Erste hat seit seinem Bestehen im Jahre 1954 die Medienlandschaft in der Bundesrepublik entscheidend geprägt.
Wir freuen uns, daß wir mit der Ausstellung »Der Traum vom Sehen« gemeinsam mit unseren Partnern ein wenig von dieser Bedeutung vermitteln können.

*Fritz Pleitgen, Intendant des WDR*

**Der Initiator**

Als meistgesehener TV-Sender in Deutschland möchten wir allen Besuchern zeigen, welche Faszination vom Medium Fernsehen ausgeht.
Für RTL Television ist es deshalb eine besondere Freude, die Initiative für diese Ausstellung übernommen und ihr über alle Schwierigkeiten zu dieser technologisch, wissenschaftlich und kulturgeschichtlich beeindruckenden Präsentation verholfen zu haben.
Das enge Zusammenwirken mit den öffentlich-rechtlichen Sendeanstalten ist ein Novum und war zugleich notwendige Voraussetzung für das lebendig gewordene Private Public Partnership Modell.
RTL Television wünscht den Besuchern der Ausstellung, daß kritische Reflexion, visuelles Vergnügen und spielerische Erfahrung den Umgang mit den Medien unserer Zeit erleichtern helfen – und daß sie bei all dem ihren eigenen »Traum vom Sehen« nicht aus den Augen verlieren.

*Prof. Dr. Helmut Thoma, Geschäftsführer RTL Television*

**»Unter einem guten Stern«**

Seit den ersten TV-Übertragungen in Nachkriegs-Deutschland im Jahr 1950 hat sich das Fernsehen zum wichtigsten Massenmedium entwickelt. Die Ausstellung »Der Traum vom Sehen« zeigt die Geschichte des Mediums – spielerisch und technisch: als Spiegelbild individueller Erfahrungen. Seit 1978 gibt es Fernsehen über Satellit. Anfänglich als »utopisch« belächelt und als Massenkultur verachtet, hat sich das Satellitenfernsehen heute zu einem audiovisuellen Kiosk entwickelt, über den die Vielfalt der Medien direkt in den Haushalt gelangt: öffentlich-rechtlich und privat, informativ und unterhaltend, analog und digital.
Satelliten-TV ist ein Bestandteil der Geschichte und der Zukunft des Fernsehens. Deshalb ist es für ASTRA nur natürlich, dieses Projekt, das die Fernsehkultur verständlich macht, zu unterstützen. In 36 000 Kilometer Höhe befinden sich die Satelliten über dem Äquator – wie Sterne am Firmament. Der »Traum vom Sehen« steht unter einem guten Stern.

*Thomas Merz, Market Communications/PR & Information, ASTRA/SES (Société Eurpoéenne des Satellites)*

**Medienkompetenz**

Nicht nur Fernsehveranstalter haben Visionen, Kontrolleure zuweilen auch: Die Landesanstalt für Rundfunk NRW (LfR) hat im Hinblick auf »Medienkompetenz« eine sehr konkrete »Tele-Vision«. Ein zentrales Anliegen der LfR ist es, den Diskurs über die Entwicklung der Fernsehprogramme und deren soziale Folgen anzuregen und durch Forschung zu begleiten.
Wir fördern das Projekt »Der Traum vom Sehen«, weil die Ausstellung in unterhaltender und informierender Weise Familien und Jugendliche anspricht – Zielgruppen, die durch unsere Fachtagungen und Publikationen kaum erreicht werden.

*Norbert Schneider, Direktor der Landesanstalt für Rundfunk NRW*
*Helmut Hellwig, Vorsitzender der Rundfunkkommission*

o.tel.o

**Netzwerktechnologien**

Neue Medien, neue Technologien stehen an der Schwelle zum 21. Jahrhundert vor dem Durchbruch. Weltweit werden die Telekommunikationsmärkte für den freien Wettbewerb geöffnet. Die Ausstellung »Der Traum vom Sehen« zeigt nicht nur die Geschichte des Fernsehens, sondern wagt auch den Blick in die Zukunft der Kommunikation.
o.tel.o, das Telekommunikationsunternehmen von RWE und VEBA, wird diese Zukunft aktiv mitgestalten. Bereits heute testet o.tel.o multimediale Inhalte in Pilotprojekten wie »Infocity NRW«, dem größten Multimediatest Europas. Das Unternehmen engagiert sich im Internet und baut die modernste Telekommunikations-Infrastruktur in Deutschland auf. »Der Traum vom Sehen« ist für o.tel.o unternehmerisches Ziel und bereits Teil der Realität. o.tel.o wünscht der Ausstellung deshalb einen großen Erfolg.

*Dr. Thomas Mecke, Mitglied des Vorstandes RWE Telliance AG/ Mitglied der Geschäftsführung o.tel.o*

SiliconGraphics
Computer Systems

**Fernsehtechnik von morgen**

Silicon Graphics hat sich der Visualisierung multimedialer Inhalte verschrieben und ist anerkannter Technologieführer bei 3D-Graphik und Echtzeit-Simulation. So hat das Unternehmen nicht nur Kino- und Fernsehproduktionen mit seinen »special effects« wesentlich beeinflußt, sondern revolutioniert gegenwärtig mit der »Virtual-Set-Technologie« das klassische Fernsehstudio.
Silicon Graphics unterstützt die Ausstellung »Der Traum vom Sehen« mit einer ausgewählten Produktpalette. Der Besucher hat die Möglichkeit, die Technik des Fernsehens der Zukunft schon heute auf Systemen von Silicon Graphics zu erleben. »Der Traum vom Sehen« reflektiert das technisch Machbare von gestern, heute und morgen und bestätigt unsere Strategie: »Erfolg durch Innovation«.

*Peter Mahlmeister,*
*Sales Medien-Manager SGI Silicon Graphics GmbH*

## Vom Fernsehen zu Multimedia

SIEMENS NIXDORF

»Der Traum vom Sehen« ist die erste Ausstellung in Deutschland, die sich ausgiebig mit den gesellschaftlichen Veränderungen befaßt, welche die Informationstechnik in der Medienlandschaft herbeiführt. Darum hat es sich Siemens Nixdorf, der größte Informationstechnik-Anbieter europäischer Herkunft, zur Aufgabe gemacht, die datentechnischen Grundsteine für die Veranstaltung zu legen. Als Projektpartner stellt das Unternehmen rund sechzig seiner Scenic-PC mit modernster Audio-Video-Technik zur Verfügung und richtet auch Netztechnik ein. Auf Basis neuer Technologien wachsen die medialen Welten Internet, Multimedia, und Fernsehen zusammen und lassen das »Zeitalter der Televisionen« Wirklichkeit werden. Mit seinen Innovationen trägt Siemens Nixdorf zu dieser digitalen Medienzukunft bei.

*Reinhold Schulzki, Siemens Nixdorf Informationssysteme AG, Geschäftsgebiet Industrie, Handel und Verkehr SAM Medien*

## Partnerschaft des Wandels

ZDF

»Der Traum vom Sehen« war für das ZDF nie Utopie, sondern konsequente Mitarbeit am demokratischen Projekt, die oft mißachtete Bildermaschine als Medium und Faktor sozialer Kommunikation zu nutzen.
Auch in den immer komplexeren und komplizierteren Netzwerken der Informationsgesellschaft gilt es, allen Zuschauern Orientierungshilfen zu bieten. Deshalb ist die Beteiligung an dieser Ausstellung für das ZDF eine willkommene Gelegenheit, seinen stets am Gemeinwohl orientierten Part im Konzert mit den wichtigsten Partnern des Wandels zu verdeutlichen.
Der Gasometer, herausragendes Symbol postindustriellen Strukturwandels, ist ein idealer Schauplatz dafür. Das ZDF setzt mit seiner Teilnahme ein weiteres Zeichen, daß es an den Weichenstellungen für die künftige Mediengesellschaft ebenso teilnimmt, wie es in den vergangenen Jahrzehnten das Gesicht des Fernsehens mitgeprägt und viele der Qualitätsstandards gesetzt hat.

*Prof. Dr. h.c. Dieter Stolte, Intendant des ZDF*

## Autoren

Dr. Joan Kristin Bleicher, wissenschaftliche Mitarbeiterin des DFG-Projekts »Fernsehen in den 90er Jahren, Programmstrategien – Programmentwicklung« an der Universität Hamburg

Martina Borger, Drehbuchautorin

Henryk M. Broder, Autor, Mitarbeiter des »Spiegel«

Christoph Dieckmann, Redakteur der »Zeit«. Der Text »Was Sachsen gerne sehen« ist die gekürzte Fassung einer Rede, die Christoph Dieckmann 1996 auf den »Mainzer Tagen der Fernsehkritik« gehalten hat.

Prof. Dr. Walter Jens, Präsident der Akademie der Künste

Peter Paul Kubitz, Autor und Medienjournalist

Dieter Meichsner, Schriftsteller, 1968 bis 1991 Leiter der Fernsehspielabteilung beim NDR

Sonia Mikich, Korrespondentin, Leiterin des ARD-Studios Moskau

Gert K. Müntefering, Programmbereichsleiter »Tagesprogramme« beim WDR

Prof. Dr. Karl Prümm, Medienwissenschaftler, Universität Marburg

Lu Seegers, M.A., zur Zeit Promotion über den ehemaligen Chefredakteur von »Hör Zu«, Eduard Rhein

Barbara Sichtermann, Autorin, Fernsehkritikerin der »Zeit«. Der Text »Frau Jedermann darf auch mal ran« ist die gekürzte Fassung eines Artikels, den Barbara Sichtermann am 11. Oktober 1996 in der »Zeit« veröffentlicht hat.

Peter Stripp, Drehbuchautor und Regisseur

## Zuschauer-Texte

Julia Amann, Berlin
Arnd Bentlin, Hamburg
Andreas Curtius, Berlin
Klaus Hanke, Enger
Steffi Pusch, Köln/Zschopau

## Zitatnachweis

*S. 21:* zitiert nach »Fernsehen als Waffe« von Joseph Hoppe, in »Ich diente nur der Technik – Sieben Karrieren zwischen 1940 und 1950«, Schriftenreihe des Deutschen Technikmuseums Berlin, Band 13, 1995
*S. 33, S. 125:* zitiert nach »Fernseh-Programme in Deutschland« von Joan Kristin Bleicher (Hrsg.), Westdeutscher Verlag, Opladen, 1996
*S. 42:* zitiert nach »Nach 25 Jahren – Beiträge zur Geschichte und Gegenwart des WDR« von Walter Först (Hrsg.), Kohlhammer-Grote, Köln, 1980
*S. 46:* »Telewischen – Aspekte des Fernsehens in den 50er Jahren« von Siegfried Zielinski in »Bikini – Die 50er Jahre, Kalter Krieg und Capri-Sonne«, Elefanten Press, Berlin, 1982
*S. 67:* zitiert nach Pressestelle des ZDF
*S. 73:* »Das hat Folgen, Deutschland und seine Fernsehserien« von Harald Martenstein, Reclam, Leipzig, 1996
*S. 75:* »Das Wunder von Lengede« von Otto Bilges, Rainer Bode, Joachim Marten; Doris Bode Verlag, Haltern/Westfalen, 1988
*S. 82/83:* zitiert nach »Zeichen der Zeit – Zur Geschichte der Stuttgarter Schule«, Hrsg. Haus des Dokumentarfilms/Kay Hoffmann, München, 1996
*S. 92:* »Anmerkungen zu einer Programmkonzeption der Zukunft« von Dieter Stolte im ZDF-Jahrbuch 1970, Mainz
*S. 145:* zitiert nach »Bleiben Sie dran! Der Film zum Fernsehen« von Claus Strigel und Bertram Verhaag, 1994
*S. 147:* zitiert nach »Das offizielle Wetten, daß ...?« Buch von Matthias Bischoff, Eichborn Verlag, Frankfurt am Main, 1995
*S. 171, 173, 174 und 185:* David Letterman zitiert nach »Die Zeit – magazin«, Nr. 10, 1997
*S. 172, 173, 174:* Dr. Helmut Thoma, zitiert nach »RTL Television«, 1993; »Die Woche« vom 17.1.1997, und »agenda« 25, 1996
*S. 12:* »I am not a camera« und *S. 205:* »Heard and Seen« von W. H. Auden, »Collected Poems«, Hrsg. Edward Mendelson, London (1976)1994; aus dem Englischen übertragen von Christa Erbacher von Grumbkow

## Bildnachweis

**FOTOS:**

Bayerischer Rundfunk (BR): *117*
Sessner/BR: *43 o., 43 m. l., 43 m. r., 99 (Hans Joachim Fuchsberger)*

DEGETO FILM GmbH: *122 o.*

Deutscher Fernsehfunk: *165 o.*

Deutsches Rundfunkarchiv – Frankfurt/Main – Berlin (DRA): *152 (Fernsehversuchsprogramm), 154 (Aktuelle Kamera), 154 (Das unsichtbare Visier), 154 (Märkische Chronik), 155 (Tele-Lotto), 155 (Rund), 166 o., 166 m., 167 o.*
Borst/DRA: *152 (Flucht aus der Hölle)*
Denger/DRA: *153 (Wege übers Land), 153 (Polizeiruf 110), 154 (Kurt Drummer), 157 o., 157 m. u., 166 u.*
FF dabei/DRA/Kirsten, Michael: *163 o. r., 163 m., 168, 169*
Hartung/DRA: *152 (Da lacht der Bär)*
Krüger, Matthias/DRA: *153 (Der Wetterbericht)*
Nerlich/DRA: *157 m.o.*
Nickel, Bernd/DRA: *155 (Fuchs und Elster), 155 (Gunter Emmerlich), 162 l. u.*
Platow/DRA: *154 (Daniel Druskat)*
Scheffer/DRA: *152 (Heinz Quermann, Gigi Fischer)*
Spikermann/DRA: *155 (Selbstversuch)*
Strauß/DRA: *153 (Annemarie Brodhagen), 157 u.*
Vent, Günther/DRA: *154 (Professor Flimmrich)*
Winkler, Klaus/DRA: *152 (Meister Nadelöhr), 155 (Heinz Florian Oertel), 155 (Karl Eduard von Schnitzler)*
Zimmermann/DRA: *152 (Willi Schwabe)*

Deutsches Technikmuseum Archiv: *13, 14, 18, 19, 20, 21, 22, 23, 24, 25, 26, 27, 32, 70 l.*

Deutsches Technikmuseum Bibliothek/Kirsten, Michael: *52, 56 l.*

Henkel, Rainer: *153 (Chris Doerk, Frank Schöbel)*

Herrmann, Armin: *16, 17*

Herschel, Holger: *Hör Zu/28, 29, 58, 59 o., 84, 85, 114, 115, 148, 149*

Hessischer Rundkunk (HR): *80 (Heinz Schenk)*
Bethke, Kurt/HR: *72, 80 (Hans Joachim Kulenkampff), 81 r.*

Insel Film: *48, 49*

Jürgens, Ralf: *186, 187*

Kirsten, Michael: *2, 10*

Krüger, Diane: *145*

LOEWE: *199*

NASA: *64, 65, 66 l., 200, 201*

Norddeutscher Rundfunk (NDR): *36 u., 51 o., 51 m.*
NDR/Holtz: *73, 80 (Peter Kraus, Wencke Myhre)*
NDR/Horn: *33 o.*

Pro 7 Media AG: *182 l.*

RTL Television: *51 u., 170, 171, 172 o., 173, 174, 175, 176, 177, 178, 179, 180, 182 r., 184, 185*
RTL Television/Thomas+Thomas/Ruddies: *172 u.*

Sammy's Souvlaki: *202, 203*

TV Today: *188 o., 189 o.*

Weber, Wolfgang Maria, München/Sammlung Wolfgang Maria Weber ©: *30 u., 40 o., 41 o., 60 u., 86 u., 122 u., 162 o.*

Westdeutscher Rundfunk (WDR): *30 o., 31 o., 32 o., 33 u., 39, 40 u., 42 o., 53 o., 54, 55, 74, 76, 77, 80 (Paul Kuhn), 81 l., 91 u., 92, 93, 96 o., 97 m. l., 99 (Rudi Carell), 106, 107, 112, 113, 118 u. r., 119 l., 128 u., 131 u., 133 l., 135, 136 u., 158*
WDR/Barisch: *98 u. m.*
WDR/Klausmann: *136 o.*
WDR/Fehlhauer, M.: *118 u. l.*
WDR/Kratzer, Harald: *42 m., 130 m. u., 130 u., 144*
WDR/Lange: *133 r.*
WDR/Vogelmann: *131 o.*
WDR/SFB/Reitz: *138, 139, 140, 141, 142, 143*

Zweites Deutsches Fernsehen (ZDF): *53 u., 60 r., 67, 68, 69, 80 (Dieter Thomas Heck), 80 (Peter Frankenfeld), 89, 97 u., 98 m., 98 l. u., 98 r. u., 99 (Peter Frankenfeld), 99 (Wim Thoelke), 99 (Harald Juhnke), 99 (Dieter Thomas Heck), 99 (Hans Rosenthal), 104 r., 105, 118 o., 125 l. (Jahrbuch 1989), 130 m. o., 134, 146, 147*
ZDF/Schäfer, Renate: *81 m., 188 u., 189 u.*
Sessner/ZDF: *99 (Günter Schramm)*

**SCREENSHOTS:**

Erstes Deutsches Fernsehen (ARD): *34, 35, 36 o., 37, 40 m., 41 m., 41 u., 42 o., 42 u., 43 u., 44 l., 46, 47, 50, 59 u., 63, 70 r. (SFB), 71 (SFB), 75, 78, 79, 82, 83, 86 o., 87 o., 90 o., 91 o., 91 m., 96 m., 97 o., 97 l. u., 100 o., 104 l., 108, 109, 110, 111, 125 r., 126, 128 o., 129, 130, 132, 190, 191*

arte Brut: *195, 196, 197, 198*

Fernsehen der DDR: *150, 151, 152 (Herzklopfen kostenlos), 152 (Pittiplatsch, der Liebe), 152 (Das Sandmännchen), 153 (Mit dem Herzen dabei), 153 (Gewissen in Aufruhr), 154 (Aktuelle Kamera), 155 (Elf99), 162 r. u., 163 l. o., 163 u., 164, 165 u., 167 u.*

Klar, Dieter: *119 r., 120, 121*

Wilp, Charles: *60 o., 61 o.*

Zweites Deutsches Fernsehen (ZDF): *88 u., 89 u., 90 u., 96 u., 98 o., 100 u., 101, 127*

ZDF/arte: *31 u., 32 u., 61 u., 62, 87 u., 88 o., 123 u., 124*

**CHRONIK:**

Braun AG: *S. 223*

Deutsches Technikmuseum, Berlin: *S. 209*

SABA: *S. 225*

Weber, Wolfgang Maria, München/Sammlung Wolfgang Maria Weber ®: *S. 211, 213, 215, 217, 221, 227, 229*

**UMSCHLAG:**

Deutsches Technikmuseum, Berlin

## Credits

Idee/Konzeption/Entwicklung/Gestaltung:
Triad Berlin Projektgesellschaft mbH

Initiative:
RTL Television

Veranstalter:
Gasometer Oberhausen GmbH
Deutsches Technikmuseum Berlin

Schirmherr:
Wolfgang Clement,
Minister für Wirtschaft und Mittelstand,
Technologie und Verkehr des Landes
Nordrhein-Westfalen

Projekt-Partner:
ARD
ASTRA/SES
Land Nordrhein-Westfalen
Landesanstalt für Rundfunk NRW
o.tel.o
RTL Television
Sony
ZDF

Ausstellung

Zusammenarbeit:
SGI Silicon Graphics
SNI Siemens Nixdorf Informationssysteme

Weitere Unterstützung:
CentrO. Oberhausen
cityweb
Elvedi AG, Lagertechnik
EVO Energieversorgung Oberhausen
Ernst Klett Verlag, Stuttgart
KVR Kommunalverband Ruhrgebiet
Provinzialversicherungen der Rheinprovinz
Stadt Oberhausen
Stadtsparkasse Oberhausen

Buch zur Ausstellung
Realisierung:
Triad Berlin Projektgesellschaft mbH
Verlag der Kunst, Dresden

## Medienkunst

### Künstler und Werke in der Ausstellung:

Max Almy
(geb. 1948, lebt in Los Angeles)

Teri Yarbrow
(geb. 1954, lebt in Los Angeles):
»Utopia«, Videotape 1994

Dara Birnbaum
(geb. 1946, lebt in New York):
»Selected Works 1978–82, Videoinstallation für »Der Traum vom Sehen« von Dara Birnbaum/Nik Hafermaas«, 1997.
Grundlage der Installation bilden fünf früher entstandene Videotapes der Künstlerin:
- Technology/Transformation: Wonder Woman (1978/79)
- Kiss the Girls: Make Them Cry (1979)
- Pop-Pop Video: General Hospital/Olympic Women Speed Skating (1980)
- Pop-Pop Video: Kojak/Wang (1980)
- PM Magazine/Acid Rock (1982)

Pat Binder
(geb. 1960, lebt in Berlin):
»Zapping Box«, Objekt 1995/96

Dan Graham
(geb. 1942, lebt in New York):
»Present Continuous Past(s)«, Closed-Circuit-Installation 1974
Nachbau der Installation mit freundlicher Genehmigung der Marian Goodman Gallery, New York

Interbrains
(Andreas Strecker, geb. 1956 und Joachim Scheiter, geb. 1955, leben beide in Berlin):
»Die McLuhan Maschine – Resonanz der Sinne«, Interaktive Installation 1997

Edward Kienholz
(1927–1994)
Nancy Reddin-Kienholz
(geb. 1943, lebt in Idaho):
»Chicken Little«, Objekt 1992
Courtesy LA Louver Gallery, Venice, Kalifornien

Dieter Kiessling
(geb. 1957, lebt in Düsseldorf):
»Zug«, Videoinstallation 1992

Wolfgang Matzat
(geb. 1959, lebt in Berlin):
»Peeping Tomahawk«, Videoinstallation 1994

Matthew McCaslin
(geb. 1957, lebt in New York):
»A Place in Time«, Videoinstallation 1996
Courtesy Galerie Rolf Ricke, Köln

Nam June Paik
(geb. 1932, lebt in New York):
»Robot Baby«, TV-Robot 1986
Leihgeberin: Margret Zwerenz, München

Friederike Pezold
(geb. 1945, lebt in Wien):
»Erste elektronische Göttin der Chaotinnen«, Videoinstallation 1991

Robert Scheipner
(geb. 1966, lebt in Essen):
»Eklipse«, Installation 1996/97

Richard Serra
(geb. 1939, lebt in New York):
»Television Delivers People«, Videotape 1973

Mike Steiner
(geb. 1941, lebt in Berlin):
»Das Testbild als Readymade«, Photoserie 1984/97

André Werner
(geb. 1961, lebt in Berlin):
»Mujeres fugaces«, Videoinstallation 1992

## Leihgeber

A.R.T. TV-Atelier Requisiten GmbH, Berlin
Bernard Abt, Köln
Helmut Ahrends, Hamburg
Amiga / BMG / Hansa-Musik Produktion, Berlin
Prof. Manfred von Ardenne, Dresden
Annette von Aretin, München
Astra SES, Château de Betzdorf / Luxemburg
Augsburger Puppenkiste, Augsburg
Hugo Egon Balder, Hürth
Bang & Olufsen A/S, Struer / Dänemark
Bavaria Film GmbH, Geiselgasteig
Bayerischer Rundfunk, München / Unterföhring
Kurt Behtke, Kelkheim
Erika Berger, Köln
Dagmar Berghoff, Hamburg
Bergische Universität, Audiovisuelles Medienzentrum, Wuppertal
Stefan Boeder, Köln
Wigald Boning, Köln
Braun AG, Kronberg im Taunus
Celler Rundfunkmuseum Nehrig, Celle
Deutsches Historisches Museum, Berlin
Deutsches Museum, München
Deutsches Museum für Fernsehgeschichte e.V., Mainz
Deutsches Rundfunkarchiv Frankfurt/M. – Berlin, Standort, Berlin
Deutsches Rundfunkmuseum, Berlin
Deutsches Technikmuseum, Berlin
Hermann Diegl, Köln
Ruth Dierkes, Neuenkirchen
Frank Edelhagen, Köln
EMTEC Magnetics GmbH, Ludwigshafen
Endemol Entertainment, Köln
Erstes Wiener Museum für Body Art und Video Art, Wien / Österreich
Jovan Evermann, Köln
Willi Fechtner, Güster
Forschungsprojekt Daily Soaps und Kult Marketing, Rhein-Ruhr-Institut für Sozialforschung und Politikberatung e.V., Duisburg
Freie Universität Berlin, Zentraleinrichtung für Audiovisuelle Medien (ZEAM), Berlin
Fremantle Hürth, FSM, Unterföhring
FTA, Berlin / Köln
Galerie Rolf Ricke, Köln
GfK Fernsehforschung, Nürnberg
Grundig AG, Fürth
Grundy Ufa TV Produktions GmbH, Potsdam-Babelsberg
Dietrich Güldenstein, Berlin
Haus der Geschichte. Bonn
Rainer Henkel, Berlin
Helga Hesse, Berlin
Hessischer Rundfunk, Frankfurt
Harald Hohenacker, Bairawies
ISI GmbH, Hamburg
Ralf Jürgens, Köln
Karstadt AG, Essen
Elis Kaut, München
Gisela und Dieter Kieselstein, Bochum
Johannes Kohne, Hamburg
Hilde und Dr. Helmut Krapp, München
KUZ Kultur und Veranstaltungen GmbH, Mainz
L.A. Louver Gallery, Venice, CA. / USA
Landesmuseum für Technik und Arbeit, Mannheim
Ingrid Lazarus, München
Hans-Joachim Liesenfeld, Heiligenstadt
Loewe Opta GmbH, Kronach
Mainzer Carneval-Verein 1838 e.V., Mainz
Werner Meyer, Rüsselsheim
Millowitsch Theater, Köln
Mitteldeutscher Rundfunk, Leipzig
MMC Studios, Hürth
Museum für angewandte Kunst, Köln
Museum für Post und Kommunikation, Berlin
Museum für Post und Kommunikation, Frankfurt/M.
Museum für Post und Kommunikation, Hamburg
Museum Haus am Checkpoint Charlie, Berlin
NAGRA GmbH, München
Nestlè Deutschland AG, Frankfurt/M.
Neue Film Produktion, Berlin
NFP – Animation Film GmbH, Wiesbaden
Norddeutscher Rundfunk, Hamburg – Rostock
Norbert Nowotsch, Münster
Ohnsorg Theater, Hamburg
Orion-Museum Köln, Josef Hilger, Jörg Reimann
Ostdeutscher Rundfunk Brandenburg, Potsdam
Panasonic Deutschland GmbH, Hamburg
Ruth Pense, Bremen
Philips Broadcast Television, Griesheim
Philips Consumer Elektronics, Hamburg
Der Polizeipräsident in Berlin, Polizeihistorische Sammlung, Berlin
Premiere, Hamburg
Pro 7, München
Progress Film-Verleih GmbH, Berlin
Willi Purucker, München
Quantegy Europa B.V., Nijemegen / NL
Quelle Schickedanz AG, Nürnberg
Stefan Raab, Köln
Radio Bremen, Bremen
RTL 2, München
RTL Television, Köln
RWE Energie AG, Essen
Saarländischer Rundfunk, Saarbrücken
SAT.1, Mainz – Berlin
Hans Schaffner, Groß-Gerau
Hannes Schmid, Arosa / Schweiz
Securitel, Unterföhring
Seleco Deutschland GmbH, München
Sender Freies Berlin, Berlin
Siegel – Musikverlage, München
Siemens, Essen
Sony Deutschland, Köln
Leonie Stöhr, Mainz
Studio Babelsberg GmbH – Requisitenfundus, Potsdam
Süddeutscher Rundfunk, Stuttgart
Süddeutscher Rundfunk – Werbung, Stuttgart
Südwestfunk, Baden-Baden
Taunusfilm GmbH, Wiesbaden
TDK Electronics Europe GmbH, Ratingen
Telepool Europäisches Programmkontor GmbH, München
Theaterkunst, Hamburg
Thomson Consumer Electronic Sales GmbH, Hannover
Katalin Tihanyi Glass, Los Angeles CA. / USA
TV-Shop Versandhandels-GmbH, Neu-Isenburg
V.I.P. Entertainment Group, Deisenhofen
Viva, Köln
Konrad Wehrhahn, Hamburg
Werkbund-Archiv, Museum der Alltagskultur des 20. Jahrhunderts, Berlin
Westdeutscher Rundfunk, Köln
Ökonomierat Dieter Ziegler, Maikammer
Zinnober Fernsehproduktion GmbH, Aachen
Zweites Deutsches Fernsehen, Mainz
Margret Zwerenz, München

Wir danken allen, ohne die »Der Traum vom Sehen« nicht hätte realisiert werden können!

Prof. Klaus Armbruster, Inter Artes
Guido Augustin, ZDF
Dr. Rolf M. Bäumer, Haus des Dokumentarfilms
Hanns Bahrmann
Rolf Baumgartner
Manfred Becker, RTL
Alfred Becker
Hakarl Bee, Moniteurs
Achim Beier, Messenger Transport Logistik
Torsten Belschner, ZKM
Heiko Bensch, Land NRW
Georg Berg, WDR
Dr. Birgit Bernard, WDR
Anette Bernardy, Endemol Entertainment
Birgit Berndt, Digit
Dr. Hans-Jörg Bessler, SWF
Carsten Bestmann, SFB
Susanne Betzel, RTL
Karin Biel, tecton
Frau Binder, Köpenicker Bank Berlin
Dr.-Ing. habil. Rainer Blum, Laboratorium Blum
Dr. Oskar Blumtritt, Deutsches Museum München
Dr. Heiner Boehncke, HR
Wigald Boning
Konrad Bonkosch, SDR
Stefan Borgius
Petra Brachwitz, Deutsches Textilmuseum Krefeld
Bernd Brettschneider, NDR
Prof. Olaf Breidbach, Friedrich-Schiller-Universität Jena
Irene Breil, SAT.1
Evi Bremer, Cine-Impuls-Plus
Dr. Michael-Dieter Crone, HR
Andreas Curtius, DTM Berlin
Hans-Peter Dahlhausen, RTL
Jörg Dasch, SFB
Gerhard Denz, ZDF
Jan Didjurgeit, NDR
Elke Diefenthal, RTL
Jan Diepers Grundy, Ufa TV Produktions-GmbH
Ruth Dierkes
Gabriele Drechsel
Anselm Dreher, Galerie Anselm Dreher
Nicole Dreist, ZDF
Burkhard Drescher, Stadt Oberhausen
Hans-Jürgen Dyck, Museum Haus am Checkpoint Charlie
Peter Eckhoff, RTL
Thomas Elsner, WDR
Andrew Emmerson
Udo Engel, Big Image Systems Deutschland GmbH
Frank Evers, Cine-Impuls-Plus
Jovan Evermann, RTL
Willi Fechtner, NDR
Dr.-Ing. Markus Feldmann, RWTH
Ingrid Felgenträger-Molitor, SR
Hans Finke, BR
Dr. Jörg-Uwe Fischer, DRA
Dr. Thomas Fischer, SWF
Reinhard Frese, Zoo Duisburg
Susanne Friedel, RTL
Martin Friedrichs, Magic Media Company
Rosemarie Fritsche, DRA
Marlene Fritz, Telepool – Europ. Programmkontor GmbH
Wolf-Dietrich Fruck, AMIGA Musik Produktion
Grit Funke, ZDF
Rolf-Dieter Ganz, SR
Uta Gebhardt, ZDF
Hubert Gertis
Dr. Rolf Geserick
Dr. Ulrich Giersch, Berlin
Hans Gilles, WDR
Madeleine Girke, Premiere
Michael Glöckner, RB
Klaus Goldhammer, FU Berlin
Jürgen Gruhler, SDR
Christian Grzimek, Okapia-Film
Dietrich Güldenstein
Nadja Haas, RTL
Albrecht Häffner, SWF
Katharina Hafermaas
Chantal Hartmann, WDR
Bettina Hasselbring, BR
Dorothea Hauschild, Berlin
Günther Heidtmann, BEFA Control
Annegret Heine
Erika Heinemann-Rufer, RTL
Tobias Hellmann, Digit
Rainer Henkel, A.R.T. TV-Atelier Requisiten GmbH
Sabine Henzsch, Goetheinstitut Accra
Irene Hermelinck, BR
Herr Buschko, Filmarchiv Buschko
Holger Herschel
Annegret Hesse, WDR
Helga Hesse, Berlin
Dr. Eberhard Heyse, Kanal 4
Christoph Hildebrand
Lothar Hinze, SFB
Volker Hoffmann, RWE
Dr. Klaus Holthausen, Ernst-Haeckel-Haus/Universität Jena
Christoph Hutterer, RTL
Peter Imberg, WAZ
Alexander Isadi, RTL
Rainer Jauck, DRA
Liane Jessen, ZDF
Jutta Jouaux, WDR
Jörg Kämmerer, WDR
Dr. Joachim Kallinich, MPK Berlin
Patrick Kast, VIVA
Bernhard Kastner, BR
Henning Keding, Fa. Keding
Frau Kegel, Gasometer Oberhausen GmbH
Herr Kelm, Köpenicker Bank Berlin
Carola Kilian, Movimento
Thomas Kind, Universität GH Siegen
Manfred Kleest, HR
Mickey Klein, RTL
Dagmar Kloth-Bergmeister
Frau Kluck, RTL
Lutz Knerr, SR
Rainer Knuth, HR
Katja Koch, tecton
Dr. Manuel Köppen
Inge Köster, ORB
Maik Kohlbecker, mekom
Claudia Kohler, RTL
Dr. Bernhard Koßmann, HR
Swen Kostka, RTL
Heinz Kramer, Deutsche Städte Reklame
Kramer + Giogoli
Hilde und Helmut Krapp
Marianne Kreft, DRA
Thomas Kreyes, RTL
Heiko Kröger, NDR
Gisela Kupiak, Playmobil
Rainer Labs, Ullstein
Roland Lambrette, Atelier Markgraph
Arthur Landwehr, SWF
Elvira Langguth, DRA
Detlef Leclerc, Dietrich Display GmbH
Emmo Lempert, Grundy Ufa TV GmbH
Walter Lonsdorf, SR
Reinhard Ludwig
Dr. Fred MacDonald
Walter Mäcken, SWF
Mädchenladen e.V. Wedding, Berlin
Theowulf Mähl
Richard Mahkorn, RTL
Brigitte Malewski, ZDF
Ulrike Marga, Gladbecker Wandermuseum
Bernd Jürgen Martini
Sabine Maskow, ZDF
Reinhard Meerwein, tecton
Harald Melzer, Astra SES
Ulrich Meyer, Spiegel TV
Jacqueline Michaelis, Cine-Impuls-Plus
Franz Mock, RB
Jürgen Morgenroth, RTL
Nicolas Moss, BBC
Harald Muchametow, ORB
Thomas Müller, SDR
Manfred Müller, Big Image Systems Deutschland GmbH
Eggo Müller
Horst Müller, MDR Dresden
Christiane Müller, SWF
Gerd Müller-Gerbes, RTL
Frau Mundt, ZDF Enterprises
Kerstin Neermann
Stephan Negelmann, DHM Berlin
Heike Nehl, Moniteurs
Jörg-Uwe Nieland, Universität GH Duisburg
Prof. Dr. G. Nogge
Shinobu Nomura
Thomas Nossen
Prof. Norbert Nowotsch, FHS Münster
Patrick O'Kelly, HR
Herr Oelsner, Landesmuseum für Technik und Arbeit
Vito Orazem, Design Zentrum NRW
Prof. Pachnickel, Oberhausen
Peter Päßler, SWF
Stefan Palisch, A.R.T.-TV-Atelier
Wolfgang Pander, SFB
Hans-Dieter Paschmann, BR
Birgit Peekhaus, Gasometer GmbH, Oberhausen
K. R. Pernotzky, Philips Broadcast Television
Sissi Pitzer
Dipl.-Ing. Arch. Klaus-Peter Platten, SDR
Fritz Pleitgen, WDR
Herr Porsch, Feuerwehr Oberhausen
Michael Radtke
Sigrun Raschendorfer, A.C. Nielsen GmbH
Karl Ratzek, Trend Event
Harald Reichelt, WDR
Pascale Reuland, Astra SES
Stefan Richter, Verlag der Kunst
Rolf Ricke, Galerie Rolf Ricke
Karl-Heinz Rex, WDR
Herr Rimpa, WDR
Hans Rink, ZDF
Susanne Ritter, Quelle Schickedanz AG
Sigrid Ritter, DRA
Birgit Rohloff, RTL
Marie-Luise Rohmann, NDR Rostock

Walter Roller, DRA
Christine Rudnick, AMIGA Musik Produktion
Otmar Rücker, DTM Berlin
Prof. Dr. Peter von Rüden, NDR
Christiane Schacher, DRA
Petra Schäfer, RTL
Werner Schäfer, Big Image Systems Deutschland GmbH
Claudia Schäfer, RTL
Professor Dr. Helmut Schanze, Universität GH Siegen
Prof. Dr. h.c. Albert Scharf, BR
Margit Schaumäker
Armin Scheure, DTM Berlin
Rainer Schipporeit, DTM Berlin
Monika Schepeler
Dr. André Schirmer, RTL 2
Sibylle Schlaich
Jörg Schmalfuß, DTM Berlin
Olaf Schmidt
Herr Schmidt, Löbbecke-Museum und Aqua-Zoo
Nicole Schmidt, ZDF
Jeanette Schmitz, Gasometer GmbH, Oberhausen
Ellen Schneider, POV
Jochen Schneider, Kulturschneiderei, Kissing
Dr. Angela Schönefeldt Polizeihistorische Sammlung Berlin
Harry Schuler, Pool/Trend Event
Reinhold Schulzki, Siemens Nixdorf AG
Petra Schumacher, Communications World
Oliver Schwarz, Berlin
Dietrich Schwarzkopf, ARD
Lu Seegers
Andreas Seitz, Super RTL
Erich Selbmann
Eckhard Siepmann, Werkbund-Archiv
Claus-Ulrich Simon, DTM Berlin
Sabine Sinzig, BBDO Düsseldorf
Jochen Schneider, BBDO Düsseldorf
Stefan Schütte, BBDO Düsseldorf
Heiko Solberg, ZDF
Toni Specht
Heidi Specker, Moniteurs
Dr. Ulrich Spies, Adolf-Grimme-Institut
Peter Spittel, RB
Lorenz Stader, SWF
Olaf Steenfadt, Screen:works GmbH
Horst Stephan, BBDO Düsseldorf
Mathias Stiehn, ISI GmbH
Dr. Dieter Stolte, ZDF
Martina Stolz, MPK Frankfurt/M.
Dieter Stolz, Progress Film-Verleih GmbH
Thomas Strätling, SFB
Holger Stumpe, Moniteurs
Heinz Stürmlinger
Klaus Teige, DRA
Rolf Terlau, Stadt Oberhausen
Ingo Thiele
Hilde Thiesen, SR
Dr. Helmut Thoma, RTL
Danièle Thoma, RTL
Rainer Tief, BR
Katalin Tihanyi Glass
Yvonne Töpperwien, De Otter & De Vries
Andreas Toholt, Association Group Berlin
Herr Toschka, ZDF
Sigrun Traber, ORB
John Trenouth, National Museum of Photography, Film & Television
Jörg Tritthardt
Dr. Hans-Joachim Ulbrich, Landesfilmzentrum
Karen Ulderup, RB
Doris Ullrich, DRA
Jürgen Valter
Dr. Éva Vámos, Hungarian Museum for Science & Technology
Ladya van Eeden, RTL
Susanne Veith, tecton
Dr. Paul Vogt, Zoologischer Garten Krefeld
Christina Voigt, DRA
Annette von Aretin
Ulrike von der Gracht, RTL
Volker von der Heydt, ORB
Birgit von Eimeren, BR
Dr. Dieter Vorsteher, DHM Berlin
Andreas Voß, Multimedia Gelsenkirchen
Reni Walther, RTL
Manfred Wangenheim, DRA
Boris Weber, Stern TV
Joachim Weber, Nagra Kudelski GmbH
Thomas Wendt, Steinberg Soft- und Hardware GmbH
Martin Wiebel, WDR
Rainer Windmüller, MPK Berlin
Dipl.-Btrw. Gerhard Winter, Siemens Nixdorf
Uschi Wischermann, Best Western Hotel Oberhausen
Herr Witte, WDR
Christoph Wittig, RTL
Marlene Wöste, Media Perspektiven
Dietmar Wolf, Stadt Oberhausen
Jürgen Wolf, ZDF
Dr. Hans-J. Wulff
Professor Peter Zec, Design Zentrum Nordrhein-Westfalen
Sylke Zeidler, RTL
Dieter Zeppenfeld
Prof. Dr. Siegfried Zielinski, Kunsthochschule für Medien Köln
Christine Zimmermann, Young & Rubicam
Frank Zschiesche
Renate zur Oeveste, Media Perspektiven